Frankfurter Beiträge FBE
zur Erziehungswissenschaft

Frankfurter Beiträge zur Erziehungswissenschaft

Fachbereich Erziehungswissenschaften
der Goethe-Universität Frankfurt am Main

Katrin Sen

“Wir sind Menschen zweiter, dritter Klasse – und wieso?“

Zur Bedeutung von Nachbarschaften im Alter aus pädagogischer Sicht

Die vorliegende Arbeit wurde unter dem Titel - „Wir sind Menschen zweiter, dritter Klasse – und wieso?‘ Zur Bedeutung von Nachbarschaften im Alter aus pädagogischer Sicht – eine empirische Untersuchung des Nachbarschaftserlebens von älteren Menschen deutscher und türkischer Herkunft in einer ausgewiesenen Region in Frankfurt am Main“ - als Dissertation am Fachbereich Erziehungswissenschaften der Goethe-Universität angenommen.

Bibliografische Information der Deutschen Nationalbibliothek:
Die Deutsche Nationalbibliothek verzeichnet diese Publikation in der Deutschen Nationalbibliografie; detaillierte bibliografische Daten sind im Internet über http://dnb.dnb.de abrufbar.

Herstellung: BoD – Books on Demand, Norderstedt

ISBN: 978-3-9820-4542-9

Inhaltsverzeichnis

Für Lean

Einleitung

Derzeit sind zwei Personengruppen im gesellschaftspolitischen Diskurs von zentraler Bedeutung. Das sind zum einen die älteren Bundesbürger_innen und zum anderen die Migrant_innen[1]. Sowohl der Anteil älterer Personen als auch der von Personen mit Migrationshintergrund hat in den letzten Jahrzehnten deutlich zugenommen und wird weiter steigen (Geißler, 2006, S. 23 ff., S. 53 ff.; Lüken-Klaßen, 2007, S. 13).

Im Jahr 2010 wies knapp ein Fünftel der Bevölkerung in der Bundesrepublik einen Migrationshintergrund auf (Statistisches Bundesamt Deutschland Pressemitteilung Nr. 355 vom 26.09.2011). Betrachtet man die Stadt Frankfurt am Main, liegt dort der Anteil der Personen mit Migrationshintergrund sogar bei 49,8 % (eigene Berechnung aus den Angaben des Bürgeramtes für Statistik und Wahlen in Frankfurt am Main am 17.06.2016), während bereits zwei Drittel der dort geborenen Kinder einen Migrationshintergrund aufweisen (Amt für multikulturelle Angelegenheiten, 2015; Lüken-Klaßen, 2007, S. 13). Migration ist aber kein neues Phänomen und das wissenschaftliche Interesse an der Erforschung von Wanderungsprozessen nimmt schon seit Beginn der Kolonialisierung in Europa Mitte des 19. Jahrhunderts zu. Ende des 19. Jahrhunderts begründete Ernst Georg Ravenstein eine Migrationstheorie, die zu erklären versuchte, wie der Bedarf an Arbeitskräften in einem Teil des Landes durch Bevölkerungszuzug von anderen Teilen des Landes, die einen Bevölkerungsüberfluss aufwiesen, ausgeglichen werden könnte (Széll, 1972, S. 82). Seitdem setzten sich zahlreiche Migrationstheoretiker mit Wanderungsprozessen auseinander und versuchten, sie zu erklären (Lee, 1972). Durch die Einwanderung von etwa vier Millionen ausländischen Arbeitnehmer_innen in die Bundesrepublik zwischen den 1950er- und 1970er-Jahren ist Migration auch hierzulande wieder ein zentrales Thema geworden (Öztürk, 2011).

Die Bundesrepublik Deutschland ist parallel dazu in den letzten Jahrzehnten mit einem zunehmenden Anteil älterer Menschen konfrontiert, was als *demografischer Wandel* beschrieben wird. Während es vermehrt

---

[1] Unter dem Begriff Migrant_innen werden in der Untersuchung, gemäß der Definition des Statistischen Bundesamtes, alle Personen zusammengefasst, die einen Migrationshintergrund aufweisen, unabhängig davon, ob sie eigene Migrationserfahrungen haben oder die deutsche Staatsbürgerschaft besitzen. Als Personen mit Migrationshintergrund werden demnach alle Personen bezeichnet, die nach 1949 in die Bundesrepublik eingewandert sind, Ausländer, die in Deutschland geboren sind oder mindestens einen zugewanderten oder als Ausländer in Deutschland geborenen Elternteil haben (Statistisches Bundesamt Deutschland, 2015). Synonym findet der Begriff Einwanderer Verwendung (vgl. auch Abschnitt konzeptueller Hintergrund zu unterschiedlichen Begrifflichkeiten).

ältere Bürger_innen gibt, nimmt gleichzeitig der Anteil jüngerer Menschen an der Bevölkerung ab. So ist zwischen 1950 und 2004 der Anteil von Kindern und Jugendlichen in der BRD von einem Drittel auf ein Fünftel gesunken und die Zahl der Personen über 60 Jahre ist gleichzeitig von weniger als einem Sechstel auf ein Viertel angewachsen (Geißler, 2006, S. 52 ff.).

Der demografische Wandel und die Zunahme des Migrant_innenanteils stellen trotz der zeitlichen Parallelität zwei voneinander unabhängige Phänomene dar. Zugleich ist aber auch die Gruppe der älteren Migrant_innen ein wachsendes Segment in der Bundesrepublik. Der Altersdurchschnitt der Migrant_innen in Deutschland steigt und immer mehr erreichen in der BRD das Rentenalter (Hessisches Sozialministerium, 2012). Dies ist darauf zurückzuführen, dass mittlerweile viele der bis 1973 in die BRD eingewanderten vier Millionen Arbeitnehmer_innen nicht mehr in ihre Herkunftsländer zurückkehren und ihren Ruhestand in Deutschland verbringen (ebd.; Öztürk, 2011).

Der Zuwachs an Migrant_innen und älteren Personen mit und ohne Migrationshintergrund stellt Politik und Gesellschaft und auch die Erziehungswissenschaft vor neue Herausforderungen. Diskussionen um Pflege, Bildungsprozesse im Alter, Finanzierung der Renten sowie Sprachförderung und Integration bestimmen den Diskurs (Generali Altersstudie, 2013; Kuratorium Deutsche Altershilfe, 2016; Projekte der Schader-Stiftung; Zeman, 2005).

In der vorliegenden Untersuchung werden zwei Personengruppen, die der älteren Migrant_innen und der älteren Deutschen, näher betrachtet.

Vertiefungsstudie – eine Einführung

Die Untersuchung stellt eine Vertiefungsstudie zum Forschungsprojekt *Hier will ich wohnen bleiben. Zur Bedeutung des Wohnens in der Nachbarschaft für gesundes Altern* (BEWOHNT) dar. Das Projekt wurde von der BHF Bank Stiftung unterstützt und zwischen März 2009 und September 2012 an der Goethe-Universität in Frankfurt am Main am Fachbereich Erziehungswissenschaften im Arbeitsbereich Interdisziplinäre Alternswissenschaft unter der Leitung von Prof. Dr. Frank Oswald, Dr. Roman Kaspar und Diplom-Sozialgerontologin Ursula Frenzel-Erkert durchgeführt. 595 Personen zwischen 70 und 89 Jahren in drei Stadtteilen von Frankfurt am Main wurden zu ihrer Wohn- und Lebenssituation befragt. Ziel war es, das Wohnen im Quartier zu beschreiben, Herausforderungen und Potenziale für das Älterwerden im Stadtteil zu identifizieren und Informationen zur Bedeutung von Wohnen im Quartier bereitzustellen, um zur besseren Gestaltung von

Nachbarschaften beizutragen (Goethe-Universität Frankfurt am Main & BHF Bank Stiftung 2013, S. 10 f.). Bedingungen in der unmittelbaren Nachbarschaft, die förderlich oder hinderlich für ein Verbleiben in der eigenen Wohnung im Alter sein können, wurden erhoben. Das Projekt widmet sich der Frage, wie das Älterwerden in der eigenen Wohnung gefördert werden kann, denn der Verbleib in der eigenen Wohnung bis ins hohe Alter ist ein zentraler Wunsch vieler Senior_innen (ebd., S. 8). Ausschließlich Personen, die in Privathaushalten wohnen und alleine oder mit Menschen der gleichen Generation zusammenleben, wurden befragt. Der Stadt Frankfurt am Main sollen im Anschluss an das Projekt Maßnahmen zur Verbesserung der Wohnquartiere vorgeschlagen werden, um eine Erleichterung im Alltag der Älteren u. a. in Bezug auf Barrieren und Versorgungsmöglichkeiten anzuregen (ebd., S. 50).

Die Daten wurden quantitativ in Form eines Fragebogens erhoben, der größtenteils aus geschlossenen Fragen besteht, jedoch auch offene Fragen enthält, die es den Teilnehmenden an unterschiedlichen Stellen ermöglichen, eigene Angaben zu machen. Die Projektmitarbeitenden besuchten die Mitwirkenden in ihrem Zuhause. Aufgrund der Anzahl und Komplexität der Fragen füllten sie die Fragebögen stellvertretend aus und legten den Teilnehmenden zu jeder Frage eine Antwortskala vor. Ein Hausbesuch zur Beantwortung des Fragebogens dauerte ca. zwei Stunden. Insgesamt wurden die Bewohner_innen dreimal mit jeweils unterschiedlichen Fragebögen besucht. Der Abstand zwischen dem ersten und dem dritten Besuch betrug durchschnittlich ein Jahr.

Das Einwohnermeldeamt stellte die Adressen der älteren Personen zu Forschungszwecken zur Verfügung. Die potenziellen Teilnehmenden wurden zunächst per Post angeschrieben und auf das Projekt und dessen Ziele aufmerksam gemacht, bevor sie telefonisch kontaktiert wurden, um im Falle einer Teilnahmebereitschaft einen Interviewtermin vereinbaren zu können.

Die Inhalte der Befragung waren sehr vielschichtig. Die Probanden gaben Auskunft über ihre Wohn- und soziale Situation, ihre Identifikation mit dem Stadtteil und der Nachbarschaft sowie ihre gesundheitliche Disposition.

Das Nachbarschaftserleben war ein wichtiger Bestandteil der Befragung, denn gerade für ältere Menschen, die zunehmend auf Hilfen in ihrem näheren Umfeld angewiesen sein können und deren Bewegungsradius sich häufig stark verringert (Menning, 2005, S. 1), kann die Bedeutung von Nachbarschaften steigen. Zahlreiche Fragen betrafen daher die Anzahl der nachbarschaftlichen Kontakte und deren Intensität sowie das soziale Miteinander in der Nachbarschaft.

Über die Fragebogenerhebung hinaus wurden in jedem Stadtteil je zwei Fokusgruppen[2] mit interessierten Studienteilnehmenden geführt. Dort wurden den Diskutanten je fünf Szenarien vorgestellt, die mögliche Interventionen zur Verbesserung der Wohn- und Lebenssituation im Stadtteil beinhalteten, und sie waren aufgefordert, darüber zu diskutieren. Die Szenarien thematisierten u. a. Begegnungs- und Bewegungsmöglichkeiten im Stadtteil, mögliche Anlaufstellen für alltägliche Dienstleistungen und Dienste für eine saubere Wohnumwelt. Ebenso wurden Barrieren und die Sicherheit im Quartier sowie die Infrastruktur angesprochen.

Die vorliegende Arbeit untersucht nun explizit den im Projekt BEWOHNT bereits aufgegriffenen Aspekt des Nachbarschaftserlebens. Die Auswertungen des Forschungsprojektes zeigen, dass Nachbarschaftserleben ein zentrales Thema seitens der Befragten ohne Migrationshintergrund[3] darstellt und sie über die vorgegebenen Fragen hinaus immer wieder v.a. auf Nachbarschaften mit Migrant_innen zu sprechen kommen. Sie deuten Herausforderungen und Konflikte im Kontext multiethnischer Wohnquartiere an, die in dieser Arbeit in Gruppendiskussionen untersucht werden. Die Untersuchung widmet sich den Fragen, wie Personen mit und ohne Migrationshintergrund ihre Nachbarschaften erleben, welche Veränderungen sie im Vergleich zu früher wahrnehmen und welche Wandlungen sie erwarten. Darüber hinaus sollen interkulturelle und intergenerationelle Lernprozesse in Nachbarschaften identifiziert werden.

Erste Tendenzen aus BEWOHNT

Aus den quantitativen Befragungen des Forschungsprojekts BEWOHNT geht hervor, dass die Bewohner_innen des Frankfurter Stadtteils Nordweststadt häufiger angeben, in den letzten fünf bis zehn Jahren negative Veränderungen erlebt zu haben, als die Bewohner_innen in den beiden anderen Untersuchungsregionen (ebd., S. 36). In den Gesprächen mit den

---

[2] Fokusgruppen stellen ein qualitatives Erhebungsinstrument zur Ermittlung von Meinungen und Einstellungen Einzelner in einer Gruppe dar. Sie eignen sich, um tiefergehende Informationen zu spezifischen Themen zu erhalten sowie Wahrnehmungen und Hintergründe zu identifizieren. Sie gelten als forschungsökonomisch, da sie z. T. Einzelbefragungen ersetzen können. Ausgewählt werden die Teilnehmenden einer Fokusgruppe anhand eines gemeinsamen Interesses oder Handlungszusammenhangs. Die Teilnehmenden können auch in einem hierarchischen Verhältnis zueinander stehen (Flick, 1995, S. 131 ff.).

[3] Im Projekt BEWOHNT wurden nahezu ausschließlich Personen ohne Migrationshintergrund befragt. Ältere Migrant_innen konnten nicht für eine Teilnahme rekrutiert werden, was zumeist darauf zurückzuführen war, dass sie aufgrund mangelnder Sprachkenntnisse bereits in der Telefonakquise zur Terminvereinbarung ausselektiert wurden.

Teilnehmenden während der Fragebogeninterviews werden im Kontext der negativen Entwicklungen häufig Migrant_innen thematisiert und für Verschlechterungen verantwortlich gemacht. Diese Tendenz bestätigte sich auch im kollegialen Austausch mit den Interviewer_innen des Projekts.

Obwohl die Szenarien der Fokusgruppen inhaltlich nicht die Bewohner-_innenstruktur thematisierten, wurde in drei von fünf Szenarien in der Fokusgruppe mit den Nordweststädter_innen über den zunehmenden Migrant_innenanteil diskutiert und dieser überwiegend als problematisch betrachtet. Die Bewohner_innen äußerten, dass der Stadtteil größtenteils ältere Deutsche und Migrant_innen beheimate und es keine Gemeinsamkeiten zwischen diesen beiden Gruppen gebe, was dazu führe, dass den Stadtteilbewohner_innen eine gemeinsame Identität fehle. Die Begegnungsmöglichkeiten zwischen den Kulturen seien gering und es gebe Orte wie Cafés, die dadurch abschreckten, dass sie vermehrt von türkischen Männern besucht würden. Der Müllproblematik wird ebenfalls ein kultureller Zusammenhang unterstellt: Personen ausländischer Herkunft werden von manchen Diskutanten für den Müll in Wohnumgebungen und Grünanlagen verantwortlich gemacht. Die Teilnehmenden kritisieren, Anwohner_innen aus dem orientalischen Kulturkreis würden zwar ihre Wohnungen sauber halten, aber den Müll auf die Straße werfen. Türk_innen werden in diesem Kontext oft als Synonym für den orientalischen Kulturkreis verwendet, was sich etwa durch die Äußerung eines Diskutanten veranschaulichen lässt, der klagt: „Ein Türke hebt nichts auf."

Bei der Diskussion über die Sicherheit in der Nordweststadt wird ebenfalls ein Bezug zu Migrant_innen hergestellt. Manche Teilnehmenden hätten Angst, sich bei Dunkelheit alleine im Stadtteil aufzuhalten, da vor allem teilweise Migrant_innen bei ihnen Furcht auslösten. Verantwortlich hierfür sei die empfundene Fremdheit, da keine Kontakte zu den Migrant_innen bestünden.

In allen drei Szenarien, in denen die Diskutanten den wachsenden Migrant_innenanteil thematisieren, bewerten sie diese Entwicklung negativ. Zwar verweisen einige Personen z. B. bei der Müllproblematik darauf, dass dies kein kulturelles Problem darstelle, aber es gibt niemanden, der im zunehmenden Migrant_innenanteil Chancen formuliert. Vielmehr werden Stimmen laut, die betonen, dass die „soziale Mischung" nicht mehr stimme, was zum Wegzug der eigenen Nachkommen beitrage.

Die Fokusgruppen in der Nordweststadt unterscheiden sich hinsichtlich der Migrationsthematik deutlich von den Fokusgruppen in den beiden anderen Untersuchungsregionen. In beiden anderen Stadtteilen wird Migration seitens der Gruppen nicht im selben Maß zum Thema gemacht.

Diese ersten Tendenzen der quantitativen und qualitativen Daten aus BEWOHNT verdeutlichen, dass die Sozialstruktur in der Nordweststadt und der zunehmende Migrant_innenanteil im Stadtteil durch die Bewohner_innen dieser Untersuchungsregion negativ bewertet werden. Im Rahmen des Projekts BEWOHNT wird auf das Thema Migration jedoch nicht eingegangen, obwohl diese Ergebnisse veranschaulichen, wie wichtig es vor allem für die Bewohnerschaft der Nordweststadt ist.

Es ist von zentraler Bedeutung, dem Thema Migration anhand des Nachbarschaftserlebens in der Nordweststadt eine eigenständige Forschungsarbeit zu widmen, nicht zuletzt, da Frankfurt eine „Global City" (Magistrat der Stadt Frankfurt am Main, 2010, S. 2) ist und bereits 2007 zwei Drittel der in Frankfurt geborenen Kinder einen Migrationshintergrund hatten (Lüken-Klaßen, 2007, S. 13).

Forschungsleitende Annahme und Fragestellung

Die vorliegende Untersuchung geht davon aus, dass Migrant_innen und ältere Deutsche in Nachbarschaften immer häufiger aufeinandertreffen, da der Anteil beider Personengruppen stetig zunimmt (Geißler, 2006, S. 52 ff.; Lüken-Klaßen, 2007, S. 13). Die Ergebnisse des Forschungsprojekts BEWOHNT bestätigen anhand der Aussagen der Bewohner_innen diese Vermutung und verdeutlichen, dass Migrant_innen in Nachbarschaften ein zentrales Thema für die befragten älteren Nordweststädter_innen darstellen. Das Aufeinandertreffen beider Gruppen in Nachbarschaften scheint häufig von Konflikten gekennzeichnet zu sein. Ältere Personen sind damit konfrontiert, dass in ihren vertrauten Nachbarschaften Personen, die seit Jahrzehnten ihre Nachbar_innen waren, versterben und verstärkt Migrant_innen in die Wohnquartiere ziehen. Dieser *Generationenwechsel* (Schader-Stiftung, 2008) verändert die Nachbarschaften.

Der vorliegenden Untersuchung liegt daher die forschungsleitende Annahme zugrunde:

> Nachbarschaften zwischen älteren Personen deutscher Herkunft und Migrant_innen werden als schwierig beschrieben.

Das aus dem Forschungsprojekt generierte quantitative und qualitative Datenmaterial sowie die persönlichen Eindrücke der Mitarbeitenden des Projektes BEWOHNT bilden die Grundlage für diese Annahme. Es stellt sich die Frage, weshalb der Zuzug von Migrant_innen von den Studienteilnehmenden in BEWOHNT als starke negative Entwicklung im Stadtteil und in der Nachbarschaft gewertet wird. Sind es mögliche kulturelle

Unterschiede, die sich im Alltag bemerkbar machen, Sprachbarrieren aufgrund mangelnder Deutschkenntnisse oder unterschiedliche Umgangsformen? Die vorliegende Untersuchung geht diesen Fragestellungen nach und analysiert, wie Deutsche und Migrant_innen ihre Nachbarschaften beschreiben, welche Veränderungen sie darin wahrnehmen und welche interkulturellen und intergenerationellen Lernprozesse identifiziert werden können.

Folgende forschungsleitende Fragestellungen, die sowohl einen Gegenwarts- als auch einen Vergangenheits- und Zukunftsaspekt aufweisen, liegen daher der Untersuchung zugrunde:

- Was bedeutet Nachbarschaft für ältere Personen mit und ohne Migrationshintergrund? (Gegenwartsbezug)
- Wie beschreiben die Teilnehmenden ihre nachbarschaftlichen Beziehungen heute im Vergleich zu früher? (Vergangenheitsbezug)
- Welche Veränderungen im Hinblick auf die Zukunft in der Nordweststadt können identifiziert werden? (Zukunftsbezug)
- Welche interkulturellen und intergenerationellen Lernprozesse lassen sich im Kontext von Nachbarschaft identifizieren?

Begründung der Stichprobenauswahl

Im Rahmen der Untersuchung werden ältere Personen deutscher und türkischer Herkunft einbezogen. Für die Auswahl dieser beiden Personengruppen sind folgende Argumente ausschlaggebend:

Begründung für die Auswahl der türkischen Ethnie
Türkische Zuwanderer figurieren in den Befragungen häufig als Synonym für Einwanderer aus dem muslimischen Kulturkreis. Wenn die Befragten von Muslim_innen sprechen, beziehen sie sich in ihren Aussagen häufig auf die türkischen Migrant_innen. Ihre Äußerungen lassen darauf schließen, dass diese für sie als Repräsentant_innen der muslimischen Gesellschaft gelten. Muslim_innen stellen häufig ein Feindbild dar, das im Widerspruch zu den in der westlichen Gesellschaft geltenden christlichen Werten steht. In Integrationsdebatten wird ebenfalls außerordentlich oft die türkische Ethnie thematisiert (Boos-Nünning, 2000, S. 100 ff.). Als möglicher Grund gilt einerseits die große Anzahl von Migrant_innen, die dieser Ethnie angehören, denn sie stellen mit 14,2 % aller Zugewanderten die größte Zuwanderungsnation dar (Statistisches Bundesamt Deutschland, 2007). Eine Ethnie wird offenbar eher als Bedrohung wahrgenommen, wenn sie in größerer Anzahl in Deutschland vertreten ist (Tuomi-Nikula, 1989, S. 27 ff., in: Greverus, Moser & Salein, 1984, S. 289). Zum anderen gilt die kulturelle

Distanz zwischen Deutschen und Türk_innen als besonders groß und „unüberbrückbar" (Uslucan, 2011, S. 3).

Darüber hinaus wurde für die Nordweststadt bereits 2005 prognostiziert, dass sich dort ethnische Viertel bilden würden, in denen ausschließlich türkische Migrant_innen leben (Frankfurter Rundschau vom 06.10.2005).

Aufgrund dieser großen Bedeutung, die türkischen Zuwanderern im Kontext von Migration zukommt, bezieht sich die Autorin in ihrer Untersuchung auf diese Personengruppe.

Begründung für die Auswahl der Altersstruktur der türkischen Ethnie:
Beide Personengruppen, die älteren Deutschen und die älteren türkischen Migrant_innen, gehören derselben Generation an, weshalb ein *Generationenzusammenhang* (Mannheim, 1964, S. 539 ff.) gegeben ist. Sie zeigen einerseits starke Ähnlichkeiten im biografischen Erleben, wie etwa als eng erlebte nachbarschaftliche Beziehungen in früherer Zeit oder mögliche Mobilitätseinschränkungen (u. a. Zeman, 2005). Zum anderen existieren deutliche Unterschiede in der *Generationslage* (Mannheim, 1964, S. 539 ff.), da ältere Personen türkischer Herkunft häufig Pendelmigrant_innen sind und sich in ihren familiären Bindungen von derselben Generation deutscher Herkunft unterscheiden (u. a. Reinprecht, 2011).[4]

Für eine Vergleichbarkeit ist es wichtig, dass sich die Teilnehmenden türkischer Herkunft ebenfalls im Rentenalter befinden, da es zum einen valider ist, Aussagen von Personen einander gegenüberzustellen, die den erwähnten Generationenzusammenhang aufweisen, und zum anderen mit zunehmendem Alter tendenziell die Bedeutung von Nachbarschaftsbeziehungen steigt (Menning, 2005; Siebel, 2009).

Ziele der Untersuchung und erziehungswissenschaftliche Relevanz

Im Rahmen dieser Arbeit wird untersucht, wie ältere Personen deutscher und türkischer Herkunft ihre Nachbarschaften erleben. Wo liegen Schnittmengen in ihrem Erleben, die Ressourcen für multinationale Nachbarschaften darstellen könnten? Wo werden Konflikte möglicherweise ethnisiert, die eigentlich auf andere Faktoren zurückzuführen sind (Schnee, 2013, S. 317)? Und inwiefern ist präsentiertes Wissen vorurteils- oder erfahrungsbasiert?

[4] Mannheim beschreibt bereits 1964, dass Personen verwandter Jahrgänge einen Generationenzusammenhang aufweisen, der jedoch keineswegs die gleiche Generationslage bedingt, wie sie etwa in Gruppen besteht, die sich aufgrund von Gemeinsamkeiten zusammenfinden. Durch neuartige Erfahrungen des Verlassens der ursprünglichen und des Eintritts in eine neue Gruppe, zu denen auch der Heimatwechsel einer Emigrantin bzw. eines Emigranten zählt, werde Kultur fortgebildet (Mannheim, 1964, S. 528 ff.).

Die bundesweite Entwicklung des wachsenden Migrant_innen- und Senior_innenanteils führt dazu, dass beide Personengruppen zunehmend aufeinandertreffen. Nachbarschaften stellen häufig den einzigen Berührungspunkt zwischen älteren Personen deutscher Herkunft und Migrant_innen dar. Wenn in ehemals vertraute Nachbarschaften zunehmend Migrant_innen einziehen, führt dies nicht selten zu Misstrauen, Missverständnissen und Unmut (Schumacher & Stiehr, 2000, S. 79). Die geplante Untersuchung greift diese Entwicklung auf und betrachtet das nachbarschaftliche Erleben beider Gruppen.

Künftig werden immer mehr ältere Personen in Privathaushalten leben (Schumacher & Stiehr, 2000, S. 9), denn ihr Anteil wächst und ein zentraler Wunsch dieser Personen ist der Verbleib in der eigenen Wohnung (Goethe-Universität Frankfurt am Main & BHF Bank Stiftung, 2013, S. 7 f.). Nachbarschaften sind für sie meistens wichtig, da sich ihr Bewegungsradius häufig mit zunehmendem Alter stark verringert (Menning, 2005, S. 1) und sie dann vermehrt auf Hilfen im näheren Umfeld angewiesen sind. Zudem verbringen sie mit dem Eintritt in das Rentenalter häufig mehr Zeit in ihrer Wohnung oder in ihrem Stadtteil, wodurch die nähere häusliche Umgebung wichtiger werden kann (Goethe-Universität Frankfurt am Main & BHF Bank Stiftung, 2013, S. 7).

Die Gestaltung von Nachbarschaften für Ältere wird daher in Zukunft an Bedeutung gewinnen. Ziel der vorliegenden Arbeit ist es, zu analysieren, was Ältere sich für die Gestaltung ihres Wohnumfelds und ihrer Nachbarschaft wünschen, um zu erfahren, welche Bedarfe für die Zukunft daraus entstehen und wie Migrant_innen in die Gestaltung von Nachbarschaften einbezogen werden können. Durch die Fokussierung auf beide Gruppen werden wichtige Erkenntnisse generiert, die Anregungen für Maßnahmen zur Verbesserung des sozialen Miteinanders im Stadtteil und einer positiveren Fremdwahrnehmung der jeweils anderen Gruppe liefern können. Die Arbeit kann wichtige Erkenntnisse für die zukünftige Gemeinwesenarbeit bzw. das Quartiersmanagement[5] liefern und dazu beitragen, passgenauere Programme der sozialpädagogischen Arbeit im Stadtteil zu entwickeln. Die Untersuchung möchte Interventionen für die praktische Arbeit im Quartier anregen, um langfristig ein besseres Miteinander im nachbarschaftlichen Zusammenleben erzielen und Teilhabe am städtischen Leben für unterschiedliche Bevölkerungsgruppen anregen zu können.

---

[5] Der Begriff Quartiersmanagement hat den Begriff Gemeinwesenarbeit größtenteils abgelöst. Er ist auf die Landes- und Bundesprogramme für Stadtteile mit besonderem Erneuerungs- oder Entwicklungsbedarf, genannt Soziale Stadt, zurückzuführen. Im Rahmen der Sozialen Stadt sollen vorhandene Potenziale in einem Quartier stabilisiert und entwickelt werden (Oelschlägel, 2010, S. 7).

Der Blick richtet sich dabei nicht nur auf Unterschiede und Konfliktpotenzial, sondern auch auf Gemeinsamkeiten zwischen der deutschen und der türkischen Bevölkerung. Chancen und Potenziale deutsch-türkischer Nachbarschaften werden in den Blick genommen.

Die Arbeit ist in den Erziehungswissenschaften verortet und bedient mit den Schwerpunkten Gemeinwesenarbeit, Gerontologie und Migration Themenbereiche und Forschungsgebiete der Fachrichtung Sozialpädagogik bzw. Soziale Arbeit, was die Einordnung der vorliegenden Untersuchung in diese pädagogische Fachrichtung verdeutlicht (DIPF; Stövesand & Stoik, 2013, S. 18). Die Sozialpädagogik ist ein Teil der Erziehungswissenschaften und agiert „im Schnittpunkt zwischen Individuum und Umwelt/Gesellschaft“ (Schnee, 2004, S. 14). In der vorliegenden Untersuchung werden die Themenbereiche Gemeinwesenarbeit, Migration und Gerontologie miteinander verknüpft, da sie im städtischen und sozialräumlichen Diskurs häufig untrennbar sind.

Die Förderung von Nachbarschaften obliegt der Gemeinwesenarbeit. Die Gemeinwesenarbeit, die als dritte Methode neben der Einzelfallhilfe und der Gruppenarbeit in der Sozialpädagogik bezeichnet wird (Oelschlägel, 2010, S. 2 ff.), versucht, auf „die Probleme von Menschen, die in einem sozialgeografisch definierten Raum leben“ (Schnee, 2004, S. 17), einzuwirken und zu deren Verbesserung, Lösung sowie Prävention beizutragen. Sie findet vorwiegend in sozialen Brennpunkten statt und ist an die Settlementbewegung[6] in den USA angelehnt (Oelschlägel, 2010, S. 3; Schnee, 2004, S. 3).

Auf praktischer pädagogischer Ebene werden in den Städten zahlreiche Angebote für Senior_innen und Migrant_innen geschaffen. Vielerorts existieren Beratungs-, Bildungs- und Freizeitangebote sowie Unterstützungs- und Betreuungsmöglichkeiten. Im Rahmen des Studiums der Erziehungswissenschaften findet aufgrund des demografischen Wandels zunehmend eine Auseinandersetzung mit dem Älterwerden statt. Die Gründung interdisziplinär arbeitender Institute für Alternsforschung (u. a. an der Goethe-Universität Frankfurt am Main) und die Konstitution neuer Bachelor- und Masterstudiengänge (u. a. Friedrich-Alexander-Universität Erlangen-Nürnberg, 2016; Universität Vechta, 2016) sind Resultate dieses Prozesses. Aus wissenschaftlich-gerontologischer Perspektive wird das Thema *Alter* seit den 1960er-Jahren intensiver erforscht (DGGG, 2012).

Ebenso sind Erziehungswissenschaftler_innen in der pädagogischen Praxis vermehrt mit Migrant_innen konfrontiert, da einerseits der Anteil der

[6] Im Rahmen der Settlementbewegung zogen junge Akademiker_innen im 19. Jahrhundert aus religiösen und humanitären Gründen in Armen- und Arbeiterviertel, um mit den Menschen dort zu leben (Oelschlägel, 2013, S. 181).

Personen mit Migrationshintergrund steigt und andererseits spezielle Förderangebote für diese Personengruppe existieren, z. B. in Form von Sprachförderung (Bundeszentrale für politische Bildung, 2016). Migrationsforschung hält bereits seit Jahrzehnten Einzug in die Wissenschaft, was u. a. die Gründung von Instituten für Migrations- und Integrationsforschung sowie interkulturelle Studien verdeutlicht (u. a. Frankfurter Zentrum für Migrationsforschung e. V.; Berliner Institut für empirische Integrations- und Migrationsforschung; Institut für Migrationsforschung und Interkulturelle Studien an der Universität Osnabrück). Seit Mitte der 1950er-Jahre, als die Anwerbung ausländischer Arbeitnehmer_innen begann, ist Migration ein vielfach diskutiertes Thema in Deutschland (Öztürk, 2011).

Neben den Forschungen zu Migrant_innen und Senior_innen geraten speziell ältere Einwanderer zunehmend in den Fokus erziehungswissenschaftlicher Forschung. Aktuell zeichnet sich eine Zunahme gerontologischer Migrationsforschung ab (Olbermann, 2003; Özcan & Seifert, 2005; Schaefer, 2009; Zeman, 2005), was darauf zurückzuführen ist, dass immer mehr Migrant_innen in Deutschland das Rentenalter erreichen und ihr Altersdurchschnitt parallel zur Altersstruktur der deutschen Gesellschaft steigt (Hessisches Sozialministerium, 2012). Die Anfänge der Forschung zu Alter und Migration liegen in den 1980er-Jahren in den USA, wo diese beiden Faktoren zunächst als „Risikokumulation" (Myllymäki-Neuhoff, 2006, S. 250) beschrieben wurden, ohne die Heterogenität von Alternsprozessen zu berücksichtigen.

Aus erziehungswissenschaftlicher Sicht liegt der von der vorliegenden Arbeit zu erwartende Gewinn in der Verbesserung des Miteinanders der Gruppen: Sozialer Austausch und gegenseitige Hilfen könnten angeregt werden. Des Weiteren könnten passgenauere Programme z. B. im Rahmen von Quartiersmanagement, Beratungsangeboten oder Stadtteilentwicklung ausgearbeitet werden. Kommunale und gesellschaftliche Interessen sind damit verbunden.

Der wissenschaftliche Erkenntnisgewinn liegt in der Analyse der Facetten von Nachbarschaftserleben älterer Menschen deutscher und türkischer Herkunft. Intergenerationelle, interkulturelle und kollektive Lernprozesse werden herausgearbeitet und erlebte Entwicklungen dargestellt. Bedeutend ist in diesem Zusammenhang die Rolle der Ethnie bei der Beschreibung von Nachbarschaften. Es soll deutlich werden, wann Nachbarschaftsaspekte ethnisch konnotiert sind und wann ihnen, auch wenn die beteiligten Personen sie ethnisch deuten, andere Ursachen zugrunde liegen.

Das Ergebnis könnte auch auf andere Forschungen übertragen werden, die die Beziehung zwischen einer Mehrheits- und einer

Aufnahmegesellschaft untersuchen, um vorab Gründe für eine mögliche Ablehnung zu verstehen oder Vorurteile zu verdeutlichen und mit Angeboten (präventiv) entgegenzusteuern.

Bisherige Studien untersuchen die Beziehungen zwischen alteingesessenen Stadtteilbewohner_innen und Zuwanderern (Cengiz, 2008) und befassen sich mit der Bedeutung von Nachbarschaften oder dem Miteinander von Deutschen und Migrant_innen (Beck & Perry, 2008). Sie greifen die Integration von Zuwanderern in den Städten auf und fokussieren dabei eher die Chancen, die das Wohnumfeld für unterschiedliche Integrationsprozesse wie Bildung oder Teilhabe am städtischen Leben bietet (Schader-Stiftung, 2003). Forschungen insbesondere über türkische Migrant_innen beziehen sich häufig auf deren Wohnverhältnisse und Wohnbedeutung (Günes, 2007; Janßen & Polat, 2005) sowie auf ihre Situation und ihre Erlebnisse als Gastarbeiter_in (Bundeszentrale für politische Bildung, 2011) oder ihre Rückkehrillusion (Sen, 2011).

Die Untersuchung des Nachbarschaftserlebens älterer Personen deutscher und türkischer Herkunft greift somit ein kommunal wichtiges und sehr aktuelles Thema auf, das in diesem Kontext bisher kaum erforscht ist.

Triangulation in den Sozialwissenschaften – eine Forschungsstrategie im Rahmen der Untersuchung?

Der Begriff der Triangulation stammt vom lateinischen Wort „triangulare" und bedeutet „dreieckig machen". Es handelt sich dabei um eine Forschungsstrategie, in der verschiedene Methoden oder Sichtweisen auf dasselbe Phänomen angewendet werden. Durch den Einbezug unterschiedlicher Methoden zur Erforschung eines Gegenstands sollen Stärken und Schwächen der einzelnen Methoden ausgeglichen und Ergebnisse valider werden (Flick, 2011).

Eine Triangulation ist sowohl durch verschiedene Methoden innerhalb einer qualitativen Forschung möglich als auch durch eine Verbindung qualitativer und quantitativer Forschungsmethoden. Die letztgenannte Möglichkeit wird in den vergangenen Jahren zunehmend genutzt; immer häufiger werden Forschungsgegenstände sowohl mit qualitativen als auch mit quantitativen Methoden untersucht, deren Ergebnisse sich in der unmittelbaren Gegenüberstellung gegenseitig stützen und überprüfen können und die ermöglichen, Erkenntnisse aus mehreren Perspektiven zusammenzuführen. Zu diesem Zweck wird eine Forschungsfrage multiperspektivisch betrachtet und Daten werden relativ zeitgleich mit verschiedenen Methoden erhoben und ausgewertet, wobei quantitative oder qualitative Ergebnisse jeweils die Datengrundlage für die andere Methode bilden können.

Im Rahmen der vorliegenden Untersuchung bilden die quantitativen und qualitativen Daten des Forschungsprojekts BEWOHNT die Datengrundlage für die qualitative Untersuchung in Form von Gruppendiskussionen. Die Gruppendiskussionen werden mit der dokumentarischen Methode nach Ralf Bohnsack ausgewertet. Unter Beachtung bestimmter Prinzipien und Kriterien bei der Auswahl der Teilnehmenden und der Leitung der Gruppendiskussion ist es für die Validität der Ergebnisse nicht erforderlich, weitere Methoden der Auswertung anzuwenden oder zusätzliche Daten zu generieren (vgl. Kapitel zu Forschungsdesign). Das Forschungsinteresse der vorliegenden Untersuchung leitet sich jedoch aus den Daten des Projekts BEWOHNT ab, sodass diese elementar in die Forschung einbezogen werden. In den Fragebögen, Fokus- und Stadtteilgruppen von BEWOHNT wurde das Thema Migration nicht adressiert und erst im Forschungsverlauf stellte sich heraus, dass diesem Aspekt für das Nachbarschaftserleben eine elementare Bedeutung zukommt. Die vorliegende Untersuchung greift diese „Lücke" auf und untersucht das Nachbarschaftserleben von Personen deutscher Herkunft und Migrant_innen, um valide Aussagen über die Bedeutung von Migration in Nachbarschaften zu generieren.

Es kann nun kontrovers diskutiert werden, ob es sich bei der vorliegenden Untersuchung um eine Triangulation sozialwissenschaftlicher Daten handelt. Dagegen spricht, dass beide Untersuchungen nicht zeitgleich stattgefunden haben, keine Sekundäranalyse der Ergebnisse von BEWOHNT für die Fragestellung der vorliegenden Untersuchung durchgeführt und ein Thema aufgegriffen wurde, dass in BEWOHNT nicht behandelt wurde. Andererseits handelt es sich um die Anwendung verschiedener Methoden für dasselbe Phänomen Nachbarschaften, mit der Erweiterung um die Rolle der Migration.

Festzustellen ist, dass es sich nicht um eine Triangulation im klassischen Sinn handelt, da beide Untersuchungen unterschiedliche Forschungsfragen aufweisen und zeitlich versetzt ablaufen. Dennoch wird durch die Verknüpfung der Ergebnisse von BEWOHNT und der vorliegenden Studie eine Erklärung des Phänomens Nachbarschaften und der Bedeutung der Migration darin geliefert. Beide Studien wurden z. T. mit denselben Personen durchgeführt und die Entwicklung des Leitfadens für die vorliegende Untersuchung wurde maßgeblich von den Ergebnissen von BEWOHNT beeinflusst. Die Erkenntnisse zum Thema Nachbarschaften können mithilfe dieser Untersuchung umfassender interpretiert werden, weshalb es sich um eine Vertiefungsstudie handelt.

Die Autorin hat sich entschieden, im Rahmen ihrer Untersuchung vom Versuch einer Triangulation zu sprechen, um den kontroversen Aspekten dieses Vorgehens gerecht zu werden. Im weiteren Verlauf der Arbeit wird daher der Versuch unternommen, sowohl die quantitativen Ergebnisse des Forschungsprojekts BEWOHNT mit dessen qualitativen Ergebnissen als auch die Ergebnisse von BEWOHNT insgesamt mit den Resultaten der Gruppendiskussionen im Rahmen dieser Arbeit zu triangulieren.

Aufbau der Arbeit

Die vorliegende Untersuchung gliedert sich in zwei Bereiche. Diese umfassen den theoretischen Hintergrund und die Einbettung in das Forschungsprojekt BEWOHNT, mit dessen Ergebnissen bezüglich der forschungsleitenden Fragestellungen (I) sowie die qualitative Untersuchung des Nachbarschaftserlebens im Rahmen von Gruppendiskussionen (II).

In Teil I wird der aktuelle Stand der Forschung dargelegt. Die Themenschwerpunkte ältere Bevölkerung und Migration werden abgebildet und in erziehungswissenschaftliche Gemeinwesenarbeit am Beispiel von Nachbarschaften eingeordnet. Ziel ist es, in diesem ersten Abschnitt den aktuellen Stand der Forschung in diesen Bereichen darzulegen und aufzuzeigen, wie die Themenschwerpunkte im Rahmen der vorliegenden Untersuchung miteinander in Verbindung stehen. Ebenso werden die Ergebnisse des Projektes BEWOHNT dargestellt, die die Datengrundlage für die Untersuchung bilden. Zunächst werden ausgewählte Ergebnisse der Fragebogenerhebung mit Relevanz für die vorliegende Arbeit aufgezeigt und die Ergebnisse der Nordweststädter_innen separat hervorgehoben. Des Weiteren werden zentrale qualitative Ergebnisse der Fokusgruppen beschrieben und die Rolle der Migration darin herausgearbeitet.

Der zweite Teil der Arbeit widmet sich der qualitativen Erhebung im Rahmen der vorliegenden Arbeit. Die Untersuchungsregion Nordweststadt wird vorgestellt, das Forschungsdesign beschrieben und die Untersuchungsergebnisse in einem theoretischen Modell präsentiert.

Teil I: Theoretischer Hintergrund

Im theoretischen Teil dieser Arbeit werden die drei Säulen der vorliegenden Untersuchung, Altern, Migration und erziehungswissenschaftliche Gemeinwesenarbeit am Beispiel von Nachbarschaften beschrieben.

Es wird zum einen darauf eingegangen, wie der Anteil der älteren Personen und der Migrant_innen in Deutschland stetig wächst und welche Auswirkungen diese Entwicklungen auf die Gesellschaft haben. Des Weiteren wird das Arbeitsfeld der Gemeinwesenarbeit dargestellt und erläutert, welche Bedeutung Nachbarschaften darin zukommt. Es wird beschrieben, wie sich Nachbarschaften verändern und welche Bedeutung ältere Personen und Migrant_innen ihnen zuschreiben.

In einem weiteren Abschnitt wird das Forschungsprojekt BEWOHNT als Vorbereitungsstudie sowie dessen Ergebnisse bezüglich des Nachbarschaftserlebens beschrieben.

1. Altern in Deutschland

„Das Altern ist ein Prozess, der nicht erst in höherem Lebensalter beginnt, sondern von Geburt an unumkehrbar fortschreitet.“
(Leben im Optimum, 2008)

Die deutsche Sozialstruktur ist im Wandel. Zwei Personengruppen verändern sie maßgeblich: ältere Personen und Migrant_innen. Der Anteil beider Gruppen nimmt in Deutschland stetig zu (Bundesministerium für Familie, Frauen, Senioren und Jugend, 2015; Bundeszentrale für politische Bildung, 2016; Geißler, 2006; Lüken-Klaßen, 2007). Im Folgenden wird zunächst beschrieben, wie der Anteil älterer Personen an der Bevölkerung in Deutschland zunimmt, bevor im nächsten Kapitel die Zunahme der Migrationsbevölkerung in der BRD beschrieben wird. Welche Herausforderungen bringt die Alterung der Gesellschaft mit sich und welche Rolle spielt das Wohnen in diesem Kontext?

1.1 Lebensphase Alter – Definitionen und Theorien

Was bedeutet es in der deutschen Gesellschaft, wenn von *Alter* oder *altern* gesprochen wird, und welcher Personenkreis wird als *alt* kategorisiert?

Debatten um die „Alterung der Gesellschaft“ (Backes & Clemens, 2008, S. 46) bestimmen den politischen und gesellschaftlichen Diskurs unserer Zeit. Der Generationenvertrag[7], die Finanzierung im Falle einer Pflegebedürftigkeit sowie Unterstützungsangebote und Freizeitmöglichkeiten für Senior_innen werden diskutiert. Die Auseinandersetzung mit dem Thema Altern erfolgt sowohl auf praktischer als auch auf wissenschaftlicher Ebene.

Durch die steigende Lebenserwartung wird das Alter vermehrt zu einer eigenständigen Lebensphase deklariert, da es sich mittlerweile häufig über mehrere Jahrzehnte erstreckt. Dennoch ist nicht klar abgrenzbar, ab wann die Lebensphase Alter beginnt. Der Eintritt in den Ruhestand galt früher als wichtiges Kriterium für diesen Lebensabschnitt, wird aber heute nicht mehr eindeutig als dessen Beginn betrachtet (ebd., S. 115).

Durch die höhere Lebenserwartung werden Menschen länger als jung charakterisiert. Zudem sind sie durchschnittlich gesünder als ihre Vorfahren

[7] Der Generationenvertrag beinhaltet, dass Arbeitnehmer_innen für die aktuellen Renten aufkommen (Bundeszentrale für politische Bildung, in Anlehnung an: Schubert & Klein, 2016).

gleichen Alters, was ebenfalls dazu beiträgt, sie zu einem späteren Zeitpunkt als *alt* zu bezeichnen.

Ab wann ein Mensch als *alt* gilt, ist abhängig von der durchschnittlichen Lebensdauer und der Kultur, in der er lebt. In Deutschland kursiert die Auffassung, *man sei so alt, wie man sich fühle*. In Spanien und in Griechenland gelten Menschen als *alt*, wenn sie nicht mehr arbeiten können (Walla, Eggen & Lipinski, 2006, S 45).

Das deutsche Rentensystem definiert, dass Menschen mit 65 Jahren alt seien, und sieht in diesem Alter das Ausscheiden aus dem Erwerbsleben vor.[8]

Altern beinhaltet sowohl physische als auch psychische und soziale Prozesse. Aus medizinischer Sicht beginnt der Alterungsprozess zwischen dem 50. und dem 65. Lebensjahr und führt zur Rückbildung des menschlichen Organismus sowie einer Veränderung der Organe. Die Medizin gibt jedoch keine Auskunft darüber, ab wann ein Mensch als alt bezeichnet werden kann (Backes & Clemens, 2008, S. 55).

Psychologisch ist das Altern gekennzeichnet durch eine Veränderung der Rollen, wie etwa durch den Übergang von der Arbeitnehmer_in zur Rentner_in. Als sozialer Indikator für den Beginn des Alters gilt in der Leistungsgesellschaft die Verschlechterung der psychischen sowie physischen Leistungsfähigkeit (ebd.). Wann welche Prozesse des Alterns beginnen, hängt von verschiedenen Umwelteinflüssen wie Bildung, Einkommen, Wohlbefinden oder Aktivität ab (Bundesministerium für Familie, Senioren, Frauen und Jugend, 2010, S. 20 ff.).

Grundsätzlich wird zwischen *biografischem* und *biologischem* (MedizInfo) oder auch *kalendarischem* und *funktionalem* Alter (Backes & Clemens, 2008, S. 55) unterschieden. Das biografische bzw. kalendarische Alter bezeichnet das tatsächliche Alter in Zahlen, wohingegen das biologische bzw. funktionale Alter den Gesundheitszustand einer Person beschreibt, der einem bestimmten Alter entspricht (ebd.; MedizInfo). Menschen gleichen biografischen Alters weisen „je nach sozialer Lebenslage und den gesellschaftlichen Verhältnissen ein unterschiedliches Alter auf“ (Höpflinger, 2009). Mittlerweile gilt die Aufmerksamkeit vermehrt dem funktionalen bzw. biologischen Alter (Backes & Clemens, 2008, S. 55).

In Forschungen über das Alter werden unterschiedliche Einteilungen in Altersdekaden vorgenommen. Grundsätzlich wird häufig zwischen dem *dritten* und *vierten Lebensalter* unterschieden. Das *dritte Lebensalter* beginnt

---

[8] Dabei ist jedoch zu beachten, dass das durchschnittliche Renteneintrittsalter 2014 bei 61 Jahren lag (Hoffmann, Gordo, Nowossadek, Simonson & Tesch-Römer, 2014, S. 6). Als Folge des demografischen Wandels erhöht sich das Rentenalter für Personen, die vor 1954 geboren wurden, künftig von 65 auf 67 Jahre (www.rente.net) und eine weitere Anhebung des Renteneintrittsalters wird diskutiert (Institut der deutschen Wirtschaft Köln, 2016).

mit der Beendigung des Erwerbslebens, ist gekennzeichnet durch gute Gesundheit und dazugewonnene Freizeit und gilt als Zeit, in der eine Vielzahl an Kompetenzen zur Verfügung steht (Simon, 2007, S. 16 in Anlehnung an: Laslett, 1995; Wahl & Kruse, 2014).

Zwischen dem 80. und 85. Lebensjahr beginnt das *vierte Lebensalter*, das durch Verluste in Form von physischen und psychischen Erkrankungen sowie den Tod von Ehepartner_innen oder Bekannten und Multimorbidität charakterisiert ist. Da die heutigen Ruheständler_innen häufig bis über das 80. Lebensjahr hinaus gesund und aktiv bleiben, wird diese Unterscheidung mittlerweile häufig vorgenommen (ebd.).[9]

Friebe (2007) legt eine Unterteilung der Älteren in drei Altersgruppen vor. Er kategorisiert die ältere Bevölkerung in die *jungen Alten*, die *mittlere Gruppe* und die *betagten Menschen*. Die *jungen Alten* seien zwischen 55 und 64 Jahre alt und zeigten häufig noch Interesse an beruflichem Wissen, während die *mittlere Gruppe,* 65 bis 75 Jahre alt, ihr Interesse in Richtung gesellschaftlicher Partizipation verlagere. Beim Personenkreis über 75 Jahre, den er als *betagte Menschen* kategorisiert, bestehe Informationsbedarf über alterstypische Probleme zum Erhalt der Selbstständigkeit (Simon, 2007, in Anlehnung an: Friebe, 2007, S. 36).

Neben diesen Unterteilungen existieren je nach Untersuchungsgegenstand zahlreiche weitere Einteilungen in unterschiedliche Altersphasen. So wird in der Gesundheitsberichterstattung des Bundes zwischen den *jungen Alten* zwischen 65 und unter 85 Jahren und den *alten Alten* ab 85 Jahren unterschieden (Tesch-Römer & Wurm, 2009b, S. 7, 11). Der deutsche Alterssurvey (DEAS) bezieht bereits 40-Jährige in seine Altersbefragung mit ein, da er Personen in der zweiten Lebenshälfte untersuchen möchte. Er unterteilt seine Studienteilnehmer_innen in die Alterskategorien 40–54, 55–69 und 70–85 Jahre (Deutsches Zentrum für Altersfragen), während in der Darstellung der zentralen Ergebnisse des DEAS wiederum je nach Thematik unterschiedliche Unterteilungen vorgenommen werden (BMFSFJ, 2010).

Die Gemeinsamkeit bei Untersuchungen mit älteren Menschen ist jedoch die generelle Unterteilung der Lebensphase Alter in verschiedene Dekaden. Es scheint Konsens zu sein, dass das Alter, das häufig mehrere Jahrzehnte andauert und mit vielen körperlichen, psychischen und sozialen Veränderungen einhergeht, nicht als eine Gesamtheit betrachtet werden könne, sondern weiter differenziert werden müsse. Die höhere Lebenserwartung und

[9] Es bleibt jedoch zu berücksichtigen, dass Altern vielfältig und unterschiedlich verläuft. Bei der Darstellung der Altersdekaden handelt es sich lediglich um ein durchschnittliches Bild in der deutschen Gesellschaft. Es gibt zahlreiche Personen, die bereits mit 60 oder 70 Jahren die Merkmale des vierten Lebensalters aufweisen (Oswald, 2006, S. 5 f.).

die länger andauernde Phase des Gesundseins mache eine solche Unterscheidung notwendig und lasse heute nicht mehr zu, von den Alten zwischen 65 und 90 Jahren als einer einheitlichen Gruppe zu sprechen. Sichtbar wird in vielen Unterscheidungen, dass mit dem Eintritt in das Rentenalter Personen in die Kategorie Alter aufgenommen werden und dass mit Beginn der Hochaltrigkeit ab dem 80. bzw. 85. Lebensjahr häufig drastische gesundheitliche Einbußen zu verzeichnen sind.

1.2 Demografische Entwicklung und die Herausforderungen für Politik, Gesellschaft und pädagogische Praxis

Im vorangegangenen Abschnitt wurden Definitionen und Theorien des Alterns dargestellt.

Wie zentral eine entsprechende gerontologische Forschung und die Fokussierung auf die Bedürfnisse Älterer sind, zeigt ein Blick auf die demografische Entwicklung. In Deutschland ist ein demografischer Wandel zu verzeichnen, der sich in Zukunft weiter beschleunigen wird. Während der Anteil der älteren Personen ab 60 Jahren steigt, sinkt gleichzeitig der Anteil der unter 20-Jährigen, was zu einer demografischen Alterung führt (Deutscher Alterssurvey, 2013; Geißler, 2006, S. 52 ff.). Bereits 2006 wurde prognostiziert, dass in den nächsten 50 Jahren statt wie zum damaligen Zeitpunkt 21 % nur noch 16 % der Bundesbürger_innen unter 20 Jahre alt sein werden (Walla, Eggen & Lipinski, 2006, S. 10). In ländlichen Gebieten und in Ostdeutschland sind die Alterungsprozesse besonders ausgeprägt. In den neuen Bundesländern wird dies auf das häufige Abwandern junger Menschen zurückgeführt (Geißler, 2006, S. 55; Sandfuchs, 2009, S. 44).

1990 lag das Durchschnittsalter in der BRD bei 39 Jahren, 2005 schon bei 42 Jahren und bis 2050 wird eine weitere Zunahme des Durchschnittsalters um sechs bis zehn Jahre erwartet (Menning, 2007, S. 6).

Die durchschnittliche Lebenserwartung von Männern und Frauen ist seit 1990 um etwa fünf Jahre gestiegen und die durchschnittliche Lebensdauer eines männlichen Neugeborenen beträgt 2015 78,4 Jahre und die eines weiblichen Neugeborenen 83,4 Jahre (Statista, 2016). Bei einem durchschnittlichen Rentenalter von 61 Jahren bedeutet das eine Ausweitung der Rentenzeit auf ca. 20 Jahre (Hoffmann, Gordo, Nowossadek, Simonson & Tesch-Römer, 2014, S. 6). 2002 konstatierte die Universität Köln, dass zum damaligen Zeitpunkt in Deutschland geborene Mädchen zu mehr als der Hälfte und Jungen zu etwa einem Drittel voraussichtlich älter als 100 Jahre werden (Walla, Eggen & Lipinski, 2006, S. 45).

Die Alterung der deutschen Gesellschaft ist das Resultat einer höheren Lebenserwartung aufgrund besserer medizinischer Versorgung und eines synchronen Geburtenrückgangs (Sandfuchs, 2009, S. 47; Wahl & Heyl, 2015, S. 24 f.). Die sinkenden Geburtenraten werden mit den Individualisierungstendenzen seit der Industrialisierung begründet. Die Großfamilie verliert seither an Bedeutung und wird zunehmend von der Kleinfamilie abgelöst. Gesundheit, Wohlstand und Bildung der Kinder werden immer wichtiger und entsprechende Lebensbedingungen lassen sich in einer Kleinfamilie besser realisieren. Bereits 1972 ist die Geburtenrate unter das notwendige Reproduktionsniveau von 2,1 gesunken, was in den letzten drei Jahrzehnten jedoch noch durch Einwanderungsüberschüsse ausgeglichen werden konnte (Sandfuchs, 2009, S. 47). Die Migration in die BRD kann künftig den Bevölkerungsrückgang zwar verlangsamen, nicht jedoch aufhalten (ebd., S. 43). Deutsche Frauen bekommen im Durchschnitt 1,2 und ausländische Frauen 1,9 Kinder. Die höhere Geburtenrate Letzterer kann das Durchschnittsalter der deutschen Bevölkerung jedoch nicht auffallend senken (Geißler, 2006, S. 55) und nicht verhindern, dass in den kommenden 50 Jahren die Einwohner_innenzahl der BRD von 81,2 auf 74,7 Millionen sinken wird (Statista, 2015).

Dieser Bevölkerungsrückgang ist ein europäisches Phänomen. Während die Weltbevölkerung bis 2050 weiterhin zunehmen wird, schrumpft die Bevölkerungszahl in Europa zwischen 2000 und 2050 erstmals; Europa ist der einzige Kontinent, für den ein solcher Bevölkerungsrückgang prognostiziert wird (Walla, Eggen & Lipinski, 2006, S. 16 f.). Im Kontinentalvergleich weist Europa sowohl die niedrigste Geburtenrate insgesamt als auch den geringsten Geburtenanteil unter den 15- bis 19-jährigen Frauen auf (ebd.).

Während der Bevölkerungsrückgang europaspezifisch ist, ist die Alterung der Gesellschaft jedoch weltweit zu beobachten, da die Lebenserwartung unabhängig vom Standort kontinuierlich steigt (ebd., S. 45). Der Anteil der unter 15-Jährigen ist aber in Europa am niedrigsten.

Die meisten Personen ab 65 Jahren und Hochaltrigen ab 80 Jahren werden bis zum Jahr 2030 in China, Indien und den Vereinigten Staaten leben. Deutschland ist jedoch nach Japan und Italien das Land mit dem dritthöchsten Anteil an über 60-Jährigen (Menning, 2007, S. 5).

Einen weiteren Beitrag zur zunehmenden Alterung der Gesellschaft werden in den kommenden Jahrzehnten die sogenannten *Babyboomer* (Nowossadeck, 2010) leisten. Zu diesen zählen die Personen, die in den Jahren nach dem Zweiten Weltkrieg bis Mitte der 1960er-Jahre in den vom Weltkrieg betroffenen Ländern geboren wurden (Menning, 2007, S. 6) und die jetzt altern.

Herausforderungen für Politik, Gesellschaft und pädagogische Praxis

Der demografische Wandel geht mit einer stetig steigenden Lebenserwartung einher, die häufig einen hohen Anteil gesunder Lebensjahre mit sich bringt (Motel-Klingebiel, Wurm & Tesch-Römer, 2010, S. 11) und Deutschland vor neue Herausforderungen stellt.

Die Lebensphase Alter bietet nach dem Eintritt in den Ruhestand viel Gestaltungsspielraum, da sich zunächst ein eher ressourcenreiches, durch Kompetenzen und Freiräume geprägtes drittes Alter anschließt. Erst ab dem 80. Lebensjahr folgt das eher ressourcenarme vierte Alter, das häufig durch erlebte Verluste gekennzeichnet ist (Wahl & Kruse, 2014, S. 189 ff.).

Eine Gefahr dieser demografischen Entwicklung liegt im Zerbrechen des Generationenvertrags, der gewährleistet, dass die Renten der Ruheständler_innen größtenteils durch die Rentenversicherungsbeiträge der derzeitigen Arbeitnehmer_innen finanziert werden. Da mittlerweile weniger Erwerbstätige einen größeren Anteil Rentner_innen finanzieren müssen, besteht die Gefahr, dass das Prinzip des Generationenvertrags künftig nicht mehr funktioniert. Prognosen zeigen, dass 2050 bis zu 89 Personen im Rentenalter (über 60 Jahre) auf 100 Personen im erwerbsfähigen Alter (zwischen 20 und 60 Jahren) entfallen, während es 1950 nur 25 Personen im Rentenalter waren (Geißler, 2006, S. 55; Menning, 2007, S. 8). Das Ende der Erwerbsphase müsste auf 73 Jahre angehoben werden, um die Probleme der Alterssicherung über die Verlängerung der Lebensarbeitszeit auszugleichen. Hinzu kommen längere Ausbildungszeiten, das frühere Ausscheiden aus dem Erwerbsleben und hohe Arbeitslosenquoten, die den Generationenvertrag zusätzlich bedrohen. Die durchschnittliche Erwerbsdauer sinkt stetig. Vor einem Jahrhundert waren noch etwa 68 % der über 60-Jährigen erwerbstätig, während mittlerweile nur noch 38 % der Männer und 32 % der Frauen zwischen 60 und 64 Jahren in Westdeutschland im Erwerbsleben stehen (BMFSFJ, 2010, S. 28; Deutscher Alterssurvey, 2014, S 14 f.). Die private Altersvorsorge in Form von Ersparnissen oder Eigentum gewinnt daher stärker an Bedeutung (Geißler, 2006, S. 55 f.).

Neben dem Generationenvertrag, der die Rente betrifft, ist auch die gesetzliche Krankenversicherung mit Problemen aufgrund der Alterung konfrontiert. Die Zahl der über 80-Jährigen wird bis 2050 von drei auf neun Millionen steigen und diese Personengruppe macht den größten Anteil der Pflegebedürftigen aus. Da die Hochaltrigen vermehrt kinderlos und somit auf Pflegeleistungen außerhalb der Familie angewiesen sein werden, muss das Versorgungssystem weiter ausgebaut und es müssen neue Wege der Finanzierung von Pflegebedürftigkeit beschritten werden (ebd., S. 56; Wahl & Heyl, 2015, S. 37).

Auch für die pädagogische Praxis ergeben sich zahlreiche Herausforderungen durch die Zunahme des Anteils älterer Personen in der

Gesellschaft: „Die Schaffung ermöglichender Bedingungen zur Entstehung tragfähiger sozialer Netzwerke für gelingendes Altern im Sozialraum, die Erhaltung gewohnter Lebensvollzüge nach über Jahrzehnten am selben Ort entstandenen Handlungsroutinen und biografisch verankerten Erlebensräumen oder die Anregung zur Mitverantwortung im nachbarschaftlichen Kontext" (Liederbach & Oswald, 2016, S. 243) sind zentrale Aufgaben künftigen pädagogischen Handelns. Akteur_innen haben den Auftrag, „wohnortnah Begegnung, Vernetzung, Beteiligung und Hilfen zu organisieren" (ebd.) und dabei vor allem sozial benachteiligte Ältere einzubeziehen, da diese Gruppe durch geringere soziale Kontakte, schlechtere Wohnbedingungen und höhere Krankheitsrisiken gekennzeichnet ist (Olbermann, 2012, S. 13 ff.).

In der gesamten Lebensphase des Alterns finden jedoch sowohl positive als auch negative Funktionsverläufe statt. Altern verläuft individuell verschieden. Viele Ältere sind fähig, (gesundheitliche) Einbußen aufgrund vielfältiger Fähigkeiten in den Bereichen Kognition, Persönlichkeit, Motivation und Emotion zu kompensieren sowie an Bildungs- und Lernprozessen zu partizipieren (Oswald, 2014, S. 79). Das Alter sollte als eine eigene, heterogene Lebensphase verstanden werden, in der Menschen vielfältige Ressourcen mitbringen (Wahl & Kruse, 2014, S. 192 ff.).[10]

Es gilt, für die Gruppe der Älteren adäquate Angebote im Wohnumfeld und im Stadtteil zu initiieren und ihre Bedarfe in die Quartiersentwicklung einzubeziehen (Goethe-Universität Frankfurt am Main & BHF Bank Stiftung, 2013), unter Berücksichtigung ihres vielfältigen – auch ehrenamtlichen – Engagements, das Stadtteil und Gemeinwesen positiv beeinflusst (Liederbach & Oswald, 2016, S. 243).

Insgesamt ist heute eine Abwendung von den an Defiziten orientierten Theorien und eine Hinwendung zu den kompetenzorientierten Theorien zu beobachten. Einzelne Theorien über das Altern erzielen nur eine mittlere Reichweite, denn sie betrachten lediglich Teilaspekte des Alterns, nicht aber den Gesamtprozess. Eine Verbindung mehrerer Theorien liefert mutmaßlich die besten Erklärungen, was bereits Busse und Maddox (1986) in Bezug auf die Duke-Längsschnittstudien reflektierten:

> „The Duke Longitudinal Studies began without benefit of a master theory of human ageing. They ended without benefit of a master theory of human ageing.

[10] Weitere soziologische Theorien der Alternsforschung finden sich u. a. bei Backes & Clemens, 2006 und Wahl & Heyl, 2004. Für detaillierte Einblicke in psychologische Theorien siehe u. a. Oswald, Lehr, Sieber & Kornhuber (2006). In der Ökogerontologie sind die Austauschprozesse zwischen der Person und ihrer Umwelt ein zentrales Thema, was u. a. Claßen, Doh, Kleinemaß & Wahl (2014) umfassend erläutern.

> They ended without producing one and without compelling reasons for believing that a single, sovereign theory of ageing would be possible or useful" (Kruse, 2006, in Anlehnung an: Busse & Maddox, 1986, S. 135).

1.3 Modell des Person-Umwelt-Austauschs

In der Ökogerontologie sind die Austauschprozesse zwischen der Person und ihrer Umwelt ein zentrales Thema. Während dabei häufig der Fokus auf der Analyse der objektiv sichtbaren Umwelt liegt, bezieht ein Rahmenmodell zum Person-Umwelt-Austausch subjektive Aspekte des Erlebens im Rahmen von Wohnverhalten (*Agency*) und -erleben (*Belonging*) mit ein (Oswald & Konopik, 2015, S. 401).

Mit *Agency* werden „Prozesse der Nutzung, Gestaltung von und Auseinandersetzung mit der jeweiligen Wohnumwelt (innerhalb und außerhalb der eigenen 4 Wände)" (ebd., S. 401) beschrieben. Es wird vermutet, dass diese Prozesse des Wohnverhaltens zum Wohnenbleiben im hohen Alter beitragen können, da sie die Aufrechterhaltung der Selbstständigkeit im Alltag unterstützen (Claßen, Doh, Kleinemaß & Wahl, 2014, S. 33).

Verschiedene Modelle nehmen Bezug auf diese Prozesse des Wohnverhaltens, wie z. B. das *Umweltanforderungs-Kompetenz-Modell*, die *Person-Umwelt-Kongruenz-Ansätze* oder das *Konzept der Umwelt-Proaktivität* (ebd., S. 32 f.).

Mit dem *Umweltanforderungs-Kompetenz-Modell* nach Lawton (1968) geht die *Umweltfügsamkeits-Hypothese* einher. Der Fokus liegt auf der Umwelt, die z. B. aufgrund von Barrieren mit zunehmendem Alter schwerer zu bewältigen sei, weshalb das Modell sich überwiegend an Verlusten, die mit dem Alter einhergehen können, orientiert. Es konstatiert, dass, je geringer die Kompetenzen einer Person seien, der negative Einfluss von ungünstigen und überfordernden Umweltfaktoren desto größer sei. Psychische Prozesse und individuelle Bedürfnisse finden in diesem Modell zunächst weniger Beachtung und werden erst in späteren Modellen berücksichtigt. So wird etwa im Rahmen des *Person-Environment-Congruence-Model* nach Kahana (1975) oder des *Complementary/Congruence Model* nach Carp & Carp (1984) als *Person-Umwelt-Kongruenz-Ansatz* eine „dosierte Diskrepanz zwischen Umweltbedingungen und eigenen Kompetenzen" (ebd., S. 32) als „optimale Passung (‚Fit') von Person und Umwelt" (ebd.) betrachtet.

Lawton entwickelte sein Modell jedoch in den 1980er-Jahren weiter, indem er die Wohnumwelt nicht mehr ausschließlich als zu überwindendes Hindernis betrachtete; er stellte dem *Umweltdruck* eine *Umweltreichhaltigkeit* und der *Umweltfügsamkeit* der Person eine *Umweltproaktivität* gegenüber. Die Umwelt bietet damit auch positive Aspekte und wird nach eigenen Bedürfnissen gestaltbar (ebd., S. 33).

Als *Belonging* werden „erlebensbezogene Prozesse der Bewertung, Bedeutung von und Bindung an bzw. Verbundenheit mit dem jeweiligen inner- und außerhäuslichen Umweltausschnitt“ (Oswald & Konopik, 2015, S. 401) beschrieben. Dazu zählen Konzepte wie *Umweltzufriedenheit*, *Umweltverbundenheit*, *Umweltbedeutung* und *Umweltidentität*. Es wird davon ausgegangen, dass die Identität von Personen vor allem im höheren Alter durch „Beschreibungen der Person im Verhältnis zu ihrer Umwelt gespeist“ (Claßen, Doh, Kleinemaß & Wahl, 2014, S. 33 f.) wird.

Umweltzufriedenheit bezieht sich u. a. auf die Zufriedenheit mit Wohnung oder Nachbarschaft und wird als Kriterium für Umweltqualität betrachtet. Das spiegelt sich häufig im sogenannten „Zufriedenheitsparadoxon“ (ebd. S. 33) wieder, das beinhaltet, dass „schlechte objektive Umweltbedingungen nicht zwangsläufig zu schlechten subjektiven Bewertungen derselben führen müssen“ (ebd., nach Staudinger, 2000). Dies zeige sich insbesondere im hohen Alter. Weitere Aspekte, die häufig im Zusammenhang der Umweltzufriedenheit betrachtet werden, sind Lebenszufriedenheit und Wohlbefinden (ebd.).

In den Phänomenen *Umweltverbundenheit* und *Umweltbedeutung* wird davon ausgegangen, dass ältere Personen aufgrund ihrer jahrelangen Austauschprozesse mit der Umwelt objektive Umweltaspekte derart verinnerlicht haben, „dass Erlebensroutinen und Automatismen auftreten und dass die Wohnumwelt oder Ausschnitte daraus (Dinge) zur Materie gewordenen Biografie werden“ können (ebd.). Die Umwelt fordert demzufolge nicht nur Anpassung, sondern bietet auch Anreize und wirkt identitätsstiftend.

Bei der *Umweltidentität* oder *Ortsidentität* wird davon ausgegangen, dass Person und Umwelt eine untrennbare Einheit darstellen. Emotions- und Selbstregulation erfolgen in Auseinandersetzung mit der alltäglichen Umwelt. Erinnerungen, Einstellungen, Verhalten und Erleben etc. beziehen sich auf die Alltagsumwelt. Die Person bestimmt ihre Identität durch Orte und Dinge, die Vergangenheit und Gegenwart einbeziehen (ebd.). Rowles konstatiert: „place becomes a landscape of memories, providing a sense of identity“ (ebd., S. 35, in Anlehnung an: Rowles, 1983, S. 114).

Ein neueres Konzept zu *Agency* und *Belonging* ist das Modell zur Erhaltung bzw. Herstellung von Wohnnormalität, der sogenannten *Residential Normalcy*. Es geht davon aus, dass Personen, die ihr Wohnen als positiv empfinden, ein wohnbezogenes Wohlfühlen (*Residential Comfort Zone*) aufweisen und wohnbezogene Handlungskompetenz (*Residential Mastery Zone*) erfahren, wenn sie das Wohnen als kontrollierbar und sich selbst als kompetent wahrnehmen (ebd.). Wenn man sich außerhalb eines dieser Bereiche oder beider befinde, sei man bemüht, durch Bewältigungsstrategien die Wohnnormalität wieder herzustellen.

Die Bedeutung der Aspekte *Agency* und *Belonging* für das Wohlbefinden verdeutlicht, weshalb ältere Personen häufig Risiken eingehen, indem sie z. B. in ihrer Wohnung Barrieren nicht beseitigen und einen Sturz und somit ihre Selbstständigkeit riskieren oder einen Umzug meiden, obwohl ihre subjektive Wohnumwelt nicht mehr ihren Bedürfnissen entspricht.

1.4 Zentrale Ergebnisse des Deutschen Alterssurveys und der Generali Alterstudie

Seit 1996 erfasst der Deutsche Alterssurvey (DEAS) Daten von Personen ab 40 Jahren bis ins hohe Alter. Das Deutsche Zentrum für Altersfragen stellt alle sechs Jahre repräsentative Erhebungen an, um die Lebenssituation von Personen ab dem mittleren Erwachsenenalter (in der zweiten Lebenshälfte) ausführlich darzustellen. Einbezogen werden Personen von 40 bis 85 Jahren. Der DEAS kombiniert Quer- und Längsschnittuntersuchung und „ist die bedeutendste Langzeitstudie zum Thema Alter und Altern in Deutschland“ (Mahne, Wolff, Simonson & Tesch-Römer, 2016, S. 5). Er liefert Politik, Wissenschaft und Öffentlichkeit eine zentrale Informationsgrundlage und wird vom Bundesministerium für Familie, Senioren, Frauen und Jugend (BMFSFJ) gefördert.

Zu folgenden Themenbereichen werden die Teilnehmenden befragt:

- Arbeit und Ruhestand
- Generationen, Familie und soziale Netzwerke
- außerberufliche Tätigkeiten und ehrenamtliches Engagement
- Wohnen und Mobilität
- wirtschaftliche Lage und wirtschaftliches Verhalten
- Lebensqualität und Wohlbefinden
- Gesundheit und Gesundheitsverhalten, Hilfe- und Pflegebedürftigkeit
- Einstellungen, Normen, Werte und Altersbilder

Zuletzt wurden 2014 ca. 10.000 Bürger_innen zwischen 40 und 85 Jahren zu ihren Lebensumständen befragt. Etwa 6.000 Personen wurden zum ersten Mal befragt, während ca. 4.000 Personen bereits an einer oder mehreren der vorhergehenden vier Befragungswellen teilgenommen hatten.

Eine ebenfalls zentrale repräsentative Studie zur Lebenssituation der 65- bis 85-Jährigen ist die Generali Altersstudie. Sie wird aufgrund des Befragungsumfangs und der Themendichte als Grundlagenuntersuchung, die „bislang erstmalig in dieser Form die Lebensumstände, Einstellungen und Befindlichkeiten dieser Generation umfassend analysiert“ (Meister, 2013, S.

9), bezeichnet. Die Untersuchung wurde vom Generali Zukunftsfonds und dem Institut für Demoskopie Allensbach durchgeführt.

Die letzten beiden Erhebungswellen des Alterssurveys und die Daten der Generali Altersstudie (2013) erlauben insgesamt gute Prognosen für das Älterwerden in der Bundesrepublik und belegen den positiven Einfluss von Bildung für alle Bereiche des Lebens und Älterwerdens.

Die derzeitigen älteren Bürger_innen sind überwiegend finanziell abgesichert, größtenteils zufrieden mit ihrem Leben und leiden weniger an Erkrankungen als die Generation davor. Sie sind vielfältig aktiv, was sich an ihrer hohen gesellschaftlichen Partizipation in Ehrenamt und Bildungsangeboten sowie ihrer zunehmenden Erwerbstätigkeit im Alter und den vermehrten sportlichen Aktivitäten zeigt. Kontakte zu Familienangehörigen bleiben trotz Entfernungen intakt und es gibt differenziertere partnerschaftliche Kontakte wie Folgeehen oder nacheheliche Beziehungen.

Dennoch werden Tendenzen sichtbar, die die Gesellschaft vor neue Herausforderungen stellt: Der Bedarf an zusätzlichen Pflegeangeboten wächst, da es vermehrt Kinderlose gibt, und Geringverdiener_innen sind aufgrund der mangelnden privaten Vorsorge gefährdet, in Altersarmut abzurutschen.[11]

1.5 Aspekte des Wohnens

> Wohnen ist ein existenzielles Gut, auf das jedes Gesellschaftsmitglied Anspruch hat. Die Wohnung ist der Platz, an dem sich jeder Mensch am längsten aufhält, und dient der Befriedigung elementarer Lebensbedürfnisse.
> (Lüken-Klaßen, 2007, S. 30)

Das folgende Unterkapitel widmet sich dem Wohnen älterer Bürger_innen in der Bundesrepublik. Dargestellt werden die Wohnverhältnisse der Älteren und die Bedeutung von Wohnen und Nachbarschaft für diese Gruppe. Auch Mobilitätseinbußen und kognitive Einschränkungen werden in diesem Zusammenhang thematisiert. Die Analyse der Wohnsituation beschränkt sich auf das Wohnen in einem Privathaushalt. Als solcher gilt eine „zusammen wohnende und eine wirtschaftende Einheit bildende Personengemeinschaft

[11] Für detaillierte Informationen zur Lebenslage älterer Personen in Deutschland siehe Generali Zukunftsfonds & Institut für Demoskopie Allensbach (2013) sowie BMFSFJ (2010) und Deutsches Zentrum für Alterfragen (2014).

sowie Personen, die allein wohnen und wirtschaften“ (Statistisches Bundesamt Deutschland, 2007b).

Gemeinschaftsunterkünfte wie Alters- oder Pflegeheime, in denen die Bewohner_innen zusammen versorgt werden, sind nicht Gegenstand dieser Untersuchung.

Das Zitat, das diesen Abschnitt einleitet, verdeutlicht das Grundbedürfnis der Menschen nach Wohnen bzw. das Wohnen als Menschenrecht. Der „Mensch kann nicht nichtwohnen“, konstatiert Rausch (Rausch, 2013, S. 280) und betont die Bedeutung des Wohnens von Geburt an über alle Altersspannen hinweg. Bei der Betrachtung des Wohnens geht es nicht nur um die Wohnung im engeren Sinne, sondern auch um die Wohnumgebung, die als Heimat gilt (Meuth, 2017, in Anlehnung an: Bollnow, 1990). Wohnen beinhaltet Privatheit, geht mit einer Abgrenzung vom öffentlichen Raum einher und ist emotional geprägt, z. B. in Form von Wohlfühlen oder Sich-zu-Hause-Fühlen (Meuth, 2017).

Untersuchungsergebnisse, auf die im Folgenden Bezug genommen wird, unterscheiden häufig zwischen Ost- und Westdeutschland, da die Wohnsituationen ost- und westdeutscher (älterer) Personen z. T. gravierende Unterschiede aufweisen. Im Folgenden werden aus untersuchungsrelevanten Gründen im Falle der separaten Ergebnisdarstellung ausschließlich die Ergebnisse für Westdeutschland aufgezeigt, da die Untersuchungsregion der Studie im Westen Deutschlands angesiedelt ist.

Leben in Privathaushalten

Lediglich 4 % der über 65-Jährigen leben in institutionellen Kontexten wie Pflegeheimen oder Altenwohnungen, während über 90% in privaten Wohnungen leben. Selbst 89 % der Hochaltrigen ab 80 Jahren und 75 % der demenziell Erkrankten wohnen in Deutschland in einem Privathaushalt. Die meisten Älteren leben in Ein- oder Zweipersonenhaushalten und die meisten Einpersonenhaushalte werden von Frauen geführt (Claßen, Oswald, Doh, Kleinemas & Wahl, 2014, S. 36 f.).

Im Falle von Pflegebedürftigkeit werden 70 % zu Hause versorgt, was die Bedeutung des Privathaushalts auch in dieser Situation verdeutlicht.

Der Anteil an Paarhaushalten nimmt bei den Hochaltrigen ab 80 Jahren deutlich ab und wird durch Einpersonenhaushalte abgelöst. Bereits die Hälfte aller Frauen über 65 Jahre lebt allein in ihrem Haushalt.

Selten leben Ältere mit mehreren Generationen zusammen. Der Anteil an Mehrgenerationenhaushalten nimmt aber in den ältesten Altersgruppen wieder leicht zu, was ein Hinweis dafür sein könnte, dass im Falle von Pflegebedürftigkeit Kinder wieder mit ihren Eltern zusammenziehen (ebd., S. 9 f.; Tesch-Römer & Wurm, 2009a, S. 115).

Materielle Wohnbedingungen und Wohnzufriedenheit

Der Anteil des Wohneigentums ist bei älteren Personen im Vergleich zu jüngeren Alterskategorien relativ hoch: 50 % der über 65-Jährigen wohnen im Wohneigentum, während dasselbe lediglich für 43 % der Gesamtbevölkerung gilt (Hoffmann, Gordo, Nowossadeck, Simonson & Tesch-Römer, 2014, S. 4).[12]

Mit durchschnittlich 85 qm Wohnfläche steht älteren Menschen ab 65 Jahren in Haushalten tendenziell viel Wohnfläche zur Verfügung (Menning, 2007, S. 24 ff.).

Je niedriger das Einkommen der 65- bis 85-Jährigen ist, desto höher ist der Mietanteil und somit die finanzielle Belastung: Bei einem Haushaltsnettoeinkommen von unter 1.000 € entfallen 46 % für Mietzahlungen, während es bei einem Einkommen von 1.000 bis 1.500 € 43 % und bei 4.000 € nur noch 22 % sind (Generali Zukunftsfonds & Institut für Demoskopie Allensbach, 2013, S. 85 f.)

Die Generali Altersstudie belegt eine hohe Wohnzufriedenheit bei älteren Personen. Mit höherem Haushaltseinkommen steigt diese weiter an. Ältere, die im eigenen Haus wohnen und einen mindestens guten Gesundheitszustand aufweisen, sind zufriedener mit der eigenen Wohnsituation (ebd., S. 110 f.). Ebenso zeigt sich eine sehr hohe Zufriedenheit mit dem Wohnumfeld, die mit einer guten Infrastruktur in der unmittelbaren Umgebung begründet wird. Die meisten berichten über Apotheke, Hausarzt und Supermarkt sowie Grünflächen und den Anschluss an öffentliche Verkehrsmittel in ihrer Nähe. Interessante Freizeit- und Kulturangebote werden jedoch deutlich seltener wahrgenommen.

Die gute Infrastruktur wird auch in Gemeinden mit weniger als 5.000 Einwohnern angeführt. Dort ist die Anbindung an den öffentlichen Personennahverkehr (ÖPNV) jedoch deutlich schlechter und Fachärzte sowie Freizeit- und Kulturangebote sind seltener vorhanden. Ein Fehlen solcher Angebote wird dort dennoch nur selten erwähnt (ebd., S. 114 ff.).

Bedeutung der Wohnung und des Wohnumfelds

Wohnen ist ein „existenzielles Gut“ (Lüken-Klaßen, 2007 S. 30), wie auch Heidegger betont: „Mensch sein heißt: als Sterblicher auf der Erde sein, heißt: wohnen“ (Claßen, Oswald, Doh, Kleinemas & Wahl, 2014, S. 29, nach Heidegger 1954; 1990, S. 141).

[12] Die Generali Altersstudie besagt, dass 63 % der 65- bis 85-Jährigen im selbst genutzten Wohneigentum leben (54 % im eigenen Haus und 9 % in einer Eigentumswohnung) (Generali Zukunftsfonds & Institut für Demoskopie Allensbach, 2013, S. 111).

Die meisten älteren Personen leben seit Jahrzehnten an ihrem Wohnort und in ihrer Wohnung. 31 % der 65- bis 85-Jährigen leben seit mindestens 40 Jahren an ihrem Wohnort und mit 36 % ist mehr als ein Drittel dort geboren. In derselben Wohnung leben Ältere häufig ebenfalls seit mehreren Jahrzehnten (Goethe-Universität Frankfurt am Main & BHF Bank Stiftung, 2013, S. 20).

Im Falle eines Umzugs ist die Gefahr des Verlusts bestehender Sozialkontakte des alten Wohnumfelds bei älteren Menschen relativ hoch, da für Bekannte der Weg in die neue Wohnumgebung zu weit sein oder zu viele Barrieren bereithalten kann (Schumacher & Stiehr, 2000, S. 58). Darüber hinaus wird es mit fortschreitendem Alter schwieriger, Kontakte zu knüpfen, und ab einem Alter von 75 Jahren ist ein stärkeres Besinnen auf bereits vorhandene Kontakte zu beobachten (ebd., S. 79). Bei einem weiträumigeren Umzug besteht zudem die Gefahr, in der neuen Umgebung fremd zu sein und sich nicht mehr zurechtzufinden (ebd., S. 64 ff.).

Mit zunehmendem Alter verbringen Menschen mehr Zeit zu Hause und die meisten Aktivitäten außer Haus finden in der näheren Umgebung statt (Goethe-Universität Frankfurt am Main & BHF Bank Stiftung, 2013, S. 7). Dem Quartier kommt demzufolge für die Selbstständigkeit sowie den sozialen Austausch und die Teilhabe am gesellschaftlichen Leben eine hohe Bedeutung zu (Oswald, 2013, S. 128); Stadtteilverbundenheit und nachbarschaftliche Zusammengehörigkeit können sich maßgeblich auf das Wohlbefinden auswirken (Oswald & Konopik, 2015, S. 406).

Die starke Verbundenheit mit der Wohnung und dem Quartier zeigt sich auch darin, dass das zukünftige Wohnenbleiben einen zentralen Wunsch der älteren Bewohner_innen darstellt (Goethe-Universität Frankfurt am Main & BHF Bank Stiftung, 2013, S. 46; Oswald, 2013). Sie möchten in ihrer Wohnung bleiben und ggf. Hilfen in Anspruch nehmen (Teske, 2013, S. 338). Die Quartiersverbundenheit kompensiert sogar Mängel innerhalb der Wohnungsausstattung: Es ist für ältere Menschen häufig wichtiger, in ihrer Wohnung bzw. ihrem Quartier zu bleiben, als in eine besser ausgestattete Wohnung umzuziehen (Mollenkopf, Oswald & Wahl, 2006, S. 399).

Die Struktur eines Stadtteils kann sich auf das Wohnenbleiben im hohen Alter auswirken. Die Infrastruktur, wie die Anbindung an den öffentlichen Personennahverkehr (ÖPNV) oder die Fußgängerfreundlichkeit, sowie die Versorgung mit Einkaufs- und Dienstleistungsmöglichkeiten sind neben der Wohnungsbeschaffenheit wichtige Faktoren für den Erhalt der Selbstständigkeit (Goethe-Universität Frankfurt am Main & BHF Bank Stiftung, 2013, S. 42).

Der eigenen Wohnung und dem Quartier kommt also mit zunehmendem Alter eine größere Bedeutung zu. Die Fokussierung auf den Nahbereich des

Wohnumfelds durch eine Verringerung des Interaktionsradius, zunehmende Mobilitätseinschränkungen, eine lange Wohndauer sowie der große Anteil der Zeit, die in der eigenen Wohnung verbracht wird, sind Faktoren, die zu dieser Bedeutung beitragen.

2. Das Forschunsprojekt BEWOHNT als Vorbereitungsstudie

Die vorliegende Untersuchung stellt eine Vertiefungsstudie zum Forschungsprojekt „Hier will ich wohnen bleiben. Zur Bedeutung des Wohnens in der Nachbarschaft für gesundes Altern“ (BEWOHNT) dar. Im Folgenden wird zunächst das Forschungsprojekt beschrieben, bevor auf diejenigen Ergebnisse von BEWOHNT Bezug genommen wird, die die Datengrundlage der qualitativen Untersuchung im Rahmen der vorliegenden Arbeit bilden.

2.1 Projektbeschreibung

Das Projekt BEWOHNT wurde von der BHF-Bank Stiftung in Frankfurt am Main gefördert und vom 01.04.2010 bis zum 30.09.2012 an der Goethe-Universität in Frankfurt am Main am Fachbereich Erziehungswissenschaften durch Mitarbeitende der Stiftungsprofessur für Interdisziplinäre Alternswissenschaft durchgeführt.

Ziel des Projektes war es herauszufinden, inwieweit für das Älterwerden das Wohnen in der vertrauten Umgebung wichtig ist. Bedingungen in der unmittelbaren Nachbarschaft und der Wohnumwelt, die im Alter förderlich und hinderlich für einen Verbleib in der eigenen Wohnung sein können, wurden erhoben, mit dem Ziel, das Älterwerden in der eigenen Wohnung zu fördern. Das Projekt hat eine hohe gesellschaftliche Relevanz, denn etwa 95 % der 65- bis 80-Jährigen und 89 % der über 80-Jährigen leben in Deutschland in privaten Haushalten mit einer Haushaltsgröße von ein bis zwei Personen. Für den Erhalt von Identität und Selbstständigkeit stellt das Verbleiben in der eigenen Wohnung bis ins hohe Alter eine wichtige Voraussetzung dar. Zudem gewinnen Wohnung und Wohnumfeld mit zunehmendem Alter an Bedeutung, da ein Großteil der Aktivitäten außer Haus sich in dieser Lebensphase auf einen Radius von fünf Kilometern beschränkt. Städten kommt in diesem Zusammenhang eine wichtige Rolle zu, da heute ca. 73 % der Menschen in Deutschland in Städten leben und der Anteil älterer Personen an der Stadtbevölkerung nie zuvor so hoch war wie aktuell (Goethe- Universität Frankfurt am Main & BHF Bank Stiftung, 2013, S. 7 ff.).

Die Studie BEWOHNT richtet den Blick sowohl auf die Vergangenheit als auch auf Gegenwart und Zukunft. Neben aktuellen Aspekten der Gesundheit und des Alltags im Quartier wird Bezug genommen auf die

Wohnbiographie (z. B. Wohndauer im Stadtteil) und die Einschätzung der Zukunft (z. B. Verbleibenserwartung für die nächsten fünf Jahre).

In die Untersuchung wurden ältere Personen in den drei Stadtteilen Bockenheim, Schwanheim und Nordweststadt einbezogen. Die drei ausgewählten Gebiete stehen „exemplarisch für Frankfurter Bebauungstypen" (Oswald, 2013, S. 12) und sind „groß genug für eine Zufallsauswahl" (ebd.). Die Quartiere wurden ausgewählt, da sie aufgrund ihrer Struktur sehr unterschiedlich sind (Goethe Universität & BHF Bank Stiftung, 2013, S. 12).

Die folgende Abbildung verdeutlicht die Lage der drei Untersuchungsregionen.

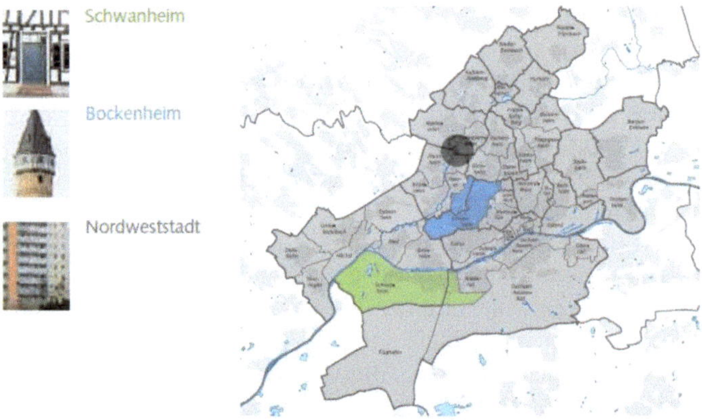

Abb. 1: Untersuchungsregionen im Rahmen des Projektes BEWOHNT

2.2 Angaben zu den Erhebungsmethoden

Im Rahmen von BEWOHNT wurden in unterschiedlichen Zeiträumen verschiedene Erhebungsmethoden eingesetzt.

Die nachfolgende Abbildung verdeutlicht die Reihenfolge der einzelnen Erhebungen.

Abb. 2: qualitative und quantitative Befragungen im Projekt BEWOHNT

Im ersten Schritt erfolgten eine teilstandardisierte vis-à-vis Bewohner_innenbefragung im Rahmen von mehrstündigen wiederholten Hausbesuchen mit insgesamt 595 Bewohner_innen der drei Untersuchungsregionen sowie drei Expert_innenworkshops, an denen u. a. Verantwortliche aus Verbänden, dem Gesundheitsamt und der Polizei beteiligt waren. Die Expert_innen diskutierten über förderliche bzw. hinderliche Bedingungen für das Älterwerden im Stadtteil. Beide Methoden dienten u.a. der Auswahl zentraler Aspekte zur Förderung des Wohnenbleibens im Quartier und sollten Hinweise auf mögliche Maßnahmen im Stadtteil liefern.

Aus den erarbeiteten Ergebnissen wurden für jede Untersuchungsregion Szenarien entwickelt, die dann jeweils in Fokusgruppen zur Diskussion gestellt wurden und zwar in zwei aufeinanderfolgenden Durchgängen mit unterschiedlichen Gruppen. Die Teilnehmenden wurden aus bereits befragten

Bewohner_innen rekrutiert, die daran interessiert waren, sich noch einmal intensiver in einem anderen Setting über ihren Stadtteil auszutauschen.

Die in den Fokusgruppen herausgearbeiteten Maßnahmen für jeden Stadtteil wurden abschließend in einem Expert_innenworkshop sachkundigen Teilnehmenden (u. a. Einrichtungsleiter_innen) vorgelegt und ihre mögliche Umsetzung wurde erörtert (Goethe- Universität Frankfurt am Main & BHF Bank Stiftung, 2013, S. 48).

2.3 Ausgewählte Ergebnisse der Fragebogenerhebung mit Relevanz für die vorliegende Arbeit

Im Folgenden werden einige wenige ausgewählte deskriptive und gruppenvergleichende Ergebnisse der Fragebogenerhebung dargestellt. In den Hausbesuchen kamen zahlreiche etablierte quantitative Verfahren zum Einsatz, auf die hier nicht im Detail eingegangen wird (siehe z.B. Oswald & Konopik, 2015). Die Unterschiedstestung erfolgte im Rahmen einschlägiger Testverfahren (z. B. ANOVA, F-Test, t-Test) mit n. s. = nicht signifikant, $p < .05$*, $p < .01$**, $p < .001$***.

Betrachtet man insgesamt die zentralen Ergebnisse der Fragebogenerhebung des Projektes BEWOHNT, entsteht insgesamt ein positives Bild des Alterns in den drei Untersuchungsregionen. Die Befragten sind sehr zufrieden mit ihrem Stadtteil und identifizieren sich mit ihm; sie leben dort durchschnittlich seit gut 45 Jahren und die meisten wollen auch in Zukunft in ihrer häufig großen Wohnung bleiben, die sie im Mittel seit 38 Jahren bewohnen, und ggf. Barrieren beseitigen lassen. Die Barrieren in der häuslichen und unmittelbaren außerhäuslichen Umwelt nehmen zwar nicht zu, werden jedoch mit fortschreitendem Alter der Bewohner_innen vermehrt zu Hindernissen und ein „doppeltes Altern“ ist zu verzeichnen, da die Personen gemeinsam mit den Immobilien altern, die sie seit Jahrzehnten bewohnen.

Die meisten konstatieren ein gutes Zusammengehörigkeitsgefühl in den Nachbarschaften; die hohe Stadtteilverbundenheit wirkt sich positiv auf das Wohlbefinden der Befragten aus und ist somit von zentraler Bedeutung. Nur wenige fühlen sich sozial oder emotional einsam.

Dennoch ist sichtbar, dass die erlebten Veränderungen in den letzten fünf bis zehn Jahren in Bezug auf Infrastruktur, Versorgung und Soziales eine negative Tendenz aufweisen. Die als negativ empfundenen Veränderungen in der Versorgungssituation und im sozialen Bereich sind stärker ausgeprägt als im Bereich Infrastruktur.

Bei sozialen Aspekten wie der Nachbarschaft wurden in allen drei Stadtteilen mehr negative als positive Veränderungen wahrgenommen. Die negativen Veränderungen waren in der Nordweststadt am stärksten ausgeprägt, vor allem bezüglich der Bewohner_innenstruktur und der Atmosphäre im Stadtteil (Goethe Universität & BHF Bank Stiftung, 2013, S. 36; eigene Berechnungen).

Die nachstehende Abbildung veranschaulicht die Bewertungen der Befragten zu Veränderungen in den Bereichen Versorgung, Infrastruktur und Soziales in den letzten fünf bis zehn Jahren.

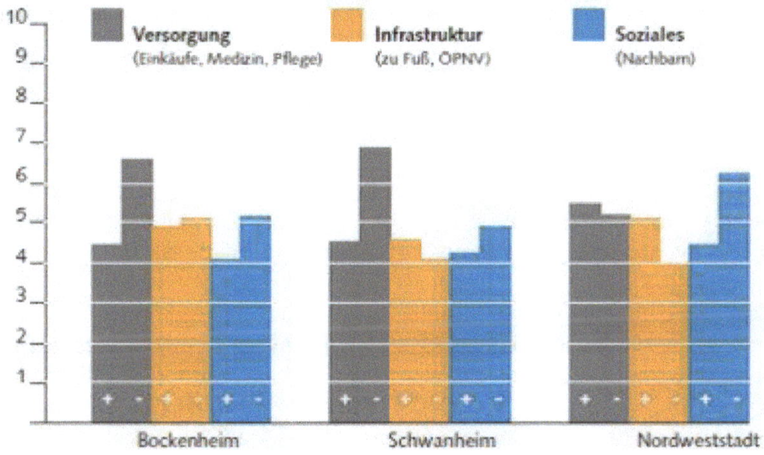

Abb. 3: Anzahl erlebter Veränderungen im Stadtteil in den vergangenen fünf bis zehn Jahren

Diese Negativtendenzen führen jedoch nicht zu schlechten Zufriedenheits- oder Verbundenheitswerten. Es zeigt sich, dass ältere Menschen durchaus differenziert urteilen und keinesfalls der Aussage zustimmen: „Früher war alles besser." (vgl. zu den zentralen Ergebnissen Goethe Universität & BHF Bank Stiftung, 2013).

Die starken negativen Veränderungen im Bereich Soziales, die in der Nordweststadt in den letzten fünf bis zehn Jahren wahrgenommen werden und im Stadtteilvergleich am größten sind, bestätigen die Vermutung der vorliegenden Untersuchung, dass es dort Herausforderungen im Bereich Nachbarschaften gibt, die es lohnt, näher zu betrachten. Es wurde deutlich, dass gerade für ältere Alleinlebende soziale und emotionale Beziehungen zur

Nachbarschaft und zum Quartier sowie die soziale Teilhabe wichtig sind, um Einsamkeit vorzubeugen (ebd., S. 31 f.).

	Bockenheim	Schwanheim	Nordweststadt
Stimmung	3,9	3,42	3,57
Umweltbdingungen	3,66	3,24	3,66
Miteinander Alterskohorten	3,72	3,24	3,61
Nachbarschaftsverhältnis	3,81	3,78	**3,98**
Soziale Eingebundenheit	3,81	3,61	3,8
Rückhalt in Familie	4,15	3,96	**4,26**

Tab. 1: Mittelwertvergleiche der Untersuchungsregionen zu Bewertungen der derzeitigen Relevanz verschiedener Faktoren (eigene Berechnungen)

Auf die Frage, welche Faktoren förderlich bzw. hinderlich dabei sein könnten, in der eigenen Wohnung und im Quartier wohnen bleiben zu können, wurde häufig geantwortet, dass in der Nähe wohnende Familienangehörige eine wichtige Ressource für das Wohnenbleiben darstellen, da sie im Alltag unterstützend wirken. Auch helfende Nachbar_innen werden in diesem Kontext als positive Stütze benannt.

Einzelne Personen geben an, dass der Tod von Partner_in oder Nachbar_in es erschweren könnte, in der Wohnung bzw. im Quartier wohnen zu bleiben. Einige Befragte konstatieren, dass Unruhe in den Nachbarschaften oder neue, unsympathische Nachbar_innen sowie Ausländer_innen erwartete Veränderungen darstellen, die einen Verbleib erschweren würden. Eine Vielzahl gibt an, dass negative Veränderungen in den Nachbarschaften und im Klima des Stadtteils das Wohnenbleiben erschweren könnten. Sechs Personen erwähnen in diesem Zusammenhang explizit ausländische Mitbewohner_innen: Ausländer_innen, die unordentlich seien und mit denen die Verständigung schwierig sei, würden ein Wohnenbleiben schwieriger machen.

Als die Teilnehmenden aufgefordert waren, zu bewerten, wie wichtig einzelne Faktoren derzeit für sie im Zusammenhang mit dem Wohnenbleiben sind, gaben die Nordweststädter_innen häufiger als die Teilnehmenden aus Schwanheim und Bockenheim an, dass Nachbarschaftsverhältnisse und der Rückhalt in der Familie aktuell ein für sie eher wichtiges Thema darstellten. Die Befragten konnten von 1 = *überhaupt nicht wichtig* bis 5 = *sehr wichtig* differenzieren. Die Mittelwerte werden in der folgenden Abbildung dargestellt.

Offene Nennungen

Die Teilnehmenden hatten die Möglichkeit, unter S*onstiges* bei allen Items spezielle Veränderung zum Guten und zum Schlechten anzugeben. Die Bewohner_innen der Nordweststadt bedienten diese Kategorie am häufigsten: 35 Personen nutzten die Möglichkeit, sonstige Angaben zu machen, während es in Bockenheim 31 und in Schwanheim 27 Personen waren. Auffällig ist, dass bei den Schwanheimer_innen und Bockenheimer_innen jeweils nur vier Personen zwei sonstige Angaben machten und bei den Nordweststädter_innen zehn. Dieses Antwortverhalten lässt darauf schließen, dass die Nordweststädter_innen im Bereich Soziales mehr Änderungen wahrnehmen, die sie über die vorgegebenen Kategorien hinaus auch thematisieren wollen.

Die einzelnen Nennungen erlebter sozialer Veränderungen unterscheiden sich in den Stadtteilen und sind sehr vielfältig. Gerade die Nordweststädter_innen kritisierten aber vermehrt den wachsenden Ausländer_innnanteil, zunehmende Kriminalität, Anonymität im Wohnumfeld und Vermüllung. Die Nennungen der Bewohner _innen verdeutlichen eine Unzufriedenheit mit der Bewohner_innenstruktur und der Sauberkeit in der Nordweststadt. Es wird beklagt, dass Müll nicht ordnungsgemäß entsorgt und Hausordnungen nicht eingehalten werden. Ein vermehrter Ausländer_innenanteil, die große Anzahl von Muslim_innen sowie die Verschleierung von Frauen und der Rückgang der deutschen Sprache im öffentlichen Raum werden kritisiert. Die Kritik der Bewohner_innen gegenüber Personen ausländischer Herkunft ist bei den Nordweststädter_innen_ in detaillierter Form zu finden. Gruppenbildung unter ausländischen Mitbürger_innen oder Unruhen durch Personen ausländischer Herkunft werden beklagt. Die Nordweststädter_innen unterstellen ausländischen Bürger_innen Integrationsunwilligkeit und Provokation z. B. durch die Verschleierung von Frauen.

Diese Bewertungen liefern weitere Hinweise auf die grundsätzliche forschungsleitende Annahme der vorliegenden Untersuchung, dass die Nachbarschaften zwischen älteren Deutschen und Migrant_innen sich in der Nordweststadt schwierig gestalten. An dieser Stelle wird bereits deutlich, dass muslimische Migrant_innen als besonders problematisch angesehen werden, wenn die Verschleierung von Frauen als Provokation interpretiert und die Zunahme der Zahl der Muslim_innen kritisiert wird.

Die Ergebnisse bilden eine wichtige Datengrundlage für die nachfolgende qualitative Untersuchung im Rahmen von Gruppendiskussionen.

Auch wenn in den Ergebnissen Ambivalenzen sichtbar werden, die befragten Nordweststädter_innen insgesamt hohe Zufriedenheitswerte[13] aufweisen und sich mit ihrem Stadtteil verbunden fühlen, wird sichtbar, dass der zunehmende Migrant_innenanteil, vor allem von Personen muslimischen Glaubens, von ihnen als schwierig erlebt wird.

2.4 Zentrale qualitative Ergebnisse in der Nordweststadt

Im folgenden Abschnitt werden die zentralen Ergebnisse der Fokusgruppen im Rahmen des Projektes BEWOHNT präsentiert.

Eine weitere qualitative Befragung im Rahmen des Projektes stellten Expertenworkshops mit Akteur_innen im Stadtteil dar, die Kontakte zu älteren Bewohnern pflegen. Da die Ergebnisse jedoch keine Relevanz für die vorliegende Untersuchung besitzen, werden sie nicht dargestellt. Ergebnisse der Workshops finden sich u. a. in Goethe Universität & BHF Bank Stiftung 2013, S. 50). Abschließend werden die qualitativen Ergebnisse mit einer Studie aus den 1990er-Jahren verglichen, die damals die Wohnbedürfnisse und Wünsche der Nordweststädter_innen untersuchte und Parallelen zu den qualitativen Ergebnissen von BEWOHNT aufweist.

2.4.1 Fokusgruppen

Anhand der Ergebnisse der Expert_innenworkshops und der Bewohner_innenbefragung wurden für jeden Stadtteil fünf bis sechs Szenarien entwickelt, die potenzielle Angebote im Stadtteil suggerierten. Diese Szenarien wurden in Fokusgruppen diskutiert (Goethe-Universität Frankfurt am Main & BHF Bank Stiftung, 2013, S. 48; vgl. auch Abschnitt zu Erhebungsmethoden). Die Projektmitarbeitenden rekrutierten die Fokusgruppenteilnehmenden, indem sie Kandidat_innen aus der Bewohner-

[13] Interessant ist, dass sich in den Ergebnissen folgende Tendenz zeigt: Je weniger Personen sich emotional bzw. sozial einsam fühlen und je zufriedener sie mit ihrem Leben sind, desto positiver bewerten sie die Veränderungen in ihrem Stadtteil. Das veranschaulicht sehr gut, dass die individuelle Lebenszufriedenheit sich positiv auf das Nachbarschaftserleben auswirkt und somit einen wichtigen Faktor im nachbarschaftlichen Zusammenleben darstellen kann. Ebenso interessant ist, dass Personen, die in Mehrfamilienhäusern leben, tendenziell das soziale Miteinander in der Nachbarschaft negativer bewerten und auch eher Veränderungen zum Schlechten wahrnehmen als Bewohner_innen von Einfamilienhäusern; dieses Ergebnis ist allerdings aufgrund der unterschiedlichen Fallzahlen in den verschiedenen Häusertypen nicht repräsentativ (eigene Berechnungen).

_innenbefragung heraussuchten, die ihre Teilnahme an weiteren Forschungen zugesagt hatten[14] und an der Gestaltung ihres Stadtteils interessiert waren.

In den Fokusgruppen wurden die Szenarien den Teilnehmenden vorgestellt. Anschließend hatten diese die Möglichkeit, darüber zu diskutieren sowie weitere Anregungen und Gestaltungswünsche zu äußern.

Fünf Szenarien mit folgenden Schwerpunkten, die räumliche und soziale Umweltbedingungen sowie den Person-Umwelt-Austausch thematisierten, wurden den teilnehmenden Nordweststädter_innen zur Diskussion vorgestellt:[15]

1. Begegnungsmöglichkeiten (räumliche und soziale Umweltbedingungen)
2. Anlaufstelle für Dienstleistungen im Alltag (soziale Umweltbedingungen)
3. Dienstleistungen für eine saubere Wohnumwelt (räumliche Umweltbedingungen)
4. Sicherheit im Stadtteil (räumliche Umweltbedingungen)
5. Hindernisse und Barrieren im Quartier (Person-Umwelt-Austausch)

Im September 2012 wurden in der Frankfurter Nordweststadt zwei Fokusgruppen mit unterschiedlichen Teilnehmenden unter der Leitung zweier Mitarbeiterinnen des Projektes BEWOHNT durchgeführt.

Den Teilnehmenden wurden mögliche Angebote vorgelesen, die sie zunächst bewerten sollten. Darüber hinaus wurden sie aufgefordert, zu beurteilen, ob und warum sie ein solches Angebot nutzen oder nicht nutzen würden. Sie wurden gebeten, die Angebote unabhängig von finanziellen oder materiellen Ressourcen zu diskutieren und sich lediglich auf deren Notwendigkeit und Sinnhaftigkeit zu konzentrieren.

Im Folgenden werden die Ergebnisse der Diskussionen beider Fokusgruppen für die Szenarien vorgestellt, in denen Bezüge zu (interkulturellen) Nachbarschaften hergestellt werden, weshalb das zweite Szenario nicht aufgeführt wird.[16]

---

[14] Am Ende des zweiten Hausbesuchs wurden die Teilnehmenden gefragt, ob sie Interesse hätten, mit den Projektmitarbeitenden über bestimmte Themen der Befragung noch einmal ausführlicher zu sprechen, was als grundsätzliche Bereitschaft zu einer qualitativen Befragung gewertet wurde (vgl. T1, B2, S. 18 Nr. 17).

[15] Die Szenarien in allen drei Stadtteilen ähnelten sich, setzten aber unterschiedliche stadtteilspezifische Akzente. Während z. B. die Begegnungsmöglichkeiten in allen drei Stadtteilen in den Szenarien thematisiert wurden, beinhalteten Szenarien in Schwanheim darüber hinaus u. a. Sport- und Bewegungsmöglichkeiten für Senior_innen sowie die Zugänglichkeit des Mainufers und Szenarien in Bockenheim z. B. Begleit- und Besuchsangebote oder die Anbindung an den öffentlichen Personennahverkehr.

[16] Die Ergebnisse sind in unveröffentlichten Dokumenten des Projekts dokumentiert.

Szenario 1: Begegnungsmöglichkeiten im Stadtteil

> „In unserer Befragung hat sich gezeigt, dass manche ältere Menschen meinen, insbesondere an Wochenenden fehle es in der Nordweststadt an Begegnungsmöglichkeiten. Stellen Sie sich vor, Sie sitzen an einem Sonntagnachmittag zu Hause und überlegen, wie Sie den Tag verbringen können. Nun gäbe es in Ihrer Nähe ein Café, indem Sie Menschen treffen oder sich mit Ihren Nachbar_innen austauschen können. Sie haben die Möglichkeit, dort kostengünstig hausgemachten Kuchen und eine Tasse Kaffee zu trinken. Außerdem gibt es einen Fahrdienst, der Sie dort hinbringt und wieder nach Hause fährt, wenn Sie das möchten. Dieses Café ist für alle zugänglich und bietet Austauschmöglichkeiten und Anregungen für Jung und Alt."

In beiden Fokusgruppen herrscht Einigkeit darüber, dass die Initiierung von weiteren Begegnungsmöglichkeiten sinnvoll wäre und einen identitätsstiftenden Charakter haben könnte, da im Stadtteil unterschiedliche Kulturen zusammentreffen, die keine Möglichkeit hätten, sich kennenzulernen. Die Anwesenden sprechen über den sich vollziehenden „Generationenwechsel" (u. a. Schader-Stiftung, 2008, S. 19) in der Nordweststadt, durch den älteren Personen deutscher Herkunft vermehrt jüngere Migrant_innen gegenüberstünden. Während einerseits der Wunsch geäußert wird, sich zu begegnen, wird andererseits die abschreckende Wirkung mancher Migrant_innen beschrieben. Dieses Szenario lässt evident werden, dass Migration ein Thema ist, das die Bewohner_innen der Nordweststadt beschäftigt und dass die türkische Ethnie problematisiert wird: Zu viele türkischstämmige Männer säßen in Cafés, was auf andere abschreckend wirke.

Szenario 3: Dienstleistungen für eine saubere Wohnumwelt

> „In unserer Befragung hat sich gezeigt, dass manche ältere Menschen über unsaubere Umweltbedingungen berichten. Stellen Sie sich vor, es wird Ihnen angeboten, kostengünstig einen Hausdienst für Ihr Wohnhaus bzw. Ihre Wohngegend zur Verfügung zu stellen. Dieser würde wöchentlich das Treppenhaus putzen, sich um die Müllbeseitigung auf den Straßen kümmern und im Winter den Schneeräumdienst übernehmen. Bei sämtlichen Belangen, die die Sauberkeit Ihrer Wohnumgebung betreffen, könnten Sie sich an diesen Hausdienst wenden."

Die Teilnehmenden beider Fokusgruppen bemängeln die Sauberkeit in der Nordweststadt. Das achtlose Entsorgen von Müll außerhalb der Abfalleimer schreiben sie teilweise eher Personen ausländischer Herkunft, vor allem aus dem orientalischen oder türkischen Kulturkreis, zu und ethnisieren so die Müllproblematik. Besonders deutlich wird dies durch die Äußerung eines

Teilnehmers, der behauptet, „der Türke hebt nichts auf". Eine Problemlösung sehen die Diskutant_innen weniger in bezahlten Dienstleistungen im Quartier als im Engagement der Bewohner_innen. Die Bürger_innen müssten bei Regelverstößen angesprochen und ihre Identifikation mit dem Stadtteil erhöht werden. Gemeinsame Aufräum- und Gestaltungsaktionen wären eine Möglichkeit, die Identifikation zu stärken.

Szenario 4: Sicherheit im Stadtteil

> „In unserer Befragung hat sich gezeigt, dass manche ältere Menschen abends nicht mehr gerne ihre Wohnung verlassen und das Unterwegssein im Stadtteil vermeiden, da sie sich im Dunkeln draußen nicht mehr wohl fühlen. Stellen Sie sich vor, es werden Maßnahmen zur Verbesserung der Sicherheit durchgeführt. Das hieße z.B. besser beleuchtete Wege, sichere Wege und Straßenübergänge, aber auch mehr Möglichkeiten, in höhere Stockwerke zu ziehen, weil die Einbruchgefahr in höheren Stockwerken niedriger ist und Aufzüge vorhanden sind."

In beiden Gruppen werden Sicherheitsmängel benannt, die z. T. mit mangelndem sozialem Austausch oder mit mangelnder Beleuchtung einhergehen und sich in Einbrüchen manifestierten. Der Einsatz einer Stadtteilpolizistin bzw. eines Stadtteilpolizisten wird als Chance zur Verbesserung des Sicherheitsempfindens artikuliert. In der ersten Gruppe wird eine mögliche Angst vor Fremden in Gestalt von Migrant_innen für mangelndes Sicherheitsempfinden verantwortlich gemacht, der durch sozialen Austausch entgegengewirkt werden könne.

Abschließende Ergänzungen der Teilnehmenden

Die Moderatorin gibt den Diskutant_innen in beiden Fokusgruppen abschließend die Möglichkeit, weitere Aspekte zu benennen, die ihnen über die Szenarien hinaus für die Entwicklung ihres Stadtteils noch wichtig seien.

In der ersten Fokusgruppe nutzen die Anwesenden die Gelegenheit, Barrieren in ihrer Wohnumgebung zu benennen und Lösungen zu deren Reduzierung anzubieten. Eine Teilnehmerin äußert den Wunsch, dass ihr Wohnblock eingezäunt werden solle, damit kein fremder Müll mehr dort abgeladen werden könne. Einig sind sich die Diskutant_innen darüber, dass sie sich ein schönes Naherholungsgebiet mit guter Verkehrsanbindung wünschen.

In der zweiten Fokusgruppe beanstanden die Teilnehmenden, dass die „soziale Mischung" im Stadtteil nicht mehr stimme. Die ursprünglich angedachte Mischung habe sie vor Jahrzehnten veranlasst, in die Nordweststadt zu ziehen und heute siedelten sich vermehrt Migrant_innen im Quartier an. Frei stehende Wohnungen würden meist von Muslim_innen oder

Synagogenverbänden gekauft, sodass die Vielfalt abnehme und es ähnlich wie in Berlin vermehrt zur „Ghettobildung“ komme. Sie äußerten, dass ihre Nachkommen sich nicht mehr wohlfühlten, wegzögen und kein Interesse daran hätten, ihre Wohnungen zu erben.[17]

2.4.2 Rolle der Migration in den Fokusgruppen

In den beiden Fokusgruppen in der Nordweststadt wird mehrfach ein zunehmender Migrant_innenanteil thematisiert und an verschiedenen Stellen über Personen ausländischer Herkunft diskutiert. In der ersten Fokusgruppe wird in drei von fünf Szenarien Migration erwähnt (Szenario 1, 3 und 4) und in der zweiten in zwei Szenarien (Szenario 1 und 3), ohne dass diese Thematik in den Szenarien enthalten war. In der zweiten Fokusgruppe wird die Migrationsthematik am Ende noch einmal aufgegriffen und erörtert, dass die „soziale Mischung“ aufgrund eines zunehmenden Anteils an Muslim_innen und Jüdinnen bzw. Juden nicht mehr stimme und dies zur „Ghettobildung“ führe. Auffällig ist, dass die Diskutant_innen die soziale Mischung an der Religionszugehörigkeit messen.

Insgesamt wird in beiden Fokusgruppen sichtbar, dass die Teilnehmenden einen zunehmenden Migrant_innenanteil und eine ethnische Prägung in Wohnvierteln wahrnehmen. Ein Umstand, der auch durch Untersuchungen und durch die Presse thematisiert wurde (u. a. Frankfurter Rundschau vom 06.10.2005 und 23.01.2006; Schader-Stiftung, 2008). Darüber hinaus bewerten die Teilnehmenden diese Entwicklungen in der Nordweststadt als Herausforderung, die es durch verschiedene Interventionen zu bewältigen gilt.

Zunehmende Migration wird nicht per se als negativ beurteilt, sondern herausgestellt, dass Migrant_innen und Personen deutscher Herkunft Begegnungsmöglichkeiten im Stadtteil brauchen, um Stigmatisierungen vorzubeugen.

Manche Teilnehmende machen Personen ausländischer Herkunft für ein bestimmtes Fehlverhalten wie die unangemessene Müllentsorgung verant-

[17] Aus den drei verschiedenen Befragungssettings wurden für jeden Stadtteil Handlungsempfehlungen formuliert, die an die Stadt Frankfurt am Main, Stiftungen und potenzielle Unterstützer_innen sowie Spender_innen in der Stadt weitergeleitet wurden, um die Projektideen umsetzen zu können. Konkrete Maßnahmen wurden bereits auf kommunalpolitischer Ebene diskutiert und sollen künftig gemeinsam mit älteren Stadtteilbewohner_innen und Verantwortlichen in allen drei Stadtteilen umgesetzt werden (Goethe-Universität Frankfurt am Main & BHF Bank Stiftung, 2013, S. 50, 54). Ebenso ist das Anschlussprojekt „Gesund Altern in der Stadt: Wissenschaftliche Begleitung ausgewählter stadtteilspezifischer Maßnahmen“ (GAIS 1) entstanden. Aus BEWOHNT abgeleitete exemplarische Maßnahmen werden an Stadtteilakteur_innen übertragen und wissenschaftlich begleitet (Projekt GAIS 1).

wortlich oder beanstanden mangelndes Verantwortungsbewusstsein bei Migrant_innen. Die Kritik gilt Zuwanderern bestimmter Kulturkreise oder Religionen: Türkische Migrant_innen und Muslim_innen werden problematisiert.

Diese Erfahrungen finden sich auch im Migrationsdiskurs wieder, wo außerordentlich häufig die türkische Ethnie thematisiert wird (Boos-Nünning, 2000, S. 100 ff.; Uslucan, 2011). Wenn über Probleme mit Migrant_innen diskutiert wird, gelten muslimische und insbesondere türkische Migrant_innen als Synonym für Zugewanderte. Das könnte darauf zurückzuführen sein, dass sie mit drei Millionen Personen zahlenmäßig am stärksten in der BRD vertreten sind (Bundeszentrale für politische Bildung, 2015) und die kulturelle Distanz zwischen Deutschen und Türk_innen als besonders groß und „unüberbrückbar" (Uslucan, 2011, S. 3) gilt (vgl. hierzu auch Abschnitt zur Begründung der Stichprobenauswahl).

Vergleicht man die Fokusgruppen in der Nordweststadt mit denen in Bockenheim und Schwanheim fällt auf, dass in den beiden anderen Untersuchungsregionen deutlich weniger Diskussionen über die negativen Folgen zunehmender Migration entstehen.

In Bockenheim werden Personen ausländischer Herkunft als hilfsbereit und kontaktfreudig beschrieben und diesbezüglich positiv von Deutschen abgegrenzt. Sie nutzten öffentliche Plätze zum sozialen Austausch, während den Personen deutscher Herkunft Kommunikationsmöglichkeiten im Stadtteil fehlten. Lediglich ausländische Geschäfte werden an einer Stelle abwertend als „Ramschläden" deklariert.

In Schwanheim werden Personengruppen wie Betrunkene, „Gesindel" auf Parkbänken und Jugendliche, die sich nachts in Parks aufhielten, als störend wahrgenommen. Die Diskutant_innen erwähnen, dass der Ausländer_innenanteil wachse, während der Anteil der deutschen Bevölkerung sinke. Deutschen fehle es aufgrund zahlreicher Ladenschließungen in der Siedlung Goldstein an Begegnungsmöglichkeiten. Dort besteht ebenso wie in der Nordweststadt Furcht vor Personen ausländischer Herkunft bei Dunkelheit.

- Fasst man die Ergebnisse der verschiedenen Erhebungen des Projekts BEWOHNT zusammen, ergeben sich folgende Resultate, die auf Schwierigkeiten in den Nachbarschaften in der Nordweststadt bzw. auf eine Bestätigung der Grundannahme der vorliegenden Untersuchung, dass Nachbarschaften mit (türkischen) Migrant_innen als schwierig beschrieben werden, hinweisen: Die Befragten im Rahmen der Fragebogenerhebung nehmen eine starke Veränderung zum Schlechten im Bereich *Soziales* in den letzten fünf bis zehn Jahren war, die sich vor allem in einer negativen Veränderung der Bewohner_innenstruktur und des sozialen Klimas manifestiert und durch Mittelwertvergleiche belegt wird.

- Bei den offenen Nennungen werden häufig der zunehmende Migrant_innenanteil und die damit einhergehenden Faktoren als starke Veränderung zum Schlechten gewertet (z. B. sprachliche und kulturelle Barrieren).
- In den Fokusgruppen wird hervorgehoben, dass der vermehrte Zuzug von Migrant_innen in die Nordweststadt eines sozialen Austauschs bedürfe, um Stigmatisierungen und Ängste abzubauen bzw. ihnen vorzubeugen.
- In den Fokusgruppen wird aufgrund des zunehmenden Migrant_innenanteils diagnostiziert, dass die „soziale Mischung“ nicht mehr stimme.
- In den Fokusgruppen wird unterstellt, dass Personen deutscher und ausländischer Herkunft eine gemeinsame Identität fehle und ein Gefühl der Fremdheit bestehe.
- In den Fokusgruppen wird Personen ausländischer Herkunft aufgrund ihrer Kultur und eines angeblich mangelnden Heimatgefühls unterstellt, Müll nicht angemessen zu entsorgen.
- Die türkische Ethnie wird in den Fokusgruppen als Synonym für Einwanderer bzw. den orientalischen Kulturkreis verwendet.
- Türk_innen sind nahezu ausschließlich Muslim_innen und in den offenen Nennungen der Veränderungen zum Schlechten im Rahmen der Fragebogenerhebung wird häufig das muslimische Leben kritisiert (z. B. Verschleierung der Frauen).
- In den Gesprächen mit den Bewohner_innen im Rahmen der Fragebogenerhebung kritisieren diese häufig den zunehmenden Migrant_innenanteil; dies wurde vor allem im Austausch der Interviewer_innen untereinander deutlich.

2.4.3 Ergebnisse der Befragung in den 1990er-Jahren – ein Vergleich

1998 wurden Personen ab 55 Jahren, die in der Nordweststadt lebten, von Mitarbeitenden der Schader-Stiftung zu ihren Wohnwünschen und Wohnbedürfnissen qualitativ in Fokusgruppen und teilweise einzeln befragt. Ziel der Befragung, die im Vorfeld eines für das Wohngebiet geplanten Gesamtprojekts stattfand, war es, „Daten zur Abschätzung des Nachfragepotentials nach altersgerechten Wohnmöglichkeiten und wohnbegleitenden Dienstleistungen zu erhalten“ (Schader-Stiftung, 1999, S. 3f.). Einstellungen, die für oder gegen einen Wohnungswechsel im Alter sprechen, sollten erhoben werden.

Der Blick auf die Ergebnisse der Befragung zeigt für 1998 ähnliche Bedürfnisse und Wünsche in Bezug auf das Wohnen wie im Projekt BEWOHNT knapp 15 Jahre später.

Zahlreiche Bedürfnisse haben sich auch Jahre später nicht verändert. Das zeigt zum einen, dass die Wohnbedürfnisse und Wohnwünsche gleich geblieben sind, und zum anderen, dass manche Verbesserungswünsche nach wie vor nicht realisiert wurden. Gerade im Bereich Sicherheit (Einsatz einer Stadtteilpolizistin bzw. eines Stadtteilpolizisten, Schneiden von Hecken), Verkehrsanbindung (an Wochenenden und außerhalb der Öffnungszeiten des Nordwestzentrums) und Begegnungsmöglichkeiten (Freizeitangebote und

Gemeinschaftsräume) besteht für die älteren Bewohner_innen ein Mangel und fortwährender Handlungsbedarf.

Der hohe Ausländer_innenanteil wird bereits damals problematisiert, wenn er im Haus oder der unmittelbaren Nachbarschaft überwiegt (ebd., S. 10). Auch wenn sie sich persönlich als nicht betroffen sehen, sind die Befragten sich bereits in den 1990er Jahren darüber einig, dass für Bewohner_innen ausländischer Herkunft „die Aufnahmekapazität bereits erschöpft sei" und „eine Integration wegen der Sprachbarrieren kaum noch möglich ist" (ebd., S. 34). Dennoch scheinen kulturelle Barrieren weniger relevant als Altersbarrieren (ebd., S. 10).

3. Migration in Deutschland am Beispiel türkischer Migrant_innen

> „Manche Ausländer sind fremder als andere. Deutsche bezeichnen weiße Einwohner mit einem hohen Berufsstatus aus anderen westeuropäischen Ländern oder aus Nordamerika selten als Ausländer."
> (Castles, 1987, S. 97 in: Greverus, Moser & Salein, 1994)

Das folgende Kapitel beschreibt die türkische Migrationsgesellschaft in der Bundesrepublik. Dabei liegt der Fokus auf der Beschreibung der Situation älterer türkischer Migrant_innen, da sie Gegenstand der vorliegenden Arbeit sind.

Zunächst werden begriffliche Abgrenzungen vorgenommen und die zahlenmäßige Ausprägung türkischer Migration nach Deutschland wird beschrieben. Anschließend wird die Situation älterer Türkeistämmiger in Deutschland dargestellt.

3.1 Konzeptueller Hintergrund

In der öffentlichen Debatte über Migration existiert eine Vielzahl von Bezeichnungen für allochthone[18] Personen. Die häufigsten Begriffe in diesem Zusammenhang sind Ausländer_innen, Migrant_innen, Zuwanderer, Personen mit Migrationshintergrund oder Gastarbeiter_innen.

Als *Ausländer_innen* werden Personen bezeichnet, die nicht die deutsche Staatsbürgerschaft besitzen. Deutsche, die eine weitere Staatsangehörigkeit besitzen, werden demzufolge nicht als Ausländer_innen beschrieben, während Staatenlose oder Personen mit ungeklärter Staatsangehörigkeit in diese Definition mit einbezogen werden (Bundeszentrale für politische Bildung, 2016).

Dieser Begriff wird jedoch umgangssprachlich auch in einem weiteren Sinn verwendet und ist dann häufig negativ besetzt. Oft werden Personen aus den traditionellen Gastarbeiter_innenländern sowie Asylbewerber_innen und Menschen, die sich z. B. aufgrund ihrer Hautfarbe äußerlich von der

[18] Die an einem Ort lebenden Minderheiten werden als allochthon bezeichnet, während als autochthon Menschen gelten, die an ihrem Entstehungsort leben, also einheimisch sind. Die Bezeichnung allochthon gilt auch für aufgrund von Arbeitsmigration entstandene Minderheiten (Helfrich & Riehl, 1995, S. 2).

deutschen Bevölkerung unterscheiden, mit dem Begriff Ausländer_innen assoziiert (Dettmar, 1990, S. 191 f. in: Greverus, Mose & Salein, 1994 nach Karasan-Dirks, 1983, S. 45; Bundesamt für Migration und Flüchtlinge, 2013).

Als *Migrant_innen* werden Personen bezeichnet, die für einen längeren Zeitraum und über nationale Grenzen hinweg „mindestens einmal ihren Lebensmittelpunkt“ (Zeman, 2005, nach Treibel, 2003) verändert haben. Sie verlassen „einen sozialen und geografisch umgrenzten Raum“ (Uslucan 2011, S. 21). Andere Definitionen bezeichnen bereits den dauerhaften Ortswechsel von einem Gebiet in ein anderes innerhalb eines Landes als Migration (Han, 2004, S. 7). Arbeitnehmer_innen, die von Firmen an eine Zweigstelle im Ausland entsandt werden, werden nicht als Migrant_innen bezeichnet (ebd.).

Die Gruppe der Migrant_innen ist sehr heterogen. So zählen zu ihnen gleichermaßen Flüchtlinge, Asylsuchende, Arbeitsmigrant_innen oder deutsche Aussiedler_innen. Herkunftsland, ethnische Aspekte, Migrationsgründe und Aufenthaltsdauer werden im Migrationsbegriff nicht differenziert. Die Begriffe *Auswanderer* und *Zuwanderer* können synonym zu dem Begriff Migrant_in verwendet werden (Hirsch, 2006, S. 2).

Neben der Betonung der nichtdeutschen Herkunft werden Personen häufig als Migrant_innen betitelt, wenn sie „einer gesellschaftlich nicht oder nur schwach integrierten Gruppe, der zugleich spezifische Problemlagen zugeschrieben werden“ (Zeman, 2005, S. 10), angehören. Dies wird deutlich, wenn etwa Marokkaner_innen als typische Einwanderungsgruppe in der BRD gelten, während man die in Deutschland lebenden US-Bürger_innen seltener als Migrant_innen bezeichnet, obwohl sie zahlenmäßig den Marokkaner_innen in Deutschland überlegen sind. Mit der Bezeichnung Migrant_in gehen häufig soziale und ökonomische Defizite sowie abweichende Lebensweisen oder Lebenswelten einher (ebd., S. 10 f.).

In den heutigen Debatten findet sich oft der Begriff *Personen mit Migrationshintergrund.* Die Bezeichnung gilt für die „nach 1949 auf das heutige Gebiet der Bundesrepublik Deutschland Zugewanderten sowie alle in Deutschland geborenen Ausländer innen und alle in Deutschland als Deutsche Geborenen mit zumindest einem zugewanderten oder als Ausländer innen in Deutschland geborenen Elternteil" (Bundesamt für Migration und Flüchtlinge, 2016, nach Statistisches Bundesamt, 2013). Personen mit Migrationshintergrund haben demzufolge nicht zwangsläufig eigene Migrationserfahrungen, was sie von Migrant_innen im klassischen Sinn unterscheidet.

Der Begriff *Gastarbeiter_innen* steht für jene Personen, die im Rahmen der Anwerbung ausländischer Arbeitnehmer_innen in der zweiten Hälfte des

20. Jahrhunderts zum Arbeiten in die BRD eingewandert sind und nach einer begrenzten Zeit in ihr Herkunftsland zurückkehren wollten (Abadan-Unat, 2005, S. 69 f.).[19] Die Bezeichnung existierte bereits während des Zweiten Weltkriegs für ausländische Arbeiter_innen, die freiwillig gegen Entlohnung in der NS-Kriegswirtschaft arbeiteten (Schiller, 1997, S. 79).

Kritik am Gastarbeiter_innenbegriff äußerten Soziologen in den 1970er-Jahren, da Gastarbeiter_innen die BRD nicht als Gast bereisten und keinen Gaststatuts genossen, sondern zum Arbeiten migrierten (Krüger-Potratz, 2005, S. 191 f.).

Die Begriffe Migrant_innen, Personen mit Migrationshintergrund, Auswanderer, Zuwanderer und Gastarbeiter_innen geben keine Auskunft über die Staatsangehörigkeit einer Person. Lediglich die Bezeichnung Ausländer_innen steht für Personen, die nicht die deutsche Staatsangehörigkeit besitzen.

In der vorliegenden Untersuchung werden die Begriffe Einwanderer, Zuwanderer, Migrant_innen und Personen mit Migrationshintergrund synonym verwendet. Des Weiteren werden *Türkeistämmige* bzw. *Türkischstämmige* erwähnt, die den Untersuchungsgegenstand bilden. Diese Begriffe bezeichnen Personen, die in der Türkei geboren sind und mittlerweile in Deutschland leben, unabhängig davon, aufgrund welcher Motive sie eingewandert sind und welche Staatsangehörigkeit sie besitzen.

In verschiedenen Untersuchungen werden unterschiedliche Begriffe benutzt und es gilt zu beachten, wann von Türk_innen und wann von türkischen Migrant_innen gesprochen wird, denn während etwa 1,5 Millionen Türk_innen in Deutschland leben (Statista, 2016), sind es ca. drei Millionen türkische Migrant_innen (Bundeszentrale für politische Bildung, 2015). Diese Gruppe ist also fast doppelt so groß.

Personen mit türkischer Staatsangehörigkeit mussten sich bis zum Jahr 2014 noch zwischen der deutschen und der türkischen Staatsbürgerschaft entscheiden. Da die Türkei nicht Mitglied der Europäischen Union (EU) ist, wurde eine doppelte Staatsangehörigkeit nicht anerkannt. Nach zahlreichen Diskussionen um die doppelte Staatsbürgerschaft und Debatten im Bundestag (u. a. Zeit online 2014; Die Welt 2014) ist die doppelte Staatsangehörigkeit seit 2014 möglich. Kinder ausländischer Eltern, die in Deutschland geboren sind und sich bis zur Vollendung des 21. Lebensjahres mindestens acht Jahre in Deutschland aufgehalten oder sechs Jahre die Schule in Deutschland besucht bzw. einen deutschen Schul- oder Ausbildungsabschluss erworben haben, dürfen künftig beide

[19] Für weitere Details zur Theorie und Geschichte der Arbeitsmigration in Deutschland siehe u. a. Abadan-Unat, 2005, Geißler, 2006 und Sen, 2002.

Staatsangehörigkeiten behalten. Sie müssen sich nicht mehr wie bisher mit Vollendung des 23. Lebensjahres für die deutsche oder türkische Staatsangehörigkeit entscheiden (Die Bundesregierung, 2014).[20]

3.2 Türkeistämmige in Deutschand – ein Zahlenspiegel

Der Anteil der Migrant_innen in der Bundesrepublik Deutschland nimmt stetig zu. Etwa ein Fünftel der in Deutschland lebenden Personen hatte 2014 einen Migrationshintergrund. Das entspricht einer tatsächlichen Zahl von 16,4 Millionen Bürger_innen. 56 % davon besitzen die deutsche Staatsbürgerschaft (Statistisches Bundesamt, 2016). Aufgrund der hohen Zahl der Zuwanderer im Jahr 2015 wird der Anteil der Personen mit Migrationshintergrund weiter stark ansteigen (Bundeszentrale für politische Bildung, 2016).

Das Anwachsen des Migrant_innenanteils ist in den Großstädten besonders ausgeprägt (Alscher, 2015). Die Stadt Frankfurt am Main hat mit knapp 47 % den höchsten Anteil an Personen mit Migrationshintergrund in Deutschland (Amt für multikulturelle Angelegenheiten, 2015). Bereits 2007 wiesen zwei Drittel der in Frankfurt am Main geborenen Kinder einen Migrationshintergrund auf (Lüken-Klaßen, 2007, S. 13). Kinder unter sechs Jahren hatten 2012 dort zu 68 % einen Migrationshintergrund (Amt für multikulturelle Angelegenheiten, 2015, S. 21).

Migration stellt jedoch keinesfalls ein neues Phänomen dar und das wissenschaftliche Interesse an der Erforschung von Wanderungsprozessen nimmt bereits seit Beginn der Kolonialisierung in Europa Mitte des 19. Jahrhunderts zu. So begründete schon Ende des 19. Jahrhunderts Ravenstein eine Migrationstheorie, um zu erklären, wie der Bedarf an Arbeitskräften in einem Teil eines Landes durch Bevölkerungszufluss aus anderen Teilen ausgeglichen werden kann (Széll, 1972, S. 82). Seitdem setzen sich zahlreiche Migrationstheoretiker mit Wanderungsprozessen auseinander und versuchen diese zu erklären (u. a. Lee, 1972).

Türkische Staatsangehörige bilden mit über 1,5 Millionen die größte Gruppe ausländischer Staatsangehöriger in der BRD (Statista, 2016). Knapp drei Millionen Menschen in Deutschland haben einen türkischen Migrationshintergrund, was 2015 gut einem Fünftel der 16,4[21] Millionen

[20] Aktuell wird seitens der Politik wieder die Abschaffung der Möglichkeit einer doppelten Staatsbürgerschaft diskutiert (Die Zeit online vom 23.08.2016).

[21] Im Jahr 2015 sind etwa eine Millionen Menschen in Deutschland eingewandert und haben Zuflucht aufgrund von Krieg, wirtschaftlicher Not oder Verfolgung gesucht. Diese sind in den 16,4 Millionen nicht berücksichtigt, weshalb davon auszugehen ist, dass diese Zahl (auch aufgrund späteren Familiennachzugs) weiter steigen wird (Die Welt vom 06.01.2016).

Migrant_innen in Deutschland insgesamt entspricht (Bundeszentrale für politische Bildung, 2015). In der Stadt Frankfurt am Main spiegelt sich dieser Bundestrend wider. Knapp 13 % aller Ausländer_innen sind türkischer Herkunft, womit die türkische Bevölkerung auch die größte Zuwanderungsgruppe der Stadt Frankfurt am Main bildet (Stadt Frankfurt am Main, 2016, S. 3).

Die türkischstämmigen Personen in Deutschland weisen größtenteils eine sehr lange Aufenthaltsdauer auf, was auf den großen Teil türkischer Arbeitsmigrant_innen zurückzuführen ist.[22] 2004 lebten bereits 46 % der türkischen Staatsangehörigen seit mindestens 20 Jahren in der BRD und 69 % der ausländischen Kinder waren hier geboren (Geißler, 2006, S. 236). 2005 stammten 10,2 % der über 60-jährigen in Deutschland lebenden ausländischen Personen aus der Türkei (Zeman, 2005, S. 23 nach: Beauftragte der Bundesregierung für Migration, Flüchtlinge und Integration, 2005, S. 88).

Während im Zuge der Arbeitsmigration der Gastarbeiter_innen der Anteil türkischer Einwanderer sehr hoch war, nahm er 2012 mit 28.641 lediglich Platz neun ein. Heute wandern zunehmend Osteuropäer_innen in die Bundesrepublik ein, sodass Pol_innen, Rumän_innen und Bulgar_innen die größten Einwanderungszahlen stellen (Statista, 2014).[23] Eine Gesetzesänderung, die zum 01.01.2014 in Kraft getreten ist, erteilt Arbeitnehmer_innen aus Osteuropa Arbeitnehmer_innen-Freizügigkeit in der EU, sodass Deutschland in den kommenden Jahren zahlreiche Zuwanderer aus Rumänien und Bulgarien zu erwarten hat (Die Bundesregierung, 2014). Diese erwartete Zuwanderung wird kontrovers diskutiert, denn der Fachkräftemangel in Deutschland wird in Zukunft wieder zunehmen, was zu einer erneuten Anwerbung ausländischer Arbeitnehmer_innen führen und Zuwanderung für die BRD bedeutsam machen wird (Zeit online vom 14.05.2011). Aus Osteuropa werden jedoch ebenso Zuwanderer erwartet, die gering qualifiziert sind (Die Welt vom 24.07.2013).

[22] 32 % der Migrant_innen ab dem 50. Lebensjahr stammen aus den Mittelmeerländern, aus denen ab den 1950er-Jahren Arbeitskräfte angeworben wurden (Bundeszentrale für politische Bildung, 2016).

[23] Auch an dieser Stelle sei darauf verwiesen, dass diese Einwanderungsnationen sich auf das Jahr 2014 beziehen und sich seit 2015 verschoben haben. Seit dem Jahr 2015 suchen aufgrund andauernder Kriege viele Menschen Zuflucht in Deutschland. Diese kommen vorwiegend aus Syrien, Afghanistan und dem Irak (Statista, 2016).

3.3 Demografische Entwicklungen und die Herausforderungen für Politik, Gesellschaft und pädagogische Praxis

Der Altersdurchschnitt der in Deutschland lebenden Bevölkerung mit Migrationshintergrund ist in den letzten Jahrzehnten wie bei den deutschen Bürger_innen gestiegen (Zeman, 2005, S. 3, 6). Insgesamt sind Migrant_innen im Jahr 2013 allerdings mit einem Durchschnittsalter von 35 Jahren immer noch deutlich jünger als Deutsche, deren Altersdurchschnitt 47 Jahre beträgt. Während der Migrant_innenanteil an der deutschen Bevölkerung 2013 20 % beträgt, sinkt der Bevölkerungsanteil der Personen mit Migrationshintergrund bei den 50- bis 64-Jährigen auf 15 % und ab 65 Jahre auf 9 %. 60 % der Migrant_innen sind zu diesem Zeitpunkt unter 40 Jahre und nur 10 % 65 Jahre und älter, während es bei den Personen ohne Migrationshintergrund 24 % sind (Bundeszentrale für politische Bildung, 2016).

Die Zuwanderung verzögert demzufolge die demografische Entwicklung. Dennoch hat sich der Anteil der unter 18-Jährigen bei der ausländischen Bevölkerung seit 1980 fast halbiert, während sich die Zahl ausländischer Bürger_innen ab 60 Jahren zwischen 1970 und 2005 fast vervierfacht hat (Bundeszentrale für politische Bildung, 2008) und immer mehr Migrant_innen in der BRD das Rentenalter erreichen (Hessisches Sozialministerium, 2012, S. 3 ff.).

Die Alterung der Migrationsgesellschaft bringt die gleichen Schwierigkeiten für den Generationenvertrag und die gesetzliche Krankenversicherung mit sich wie die Alterung der deutschen Gesellschaft. Migrant_innen nehmen vermehrt Pflege in Anspruch (Hirsch, 2006, S. 7 f.; Myllymäki-Neuhoff, 2006, S. 252 f.). Aufgabe der Pflege ist es, vermehrt für eine kultursensible Altenpflege zu sorgen, da Migrant_innen aufgrund ihres kulturellen oder religiösen Hintergrunds häufig andere Bedürfnisse bei der Pflege haben als ältere Personen ohne Migrationshintergrund. Interkulturelle Ansätze in der Altenpflege plädieren bspw. für Gebetsräume und die Einhaltung der Essensvorschriften für Muslim_innen sowie für muttersprachliches Pflegepersonal und Mitarbeitende, die Traditionen und Denkweisen der Migrant_innen respektieren (ebd.; Hessisches Sozialministerium, 2012, S. 5).

Darüber hinaus ist es wichtig, die spezifischen Bedarfe dieser zunehmenden Gruppe der älteren Migrant_innen künftig durch entsprechende Angebote abzudecken, denn sie sind vermehrt von multiplen Benachteiligungen betroffen (Bundeszentrale für politische Bildung, 2016).

Herausforderungen für Politik, Gesellschaft und pädagogische Praxis

Deutschland versteht sich seit 1998 seitens der politischen Öffentlichkeit als Einwanderungsland (Lüken-Klaßen, 2007, S. 10), sodass das Thema Migration in Politik und Gesellschaft verankert ist (Foroutan, 2016). Die zunehmende Zahl der Migrant_innen in Deutschland sorgt vermehrt für Debatten über deren Integration. Verstärkt wird über die Förderung junger Menschen mit Migrationshintergrund oder die Integration von Zuwanderern in den Städten gesprochen (u. a. Die Bundesregierung, 2016; Magistrat der Stadt Frankfurt am Main, 2010). Für eine gelingende Integration bedarf es laut dem bundesweiten Integrationsprogramm, das vom Bundesamt für Migration und Flüchtlinge (BAMF) mit Expert_innen aus Politik, Verwaltung, Praxis und Wissenschaft erstellt wurde, verschiedener Schwerpunkte: Migrant_innen sollen in den Bereichen Bildung, Sprache, Beruf und Gesellschaft integriert werden. Hierzu werden im Integrations-programm Handlungsempfehlungen formuliert.

Migrant_innen werden im Zusammenhang mit der Integration zahlreiche Aufgaben zugeschrieben: Sie sind aufgefordert, sich zu integrieren, indem sie die deutsche Sprache lernen und die Kultur des Aufnahmelandes anerkennen. Der Begriff der Integration sorgt in diesem Kontext für Diskussionen, weil mit der Anpassung an die deutsche Kultur auch die Aufgabe der eigenen Kultur und Wertvorstellungen einhergehen kann und wechselseitige Abgrenzungsmechanismen eine wichtige Rolle spielen (u. a. Hanrath, 2011, S. 18 f.; Mecheril, 2011, S. 50 ff.). Wenn über Integration in die Kultur des Aufnahmelands debattiert wird, werden gleichzeitig die Unterschiede zwischen Deutschen und Zuwanderern betont und ein „Wir“ gegenüber den „anderen“ etabliert (Uslucan, 2011, S. 3f.). Aktuelle Ansätze der Migrationsforschung fokussieren daher die Integration der Zuwanderer unter Berücksichtigung und Anerkennung von deren eigenen Werten, deren eigener Kultur (Magistrat der Stadt Frankfurt am Main, 2010, S. 1 ff.).

Für die pädagogische Praxis ist es zentral, Angebote zu schaffen, die auch die Bedarfe der Migrant_innen berücksichtigen, um diese in Stadtteil und Gesellschaft integrieren zu können. Der Initiierung von Angeboten und Institutionen sowohl ausschließlich für Migrant_innen als auch für heterogene Bevölkerungsgruppen wird eine wichtige Bedeutung zukommen (Liederbach & Oswald, 2016, S. 249 f.).

3.4 Aktuelle Entwicklungen zu älteren türkischen Migrant_innen in Deutschland

„Wir riefen Arbeitskräfte und es kamen Menschen.“
(Max Frisch)

Die demografische Zusammensetzung der Migrant_innen veränderte sich über die Jahrzehnte hinweg sehr stark. In den 1960er-Jahren reisten überwiegend alleinlebende erwerbsfähige Männer mittleren Alters in die BRD ein. Diese holten später Frauen und Kinder nach und wurden selbst älter. Sie wurden zunehmend zu Großeltern, sodass heute bereits die dritte Generation[24] ausländischer Arbeitnehmer_innen in Deutschland lebt. Sie haben sich dadurch in der Demografie der Normalstruktur der deutschen Bevölkerung angepasst (Geißler, 2006, S. 236).

Als Türk_innen in der Phase der Anwerbung ausländischer Arbeitsmigrant_innen als Arbeiter_innen in die Bundesrepublik einwanderten, hielt die Politik am Rotationsmodell fest, das vorsah, die ausländischen Arbeitnehmer_innen nur für eine begrenzte Zeit in Deutschland zu beschäftigen und regelmäßig gegen neue Arbeitsmigrant_innen auszutauschen. Öffentliche Debatten beschränkten sich daher auf arbeitsmarktpolitische Aspekte und ließen soziale Perspektiven außen vor (Hansen & Spetsmann-Kunkel, 2008, S. 107).

Da aber viele Migrant_innen in Deutschland blieben, erreichen sie nun zunehmend das Rentenalter (Hessisches Sozialministerium, 2012). Gut 490.000 in Deutschland lebende Türk_innen sind mindestens 55 Jahre alt (Zimmermann, 2013, S. 315) und im Jahr 2010 waren bereits 29,5 % der Türk_innen 65 Jahre und älter (Schimany, Rühl & Kohls, 2012, S. 89: Ergebnisse des Ausländer_innenzentralregisters, 2011). Ihre Lebenssituation unterscheidet sich deutlich von der Lage älterer Personen deutscher Herkunft. Der Alltag älterer Migrant_innen ist geprägt durch ihre Migrationserfahrung, ihre soziale Situation – die häufig aufgrund von Pendelmigration andere Merkmale aufweist als die älterer deutschstämmiger Personen –, ihre gesundheitliche und ökonomische Lage.

Im Folgenden wird die Situation von Migrant_innen in Deutschland beschrieben. Türkischen Migrant_innen und speziell älteren türkischen Migrant_innen kommt dabei besondere Bedeutung zu, da sie den Gegenstand der vorliegenden Untersuchung bilden.

---

[24] Als erste Genration werden die eingewanderten Arbeitsmigrant_innen bezeichnet. Die zweite Generation besteht aus deren Nachkommen und die dritte Generation sind deren Kinder, also die Enkel der einstigen Gastarbeiter_innen.

3.4.1 Soziodemografie, Gesundheit und Wohnen

Migrant_innen sind signifikant häufiger verheiratet als Deutsche[25] und Mehrgenerationenhaushalte kommen bei ihnen öfter vor, bilden aber auch in dieser Gruppe nicht die Regel des Wohnens (Zeman, 2005, S. 27). Im Allgemeinen gleichen sich ihre Familienverhältnisse den deutschen mehr und mehr an: Während es weniger Mehrgenerationenhaushalte gibt, steigt die Anzahl der Ein- und Zweipersonenhaushalte (ebd., S. 45). Dennoch weist die Gruppe der Türkeistämmigen den größten Anteil an Dreigenerationenhaushalten auf (ebd., S. 49).

Durchschnittlich haben Migrant_innen mehr Kinder als Deutsche, weshalb ihnen ein besseres Unterstützungspotenzial zur Verfügung steht (ebd., S. 48). Der vergleichsweise häufigere Kontakt zu den Kindern könnte ein Indiz für dieses größere Unterstützungspotenzial sein (ebd., S. 54). Für viele Kinder der Migrant_innen ist es jedoch nicht selbstverständlich bzw. realisierbar, Pflege und Hilfe innerhalb der Familie zu realisieren. Dennoch verweigern sich ältere Migrant_innen oft professionellen, institutionellen Hilfen und erhalten somit häufig weniger Hilfen als notwendig. Das Fehlen von muttersprachlichen Angeboten und Dolmetscher_innen sowie die Erwartungshaltung gegenüber den Kindern sind mögliche Gründe für diese mangelnde Bereitschaft, Hilfen anzunehmen (ebd., S. 63 ff.; Bundeszentrale für politische Bildung, 2016).

Religion spielt für türkische Migrant_innen eine wichtigere Rolle als für Deutsche. Sie besuchen öfter religiöse Veranstaltungen und bekennen sich häufiger zum Islam als die Deutschen zum Christentum (Hubert, Althammer & Korucu-Rieger, 2009, S. 27).

Die sozioökonomische Situation von Personen mit Migrationshintergrund ist signifikant schlechter als die der Deutschen. Sie sind in der Unterschicht überrepräsentiert, haben durchschnittlich ein geringeres Einkommen und somit auch eine niedrigere Rente. Das Risiko der Altersarmut ist bei ihnen dreimal so hoch wie bei den Deutschen und ältere Ausländer_innen beziehen häufiger Sozialhilfe, womit sie im Allgemeinen weniger wohlhabend sind als ihre deutschen Kolleg_innen (Battisti & Felbermayr, 2015, S. 4; Zeman, 2005, S. 29-34).

Ungleichheiten beginnen bereits vor der beruflichen Laufbahn. Schon der Vergleich der Schul- und Bildungsabschlüsse zeigt Benachteiligungen. Das schulische Bildungsniveau, gemessen an den Abschlüssen, ist bei türkischen Migrant_innen deutlich niedriger als bei Deutschen. Sie weisen eines der geringsten Bildungsniveaus insgesamt auf (Schimany, Rühl & Kohls, 2012,

[25] Während etwa 75,9 % der Türkeistämmigen verheiratet sind, trifft dieser Familienstand lediglich auf 65,7 % der deutschen Bevölkerung zu (Hubert, Althammer & Korucu-Rieger, 2009, S. 22 ff.).

S. 190). 44,5 % der Türk_innen haben keinen Schulabschluss (im Vergleich zu 0,7 % der Deutschen) und gut zwei Drittel haben keinen beruflichen Ausbildungsabschluss. Die Anzahl der Hausfrauen bzw. Hausmänner ist ebenso wie die Zahl der Arbeitslosen etwa dreimal so hoch wie bei den Deutschen (Hubert, Althammer & Korucu-Rieger, 2009, S. 40 ff.).

Das Bildungsniveau der älteren Migrant_innen ist deutlich niedriger als das der Deutschen. Vor allem ältere Personen, die im Rahmen der Arbeitsmigration aus den Anwerbestaaten kamen, weisen ein geringes Bildungsniveau auf. Lediglich 37 % der 50- bis 64-Jährigen und 33 % der Arbeitsmigrant_innen ab 65 Jahren haben einen Berufsabschluss, im Vergleich zu 88,6 % und 73,5 % der Personen ohne Migrationshintergrund in beiden Altersgruppen. Arbeitsmigrant_innen haben sich im Rahmen ihres Erwerbslebens kaum weiterqualifiziert und der zunehmende Abbau von Arbeitsplätzen im Industriesektor führte zu abnehmender Erwerbstätigkeit. Vor allem Arbeitsmigrant_innen haben niedrige Erwerbsquoten (Bundeszentrale für politische Bildung, 2016).

Türkische Migrant_innen erhalten deutlich häufiger als Deutsche Transferleistungen wie Arbeitslosen-, Kinder- oder Wohngeld, haben öfter keine eigene Einkommensquelle, weniger Rücklagen und dadurch eine schlechtere finanzielle Gesamtsituation. (Hubert, Althammer & Korucu-Rieger, 2009, S. 46 ff.; Schimany, Rühl & Kohls, 2012, S. 182). Untersuchungen belegen, dass Migrant_innen aus den Anwerbestaaten insgesamt ein deutlich niedrigeres Haushaltseinkommen aufweisen als andere Migrant_innengruppen (Schimany, Rühl & Kohls, 2012, S. 180).

Ältere Migrant_innen haben durchschnittlich einen schlechteren Gesundheitszustand als Personen deutscher Herkunft gleichen Alters und bewerten ihren gegenwärtigen Gesundheitszustand schlechter als Deutsche der gleichen Generation (Zeman, 2005, S. 38 nach einer Untersuchung der Freien und Hansestadt Hamburg, 1998; Bundeszentrale für politische Bildung, 2016). Der schlechtere Gesundheitszustand ist sowohl auf die Erwerbsarbeit in Deutschland als auch auf die Migrationserfahrungen zurückzuführen. Denn viele Migrant_innen erleben Diskriminierung[26] und Ablehnung im Aufnahmeland sowie Entfremdung vom Herkunftsland – Erfahrungen, die psychosomatische Krankheitssymptome hervorrufen oder verstärken können (Dietzel-Papakyriakou, 1992, S. 9 ff.; Sechster Familienbericht, 2000, S. 195).

Die meisten Migrant_innen haben während ihrer Erwerbstätigkeit schwere körperliche Arbeit verrichtet, viele Überstunden abgeleistet oder

[26] Als Diskriminierung gilt im Sinne von Wirth die ungleiche Behandlung einer Person aufgrund der Zugehörigkeit zu einer bestimmten Gruppe; sie setzt voraus, dass Gleichbehandlung als Wert in der Gemeinschaft vorherrscht (Wirth, in: Vortkamp, 2003, S. 214).

Tätigkeitsformen ausgeübt, die den Körper sehr belasten, wie Akkord- oder Schichtarbeit (ebd.; Hirsch, 2006, S. 4). Daher sind in dieser Gruppe bereits während der Erwerbsphase ab einem Alter von 45 Jahren nahezu doppelt so viele längerfristige Krankmeldungen (ab sechs Wochen) festzustellen wie bei Deutschen gleichen Alters (Özcan & Seifert, 2005, S. 25).

Unter Migrant_innen ist im Durchschnitt ein ausgeprägteres Risikoverhalten zu finden, das gesundheitliche Risikofaktoren birgt: Sie sind häufiger adipös und rauchen öfter (Bundeszentrale für politische Bildung, 2016). Vor allem bei den türkischen Migrant_innen lässt sich ein signifikant schlechterer Gesundheitszustand im Vergleich zu Nichtmigrant_innen finden: Sie haben ein nahezu dreifach höheres Risiko, von körperlichen Schmerzen betroffen zu sein, als Personen deutscher Herkunft (ebd.).

Da Migrant_innen im Alter häufiger an psychischen und physischen Erkrankungen leiden, besteht bei ihnen deutlich früher die Gefahr, pflegebedürftig zu werden (Baykara-Krumme & Hoff, 2006, S. 37). Dies stellt das gesundheitliche Versorgungssystem in Deutschland vor neue Herausforderungen, denn das Zusammenleben mehrerer Generationen in Großfamilien wird immer seltener und ältere Migrant_innen werden zunehmend auf institutionelle Angebote angewiesen sein, die ihnen jedoch aufgrund von Isolierung und Sprachbarrieren schwerer zugänglich sind (Hessisches Sozialministerium, 2012, S. 4 ff.; Hirsch, 2006, S. 7; Myllymäki-Neuhoff, 2006, S. 251).

Während ältere Migrant_innen im Vergleich zu Personen deutscher Herkunft der gleichen Altersklasse einen schlechteren Gesundheitszustand aufweisen, waren sie zum Zeitpunkt ihrer Migration sehr gesund. Ihre gute gesundheitliche Konstitution war sogar Voraussetzung der Arbeitsmigration, denn bei medizinischen Untersuchungen in den Herkunftsländern wurde nach Gesundheitszustand selektiert: Nur junge und gesunde Arbeitnehmer_innen durften in die BRD migrieren. In Bezug auf die Arbeitsmigration der 1950er- bis 1970er-Jahre wurde dieser Umstand als „healthy-migrant-effect" (ebd.; Razum & Spallek, 2012, S. 167) bezeichnet. Jungen Migrant_innen wurde ein Vorteil im Gesundheitszustand gegenüber der Bevölkerung des Herkunftslandes zugeschrieben.

Dieser Effekt kehrt sich im Alter um: Ältere Migrant_innen haben aufgrund von gesundheitsschädlichen Arbeitsfeldern, körperlichem Verschleiß, Belastungssyndromen, den Folgen von Stress und familiären Konstellationen eine höhere Mortalität und geringere Lebenserwartung als Nichtmigrant_innen. Vor allem in den ersten Jahrzehnten der Arbeitsmigration sind bei den männlichen Zuwanderern vermehrt Arbeitsunfälle, Berufskrankheiten und eine unterdurchschnittliche Teilnahme an Rehabilitationsmaßnahmen zu verzeichnen. Frauen leiden in dieser Zeit häufig an

Isolation oder dauerhaften Belastungs- und Erschöpfungszuständen. Im Alter sind Migrant_innen neben dem höheren Mortalitätsrisiko häufig von mangelndem sozialem Rückhalt betroffen. Sie haben geringere materielle und immaterielle Ressourcen und auch die familiäre Versorgung nimmt mehr und mehr ab (Myllymäki-Neuhoff, 2006, S. 251 f.).

Die Wohnverhältnisse türkischer Migrant_innen sind eindeutig schlechter als die der Deutschen. Hinsichtlich Wohnfläche, Wohnungsausstattung und Eigentumsquote weisen sie niedrigere Werte auf (Hirsch, 2006, S. 3 f.; Janßen & Polat, 2005, S. 74 ff.; Zeman, 2005, S. 41 f.). Ältere Migrant_innen müssen mit zusätzlichen Barrieren leben, da sie häufig in Wohnungen in oberen Stockwerken ohne Aufzug wohnen (ebd., S. 65).

Gründe für diese schlechtere Wohnsituation können in Einkommen, Haushaltsgröße oder Altersstruktur liegen. Migrant_innen wohnen häufiger in Mehrfamilienhaushalten, was zu einer niedrigeren durchschnittlichen Quadratmeterzahl pro Person führt (ebd., S. 79). Durchschnittlich zahlen Migrant_innen höhere Mietpreise für ihre schlechter ausgestatteten Wohnungen (ebd., S. 101). Zudem besitzen türkische Migrant_innen deutlich seltener Wohneigentum in Deutschland als Personen deutscher Herkunft. Unter den 55- bis 79-Jährigen wohnen doppelt so viele Türk_innen wie Deutsche zur Miete (Schimany, Rühl & Kohls, 2012, S. 176).

Auf dem Wohnungsmarkt existieren Diskriminierungen, die Migrant_innen benachteiligen. In vielen Mietshäusern gibt es ethnische Quotierungen, die den Anteil an Wohnungen, die an Migrant_innen vergeben werden dürfen, festlegen. Diese Quotierungen konnten bereits in den 1970er-Jahren nachgewiesen werden. In Ballungsgebieten mit einem Ausländer_innenanteil über 12 % wurden damals Zuzugssperren für die ausländische Bevölkerung ausgesprochen (Janßen & Polat, 2005, S. 81 ff.; Uslucan, 2011, S. 31).

Rekrutierungsmechanismen spielen ebenfalls eine wesentliche Rolle bei der Wohnungsvergabe. Wohnungsanzeigen sind häufig ausschließlich in deutschen Zeitungen oder im Internet geschaltet und Migrant_innen haben zu diesen Medien einen schlechteren Zugang (Janßen & Polat, 2005, S. 101). Die gängige Praxis zeigt, dass ein zu hoher Migrant_innenteil in benachteiligten Quartieren unerwünscht ist, obwohl Studien mehrfach belegen, dass Migrant_innenhaushalte zu den ökonomisch stabilsten in diesen Quartieren gehören und zur Stabilisierung der Nachbarschaften beitragen (ebd., S. 102).

Die Quartiere, in denen viele Migrant_innen leben, sind meist schlecht gestellt. Zuwanderer leben überwiegend in Ballungsgebieten. 77 % der türkischen Migrant_innen in Deutschland leben in Städten mit mehr als 100.000 Einwohner_innen. Vielfach wohnen sie in Altbauquartieren nahe der

Innenstadt oder in Großsiedlungen mit einem überdurchschnittlich hohen Anteil an Sozialwohnungen.

Migrant_innen leben häufig in benachteiligten Bezirken, die als Brennpunkte gelten. Diese Bezirke sind durch eine hohe Armutslage, eine schlechte Infrastruktur und mangelnde Freizeitangebote gekennzeichnet. Sie sind räumlich segregiert und werden vor allem von Familien türkischer Arbeitsmigrant_innen bewohnt (Boos-Nünning, 2000, S. 96 f.; Universal-Lexikon, 2016).

Da Türkeistämmige zu Beginn ihres Aufenthalts an eine baldige Rückkehr in ihr Herkunftsland glaubten, stellten sie niedrige Ansprüche an ihre Wohnungen (Häußermann & Siebel, 1996, S. 207). Die deutschen Arbeitgeber_innen verpflichteten sich bei der Anwerbung, Unterkünfte für die Arbeitsmigrant_innen zur Verfügung zu stellen. Sie hielten oft Gemeinschaftsunterkünfte bereit, deren bauliche Substanz, sanitäre Einrichtungen und Ausstattung in sehr schlechtem Zustand waren und die sich häufig auf dem Firmengelände befanden (Günes, 2007, S. 54 ff.).

3.4.2 Bedeutung des Wohnorts: zwischen Verbleib, Rückkehr und Pendelmigration

Es wurde bereits dargestellt, dass die Arbeitsmigration ursprünglich einem Rotationsprinzip folgen sollte, viele Migrant_innen jedoch nicht nach einem Jahr zurückkehren wollten, sondern ihren Aufenthalt immer wieder verlängerten. Der Rückkehrzeitpunkt wurde permanent verschoben oder sogar ganz aufgegeben.

Zeman unterscheidet zwei Gruppen von Arbeitsmigrant_innen: diejenigen, die sich von Anfang an oder im Verlauf der Migration bewusst für den Verbleib in Deutschland entscheiden, und jene, die ihre Rückkehr zum Migrationsziel machen. Während die erste Gruppe ihre Lebensplanung auf den Verbleib abstimmt, die deutsche Sprache lernt, sich beruflich qualifiziert und in Deutschland materiell absichert, gibt sich die zweite mit Provisorien zufrieden und richtet ihre Lebensplanung auf die Rückkehr aus (Zeman, 2005, S. 70 f. in Anlehnung an: Dietzel-Papakyriakou, 1993).

Arbeitsmigrant_innen stehen vor allem beim Übergang in den Ruhestand vor einem Entscheidungskonflikt. Der eigentliche Grund der Migration, die Arbeit, entfällt und sie stehen vor der Entscheidung, zurückzugehen oder andere Gründe für den Verbleib zu finden. Viele sind unentschlossen, ob sie zurückkehren oder bleiben sollen (Zeman, 2005, S. 71).

Trotz der vorhandenen Rückkehrorientierung entscheiden sich viele ältere Migrant_innen für den Verbleib in Deutschland, da ihre Familien dort leben und das Gesundheitssystem oft deutlich besser ist als in den Herkunftsländern. Die Kinder und Enkelkinder der Arbeitsmigrant_innen der ersten

Generation sind größtenteils in Deutschland aufgewachsen. Sie kennen Deutschland deutlich besser als das Heimatland ihrer Eltern, weshalb für sie eine Rückkehr nicht infrage kommt. Die Arbeitsmigrant_innen der ersten Generation möchten nicht erneut den Trennungsschmerz erleben, von dem die ersten Jahre ihrer Arbeitsmigration geprägt waren, weil sie ihre Familien oft erst Jahre später nach Deutschland holen konnten, und entscheiden sich daher häufig für einen Verbleib in Deutschland auch über das Erwerbsleben hinaus (ebd., S. 72 f.; Sen, 2011, S. 98 ff.). Viele fühlen zwar eine starke Verbundenheit mit ihrem Heimatland, beschreiben Heimat als den Ort, an dem sie geboren sind, oder verbinden mit ihrer Muttersprache ein Heimatgefühl. Dennoch möchten sie häufig dort leben, wo ihre Kinder sind, da diese ihre sozialen Netzwerke darstellen (Sen, 2011, S. 93 ff.).

Auch die Gesundheitsversorgung spielt bei der Entscheidung für oder gegen eine Rückkehr eine Rolle: Da ältere Migrant_innen, wie bereits erwähnt, häufig an gesundheitlichen Problemen aufgrund ihrer Migrationserfahrung und ihres Erwerbslebens leiden, kann eine gute medizinische Versorgung für sie sehr wichtig sein. Viele türkische Migrant_innen bemängeln das Fehlen einer flächendeckenden Gesundheitsversorgung in der Türkei und die teuren medizinischen und pflegerischen Leistungen, die privat bezahlt werden müssen; dies rechtfertigt für sie einen Verbleib in Deutschland oder ein Pendeln zwischen Deutschland und der Türkei (u. a. Sen, 2011, S. 81).

Weitere Gründe für einen Verbleib trotz Rückkehrorientierung sind nicht realisierte Migrationsziele wie die Verbesserung der finanziellen Ressourcen. Die Arbeitsmigrant_innen möchten nicht „mit leeren Händen" in ihre Heimat zurückkehren. Zudem fürchten sie eine Entfremdung vom Herkunftsland, das sie vor etwa 50 Jahren verlassen haben und das sich über diesen langen Zeitraum stark verändert hat (ebd., S. 69 ff.).

Viele Rückkehrwünsche werden zu „Rückkehrillusionen" (Zeman, 2005, S. 70 f., in Anlehnung an: Dietzel-Papakyriakou, 1993), da sie nie realisiert werden. Während Heimweh, besseres Klima oder geringere Lebenshaltungskosten mögliche Motive für eine angestrebte Rückkehr darstellen können, ist die faktische Rückkehr auch von politischen Faktoren, der Realisierung der Migrationsziele sowie der familiären und gesundheitlichen Situation abhängig (Zeman, 2005, S. 71 in Anlehnung an: Pagenstecher, 1996).

Studien belegen, dass für die meisten Migrant_innen, die in der zweiten Lebenshälfte in Deutschland leben, eine Rückkehr keine Rolle mehr spielt und sie ihren Lebensabend im Aufnahmeland verbringen möchten (BAMF, 2012, S. 8; Sauer, 2014, S. 99). Etwa zwei Drittel haben sich entschieden, für immer in Deutschland zu bleiben[27] (Hubert, Althammer & Korucu-Rieger, 2009, S. 36), und nur 3,1 % der Türk_innen ab 65 Jahren verlassen Deutschland dauerhaft, wobei knapp ein Fünftel aller Fortzüge türkischer Staatsangehöriger auf Türk_innen ab 65 Jahren entfällt (Schimany, Rühl & Kohls, 2012, S. 313).

Je länger Migrant_innen in Deutschland leben, desto weniger verlassen sie es dauerhaft. Ab einer Aufenthaltsdauer von 30 Jahren steigt der Anteil der Wegzüge jedoch wieder, was auf die Reimmigration im Ruhestand hinweisen könnte (ebd., S. 320).

Unabhängig vom Verbleib weisen türkische Migrant_innen eine hohe Verbundenheit mit ihrem Herkunftsland auf. 74,4 % der Türk_innen ab 65 Jahren fühlen sich stark bzw. sehr stark mit ihrem Heimatland verbunden (Myllymäki-Neuhoff, 2006, S. 251; Özcan & Seifert, 2005, S. 34). Mit zunehmendem Alter sinken die Einbürgerungsabsicht und die Selbstidentifikation als Deutsche. Die deutschen Sprachkenntnisse werden häufig als schlecht bewertet und überwiegend wird die Muttersprache gesprochen. Nur gut ein Drittel der Personen im Rentenalter pflegen interethnische Freundschaften (ebd., S. 32 ff.).

Neben dem Verbleib in Deutschland und der Rückkehr in die Türkei ist bei Migrant_innen im Rentenalter noch eine dritte Lebensform zu beobachten, die sogenannte *Pendelmigration.* Pendelmigration bedeutet die „fortwährende Migration zwischen zwei Ländern, die regelmäßig (zirkulär) oder unregelmäßig erfolgt und wobei die Aufenthaltsdauer unterschiedlich lang sein kann“ (Schimany, Rühl & Kohls, 2012, S. 306). Rückkehr oder Verbleib bleiben dabei zunächst offen. Das Pendeln ermöglicht das Zurückgreifen auf die Ressourcen beider Länder. Mit der in Deutschland bezogenen Rente können die Ruheständler_innen in ihren Heimatländern oft in größeren, besser ausgestatteten Wohnungen leben; zudem können sie dort die überdurchschnittlich hohen Lebenshaltungskosten vermeiden, von denen die deutschen Ballungsgebiete, in denen sie häufig leben, geprägt sind (Zeman, 2005, S. 74 f.).

[27] Die dauerhafte Aufenthaltsorientierung hat in den letzten Jahren generell zugenommen. Das SOEP differenziert die Aufenthaltsorientierung nach Alterskategorien und zeigt, dass gut zwei Drittel der 18–40-Jährigen in Deutschland bleiben wollen, 51,8 % der 45–64-Jährigen diese Auffassung teilen und 56,1 % der Personen ab 65 Jahren sich für einen Verbleib entscheiden (Özcan & Seifert, 2005, S. 31 in Anlehnung an: SOEP, 1997/2002). Die der mittleren Alterskategorie angehörenden Personen scheinen in ihrer Orientierung noch am unsichersten zu sein. Sie sind teilweise in der Türkei aufgewachsen und haben daher eine stärkere Verbundenheit mit dem Herkunftsland als die jüngere Alterskategorie. Da sie vermutlich aber noch im Erwerbsleben stehen, verschieben sie ihre endgültige Entscheidung voraussichtlich auf den Ruhestand.

Da sich im Pendeln das Leben in beiden Ländern vereinen lässt, nimmt dieser Trend generell zu (Özcan & Seifert, 2005, S. 31). Das Pendeln ermöglicht die transnationale Organisation des Lebens und stellt vor allem für die jungen Alten eine aktive Form der Lebensgestaltung dar. Meist treffen die pendelnden Migrant_innen keine Entscheidung darüber, was im Falle von gesundheitlichen Einschränkungen, die das Pendeln verhindern und die Entscheidung für den Verbleib in einem Land nötig machen, passieren wird (ebd., S. 307 f.).

3.4.3 Kontakte und Netzwerke

Ethnisch heterogene Netzwerke mit Kontakten zu Deutschen gelten als bedeutsam für eine gelingende Integration, da sie die soziale Integration widerspiegeln (Haug, 2010, S. 5; Janßen & Polat, 2005, S. 14).

Sauer hat im Auftrag der Stiftung Zentrum für Türkeistudien und Integrationsforschung herausgefunden, dass 95 % der Türk_innen Kontakte zu Deutschen haben, die sich häufig auf mehrere Lebensbereiche erstrecken. Die meisten interethnischen Kontakte finden im Bekanntenkreis und der Nachbarschaft statt. Die 5 % Türk_innen, die keine Kontakte zu Deutschen haben, gehören vor allem der ersten Generation türkischer Einwanderer an, die oft religiös sind, geringere Sprachkenntnisse haben und als am Wenigsten integriert gelten. Interkulturelle Freizeitkontakte sind vor allem bei Personen ab 60 Jahren in geringerem Maße zu verzeichnen. Viele über 60-Jährige wünschen sich dennoch mehr Kontakte zu Deutschen, sind aber z. B. häufig nur Mitglied in türkischen Vereinen (Sauer, 2011, S. 115 ff.; Haug, 2010, S. 6).

Auch das Geschlecht spielt dabei eine Rolle: Haug verdeutlicht in ihrer Studie, dass Migrantinnen ebenso wie Ältere im Alltag deutlich seltener Kontakte zu Deutschen haben als männliche Migranten. Vor allem türkischstämmige Frauen seien mit geringerem „aufnahmelandspezifischem sozialen Kapital“ (ebd., S. 8) ausgestattet als andere Zuwandergruppen.

Da Schule, Universität und Arbeitsplatz Orte sind, an denen täglich Kontakte zu Deutschen stattfinden, haben Haug zufolge besonders Personen, die nicht zu derartigen Systemen gehören, teilweise keinerlei Kontakte zu Deutschen (ebd., S. 5). Arbeitsplatz, Nachbarschaft und Freundeskreis identifizierte das Zentrum für Türkeistudien 2014 als zentrale Kontaktplätze türkischer Migrant_innen zur deutschen Gesellschaft (Sauer, 2014, S. 71).

Janßen und Polat haben in einer Untersuchung mit türkischen Migrant_innen der zweiten Generation gezeigt, dass das soziale Netz türkischer Migrant_innen hauptsächlich aus ihrer Kern- und Herkunfts-familie besteht und Freunde bei ihnen eine eher untergeordnete Rolle spielen (Janßen & Polat, 2005, S. 12). Haug macht in ihrer Studie deutlich, dass Türk_innen diejenige Gruppe darstellten, die mit 14 % am häufigsten gar keine freundschaftlichen Kontakte zu Deutschen pflegten und zugleich die meisten täglichen freundschaftlichen Kontakte zur eigenen ethnischen Gruppe hätten. Die engsten Bezugspersonen türkischer Migrant_innen stammten aus der eigenen Ethnie; die „ethnische Homogenität der Bekanntschafts- und Freundesnetzwerke“ (Haug, 2010, S. 6) sei bei türkischen Migrant_innen am stärksten ausgeprägt. Türk_innen hätten mit 45 % am häufigsten auch keine familiären Kontakte zu Deutschen z.B. durch interethnische Eheschließungen und ihre Nachbarschaftskontakte fänden häufig mit Nachbar_innender eigenen Ethnie statt (ebd.).

Die Kontakte türkischer Migrant_innen sind Janßen und Polat zufolge größtenteils auf Personen mit gleichem sozioökonomischem und beruflichem Status sowie derselben Herkunft beschränkt. Kontakte außerhalb des Stadtteils seien eher selten, da die Wohnungen von Eltern und Geschwistern meist fußläufig entfernt seien. Die Nähe zur Familie sei ausschlaggebend für die Wahl des Wohnorts. Schlechtere Wohnungen würden für die Nähe zur Familie in Kauf genommen. Dies sei ein Hinweis dafür, dass nicht ethnische Segregation gewünscht sei und der Wohnort nach Ethnie gewählt werde, sondern vielmehr die im selben Quartier wohnende Familie den Wohnort bestimme. Diese Tatsache führe letzten Endes dazu, dass Bezirke vermehrt von bestimmten Ethnien bewohnt würden und sich in unterschiedlichen Quartieren verschiedene Ethnien konzentrierten (Janßen & Polat, 2005, S. 13 f.).

Die Familie stelle teilweise wichtige Ressourcen bereit, könne aber in manchen Bereichen, vor allem im Bildungsbereich, keine ausreichenden Ressourcen liefern. Eltern würden häufig das deutsche Schulsystem nicht kennen und hätten mangelnde Sprachkenntnisse, sodass sie ihre Kinder nicht ausreichend bei der schulischen Ausbildung unterstützen könnten (ebd., S. 13). Die an die Schule anschließende Ausbildung werde häufig durch eine frühe Heirat und zeitnahes Kinderbekommen verhindert (ebd.).

Janßen und Polat identifizieren eine kulturelle Distanz zwischen Deutschen und Personen türkischer Herkunft, die auf unterschiedliche Lebensgewohnheiten und Formen der Freizeitgestaltung zurückzuführen sei. Die soziale Distanz der türkischen Migrant_innen zu den Deutschen spiegele die soziale Distanz der Deutschen gegenüber Personen türkischer Herkunft wider (ebd., S. 14).

Studien zeigen einen Schichtbezug der sozialen Homogenität, der Familienzentriertheit sowie des begrenzten sozialen Kapitals: Diese Merkmale seien vermehrt in Arbeiter_innenhaushalten zu finden (ebd., S. 14 in Anlehnung an: Elias & Scotson, 1993). Während die erste Generation türkischer Zuwanderer auf dem Arbeitsmarkt durch eine Tätigkeit in der

Industrie noch als gut integriert hätte bezeichnet werden können, herrschten in diesem Wirtschaftszweig heute häufig prekäre Beschäftigungsverhältnisse vor (ebd., S. 14). Die soziale Schicht sei entscheidender für die Leistungsfähigkeit und das soziale Kapital der Netzwerkbeziehungen als die ethnische Zughörigkeit (ebd., S. 15).

Zusammenfassend stellen die Studien fest, dass bei türkischen Migrant_innen zwar ein Rückzug in die Kleinfamilie zu beobachten sei, dennoch keine völlige Abschottung in eine eigene, parallele Lebenswelt stattfinde, die räumlich, sozial und kulturell bedingt sei.[28] Ein dauerhaftes Ausgrenzungsrisiko bestehe dennoch vor allem im Bildungsbereich und auf dem Arbeitsmarkt (ebd., S. 16 f.).

Es wird aber auch deutlich, dass türkische Migrant_innen die geringsten familiären Beziehungen zu Deutschen aufweisen, die Kontakte zur eigenen Ethnie in allen Lebensbereichen sehr stark und ihre Bekanntschafts- und Freundesnetzwerke am ehesten ethnisch homogen sind.

Personen über 60 Jahre oder mit schlechten Deutschkenntnissen, niedriger beruflicher Stellung sowie defizitärer Bildung oder geringem Einkommen gelten laut einer Studie von Halm und Sauer vermehrt als segregiert (Halm & Sauer, 2006, S. 23 f.). Die Erfüllung eines dieser Merkmale beinhaltet häufig ein weiteres. So haben türkische Migrant_innen über 60 Jahre, die der ersten Generation der Einwanderer angehören, häufig mangelnde Deutschkenntnisse und Personen mit geringem Bildungsniveau oft auch ein geringes Einkommen bzw. eine niedrige berufliche Stellung und Qualifikation. Die Ergebnisse veranschaulichen, dass präventiv angesetzt werden muss, um zu verhindern, dass Personen mit bestimmten Merkmalen in parallelgesellschaftliche Strukturen abdriften.

[28] Ein gleichgültiges Nebeneinander verschiedener Ethnien zeige sich vorwiegend in Stadtgesellschaften. Kanada wird bei Janßen und Polat als positives Beispiel für gelungene Integration präsentiert. Dort herrsche eine „unity-within-diversity", die als Einheit in Verschiedenheit beschrieben werden könne, und 83 % der kanadischen Bevölkerung bewerteten Multikulturalität als positiv (Janßen & Polat, 2005, S. 16f.).

4. Erziehungswissenschaftliche Gemeinwesenarbeit am Beispiel von Nachbarschaften

> „Gemeinwesenarbeit passiert überall, wo wir oder auch andere auf ein Bedürfnis stoßen, ein Bedürfnis entdecken und dann überrascht sind, dass dieses Bedürfnis einer sehr großen Anzahl von Menschen gemeinsam ist."
> (Oelschlägel, 2013, S. 190 in Anlehnung an: Steinmeyer, 1969, S. 17)

Im folgenden Kapitel wird zunächst die Gemeinwesenarbeit (*GWA*) beschrieben. Begriffliche Ausdifferenzierungen, Ziele, Arbeitsformen und geschichtliche Entwicklungen werden dargestellt.

Des Weiteren werden Nachbarschaften und deren Bedeutungen definiert sowie Entwicklungen in diesem Kontext aufgezeigt. Abschließend werden Nachbarschaften in Bezug auf Migration beschrieben.

4.1 Gemeinwesenarbeit – Begrifflichkeit und Ziele

Die vorliegende Untersuchung analysiert Nachbarschaftserleben. Ihre Ergebnisse können daher zur Weiterentwicklung der Gemeinwesenarbeit dienen. Die Untersuchung kann dazu beitragen, in Stadtteilen passgenauere Programme im Rahmen des Quartiersmanagements zu entwickeln und den Ansatz der Gemeinwesenarbeit insgesamt weiter voranzubringen.

Die Soziale Arbeit bzw. Sozialpädagogik ist ein Teilbereich der Erziehungswissenschaften, der „im Schnittpunkt zwischen Individuum und Umwelt/Gesellschaft" (Schnee, 2004, S. 14) agiert. Gemeinwesenarbeit wurde in den 1960er-Jahren als dritte Methode der Sozialen Arbeit nach der Einzelfallhilfe und der Gruppenarbeit beschrieben, während in den 1980er-Jahren deklariert wurde, dass GWA nicht als Methode, sondern als Arbeitsprinzip oder Konzept zu verstehen sei (Stövesand & Stoik, 2013, S. 18 f.). Für die GWA sind über die Soziale Arbeit hinaus aber auch andere Disziplinen wie Stadtplanung, Architektur oder Soziologie von Bedeutung (ebd., S. 14, 17).

Als Gemeinwesen wird eine Vielzahl von Personen bezeichnet, „die durch gemeinsame Interessen verbunden sind" (Stoik, 2001, S. 4). Gemeinwesen bezeichnet „einen sozialen Zusammenhang von Menschen, der über einen territorialen Bezug (Stadtteil, Nachbarschaft), Interessen und funktionale Zusammenhänge (Organisationen, Wohnen, Arbeit, Freizeit) oder kategoriale Zugehörigkeit (Geschlecht, Ethnie, Alter) vermittelt ist bzw. darüber definiert wird“ (Stövesand & Stoik, 2013, S. 16). Personen, die bestimmten Gruppen angehören, müssen jedoch nicht zwangsläufig gleiche Interessen haben und zeigen ggf. mit Mitgliedern anderer Gruppen mehr Gemeinsamkeiten als mit der ihnen von außen zugeschriebenen (ebd., S. 27).

Im Bereich GWA existieren zahlreiche unterschiedliche Begrifflichkeiten wie Quartiersmanagement, Empowerment, Sozialraum-Orientierung, Gemeinwesenorientierung, Stadtteilmanagement (ebd., S. 9 ff.) oder soziokulturelle Arbeit[29] (Schnee, 2013, S. 314 ff.). Zudem wird ein Gemeinwesen heute häufig mit dem Begriff des Sozialraums gleichgesetzt (vgl. zur Debatte über Begrifflichkeiten u. a. Stövesand & Stoik, 2013).

GWA wirkt auf „die Probleme von Menschen, die in einem sozialgeografisch definierten Raum leben“ (Schnee, 2004, S. 17), ein, weshalb die Förderung von Nachbarschaften der GWA obliegt (Oelschlägel, 2010, S. 2 ff.). GWA verbindet „soziale Ziele mit ökonomischen, räumlichen, baulichen, ökologischen, rechtlichen und kulturellen Zielen“ (Schnee, 2003, S. 2) und findet vorwiegend in sozialen Brennpunkten[30] statt. Der Ursprung des Arbeitsbereichs liegt in der Settlementbewegung in den USA (Oelschlägel, 2010, S. 3; Schnee, 2004, S. 3).[31]

Meist wird GWA in Städten und weniger in ländlichen Gebieten geleistet. Die randstädtischen Großwohn- oder Hochhaussiedlungen der 1960er- und 1970er-Jahre sowie innerstädtische Quartiere oder solche in der Nähe von Industriegebieten sind typische Territorien für die GWA. Diese Gebiete weisen meist eine schlechte Infrastruktur und hohe Umweltbelastungen auf, haben viele Bewohner_innen, die als arm gelten, und eine schlechte Gebäude- und Wohnungsqualität (ebd., S. 21).

GWA versucht, Probleme im Stadtteil auf lokaler Ebene zu lösen und die Bewohner_innen eines Quartiers zu Eigeninitiative zu bewegen. Sie unterstützt diese in vielen Bereichen und strebt u. a. Verbesserungen folgender Aspekte an: „soziales Klima, räumliche Identität, Bürgerschaftliches Engagement, kulturelles Milieu, Alltagskontakte, Nachbarschaft, Partizipation, Selbst-, Sozial- und Systemvertrauen, Demokratieverständnis, Bildung, Machtbewusstsein, Akzeptanz anderer Leben-

[29] Soziokultur beschreibt „die Gestaltung des sozialen und kulturellen Lebens im Stadtteil“ (Schnee, 2013, S. 317, in Anlehnung an: 2005, S. 62) und beinhaltet sozial- und kulturpädagogische Aspekte (ebd., nach Hinte, Lüttringhaus & Oelschlägel, 2011, S. 239).

[30] Heute werden soziale Brennpunkte vermehrt als „Stadtteile mit besonderem Erneuerungsbedarf“ (Stövesand & Stoik, 2013, S. 21) oder „Stadtteile mit besonderem Entwicklungsbedarf“ (ebd.) umschrieben.

[31] Weitere Aspekte zur historischen Entwicklung der GWA finden sich u. a. bei Oelschlägel, 2013 und Stoik, 2001.

sentwürfe“ (Lüttringhaus, 2011, S. 279 nach Hauser).[32] Ziel der GWA ist es, Fremdheit abzubauen und das Zusammenleben unterschiedlicher Bevölkerungsgruppen zu fördern. Sie setzt sich für Akzeptanz ein, vermittelt, moderiert und schafft niedrigschwellige Zugänge (Lüttringhaus, 2011, S. 280 f.). So ermöglicht sie etwa Begegnungsräume, die frei zugänglich sind und als Treffpunkte genutzt werden können, ohne dass man Eintritt zahlen, einen Termin oder ein spezifisches Problem vorweisen muss (Stövesand & Stoik, 2013, S. 22). Die Lösung gesamtgesellschaftlicher Probleme ist nicht Aufgabe von GWA, wohl aber die Lösung lokal verorteter Probleme. Dennoch müssen die Rechte und Anliegen der Bewohner_innen auch über den Stadtteil hinaus manifestiert werden (ebd., S. 27).

Der Ansatz orientiert sich an den Bedürfnissen der Bewohner_innen, stärkt vorhandene Ressourcen und schafft soziale Netzwerke und Kooperationen mit Politik und Verwaltung, um gemeinsam Lösungsansätze entwickeln zu können. Darüber hinaus vermittelt GWA mit anderen Systemebenen wie Politik, Verwaltung oder Wirtschaft, weshalb ihr eine intermediäre[33] Rolle zukommt (Lüttringhaus, 2011, S. 277; Schnee, 2003, S. 3 ff.). Sie übersetzt die Bedürfnisse der Bewohner_innen für die Politik und umgekehrt, womit sie als Bindeglied zwischen Politik und Bewohner-_innenschaft fungiert (Fehren, 2013, S. 275; Stövesand & Stoik, 2013, S. 28 ff.). GWA agiert sowohl von oben nach unten als auch umgekehrt. Sie kann und will nicht die Bedeutung von Institutionen im Stadtteil ersetzen, wie Kirchen, Moscheevereinen, Schulen, Einzelhändler_innen etc., die eine ebenso wichtige Bedeutung für die „Stabilisierung von Quartieren“ (Fehren, 2013, S. 275) haben.

GWA schafft Lernsettings und befasst sich mit Erwachsenenbildung. Dabei sollte sie Geschlechterverhältnisse im Blick haben. Sie braucht rechtlich verankerte Finanzierungssicherheit (Fehren, 2013, S. 275; Stövesand & Stoik, 2013, S. 28 ff.).

Es gilt, Konflikte, die entstehen, zuzulassen, um Konfliktpotenzial erkennen und beseitigen zu können (Troxler, 2013, S. 59 in Anlehnung an:

---

[32] Was GWA leisten kann, verdeutlicht u. a. die Diskussion über den Moscheeneubau in einem Stadtteil in Essen. Während dieser bei manchen Stadtteilbewohner_innen zunächst auf Widerstand stieß, konnte durch die Gemeinwesenarbeiter_innen mithilfe vielfältiger Beteiligungsprozesse die Akzeptanz des Neubaus erreicht und die Moschee als Ort des interkulturellen und interreligiösen Dialogs etabliert werden (Fehren, 2013).

[33] Stövesand und Stoik plädieren für eine Mischung aus Intermediarität und Parteilichkeit (Stövesand & Stoik, 2013, S. 28 f.). GWA befindet sich permanent in diesem Spannungsfeld; teilweise wird ihr unterstellt, sie vertrete zu stark institutionelle Interessen und orientiere sich zu wenig an der Lebenswelt der Bewohner_innen (Fehren, 2013, S. 276 in Anlehnung an: Bitzan u. a., 2005).

Boer, 1970, S. 223), denn Veränderungen der „Situation unterprivilegierter Gruppen“ (Troxler, 2013, S. 64) führen zwangsläufig zu Widerstand.[34]

Eine Vielzahl von Methoden findet Anwendung in der GWA: Gemeinwesenbeobachtung, Expert_inneninterviews, aktivierende Befragung, Gruppenarbeit, Moderation und Projektmanagement stellen klassische Methoden des Arbeitsfeldes dar (Lüttringhaus, 2011, S. 5). GWA ist immer an der Lebenswelt und dem Sozialraum der Menschen orientiert, denn „wer Menschen befähigen will, ihre Möglichkeiten zu erweitern, muss innerhalb ihrer Lebenswelt agieren“ (Lüttringhaus, 2011 S. 277).

Das Arbeitsfeld der GWA ist sehr heterogen, unterscheidet sich in verschiedenen Ländern, agiert mit unterschiedlichen Begrifflichkeiten und ist ein Arbeitsbereich, in dem unterschiedliche Professionen wie Sozialarbeiter_innen, Stadtplaner_innen, Architekt_innen oder Soziolog_innen beschäftigt sind, die mit Bewohner_innen Entscheidungen treffen, Ideen entwickeln und diese auf lokaler Ebene im Stadtteil umsetzen. Die Mitarbeitenden im Bereich GWA sollten aufgrund der Vielfältigkeit des Arbeitsbereichs Kenntnisse aus verschiedenen Disziplinen mitbringen: Stadtentwicklung und -planung, Architektur, Soziologie, Psychologie, Pädagogik und Ökonomie sind Bereiche, die ihnen vertraut sein sollten. Die Diversität involvierter Theorien wird weniger als Defizit, sondern vielmehr als Ausdruck von Vielfalt betrachtet (Stövesand & Stoik, 2013, S. 17, 23).

Die heutige GWA steht aufgrund soziodemografischer Veränderungen wie der Pluralisierung der Lebensstile, sinkender Geburtenraten und einer längeren Lebenserwartung vor großen Herausforderungen (Teske, 2013, S. 341). Der demografische Wandel führt dazu, dass neue Wohnkonzepte entwickelt und ältere Menschen in das Leben im Quartier integriert werden müssen (ebd., S. 338 ff.). Fehren führt die Zunahme der Bedeutung von GWA bzw. integrierter Stadtteilentwicklung auf das Anwachsen von Segregationsprozessen im Sozialraum, komplexere Probleme in den Stadtteilen und den Rückgang politischer und finanzieller Handlungsmöglichkeiten der Kommunen zurück (Fehren, 2013, S. 274).

Zukünftig werden ältere Bewohner_innen zunehmend in ihrem gewohnten Umfeld verbleiben, was ihre Einbindung in das Gemeinwesen und die Frage nach den Potenzialen nachbarschaftlicher Beziehungen in den Fokus rückt. Das familiäre Unterstützungspotenzial verringert sich, wodurch familienähnliche Beziehungen in Nachbarschaften bedeutsamer werden können. Person-Umwelt-Beziehungen in Forschung und Praxis gilt es, in den Blick zu nehmen (Oswald & Krichelhoff, 2015). Der Begriff der „Caring Community“ im Sinne einer „sorgenden Gemeinde“, „sorgenden Gemein-

[34] Zu Leit- und Qualitätsstandards der GWA siehe BAG Soziale Stadtteilentwicklung und Gemeinwesenarbeit, 2016 sowie Lüttringhaus, 2011.

schaft“ bzw. „Verantwortungsgemeinschaft“ gewinnt an Bedeutung, denn die Prognose der Lebenserwartung ist nicht primär von physischen Erkrankungen abhängig, sondern vielmehr von der Qualität der sozialen Netzwerke (Klie, 2014, S. 10 f.).

4.2 Nachbarschaft – Begriffliche Einordnung und Entwicklungen

> „Nachbarn sind ein Geschenk. Und wie das bei Geschenken nun einmal so ist: Man kann sie sich nicht aussuchen.“
>
> (zuhause.de, 2016)

Das folgende Unterkapitel widmet sich dem Thema Nachbar_innen und Nachbarschaften. Zunächst werden diese Begriffe definiert, bevor anschließend historische Wandlungsprozesse und Einflussfaktoren auf nachbarschaftliche Beziehungen beschrieben werden. Anschließend wird auf interkulturelle Nachbarschaften Bezug genommen.

Der Begriff „Nachbar“ stammt vom mitteldeutschen „nahgebur“, was „der nahe Wohnende“ oder auch „der nahe Bauer“ bedeutet (Siebel, 2009, S. 1 in Anlehnung an: Kluge, 1995). Mit Nachbar_in wird eine in der näheren Umgebung wohnende Person bezeichnet. Eine „Nachbarschaft“ ist die Gesamtzahl aller Personen, die jemand als Nachbar_innen bezeichnet. Nachbarschaften gelten als in einem Territorium gebundene, homogene Gemeinschaft in einer kleinen Einheit. Sie gestatten „ein wohlgeordnetes, auf ein Gebiet bezogenes soziales Zusammenleben, welches es möglich macht, soziale Unterstützung und Integration im Nahraum zu finden“ (Reutlinger, Lingg, Sommer & Stiehler, 2011 S. 226). Nachbarschaften werden heute vorwiegend räumlich definiert und als geografischer Umstand beschrieben, der praktisch genutzt wird (Siebel, 2009, S. 4 f.).

Als Nachbar_innen gelten in der vorliegenden Untersuchung „soziale Gruppe[n], deren Mitglieder primär wegen der Gemeinsamkeit des Wohnortes miteinander interagieren“ (Schnur, 2008, S. 26 nach Hamm, 1973, S. 17 f.). Bei dieser Begriffsbestimmung sind räumliche Begrenzungen eher zweitrangig. Vielmehr ist ausschlaggebend, wie die einzelnen Bewohner_innen ihre Nachbarschaften definieren. Ähnlich bestimmt auch Siebel diesen Begriff, wenn er die Beziehungen zwischen Nachbar_innen als informelle Beziehungen kategorisiert, die auf räumlicher Nähe beruhen (Siebel, 2009, S. 1). Wie weit räumliche Nähe dabei reicht, bleibt offen und somit individuell auslegbar. Während die einen lediglich das eigene Mietshaus oder die direkt angrenzenden Häuser einbeziehen, denken andere möglicherweise an den kompletten Straßenzug oder gar den Stadtteil im engeren Sinne.

In der Vormoderne lebten Nachbar_innen in ähnlichen Verhältnissen und gehörten dem gleichen Stand an. Sie hatten Allmende[35] und galten als Produktionsgemeinschaften, da die Wohnumgebung Wohn- und Arbeitsort zugleich darstellte. Darüber hinaus waren Nachbar_innen eine wichtige Informationsquelle, da moderne Kommunikationsmedien nicht vorhanden waren (Siebel, 2009, S. 2).

Die Funktion von Nachbarschaften hat sich heute stark verändert: Gemeinsam genutzte Flächen verschwinden, moderne Kommunikationsmedien, die für die meisten zugänglich sind, ersetzen Nachbar_innen als Informationsquelle und die Trennung von Wohn- und Arbeitsort macht aus der früheren Produktionsgemeinschaft einen Ort für Konsum und Freizeit. Nachbarschaftliche Hilfesysteme werden vermehrt durch institutionelle Hilfen abgelöst und Vereine sowie Parteien decken Kommunikationsbedürfnisse und Aktivitäten ab. Das frühere Abhängigkeitsverhältnis ist somit aufgehoben (ebd.) und moderne Nachbarschaften benötigen ein Gemeinschaftsgefühl, um miteinander zu interagieren, da man nicht mehr aufeinander angewiesen ist. Die Zugehörigkeit zu einer bestimmten Nationalität oder die Tatsache, zu den ersten Einwohner_innen einer Region zu gehören, kann dabei identitätsstiftend sein (Gollnick in: Schilling, 1997, S. 305 f.).

Sozialräume sind größtenteils vom Wohnort abgekoppelt und Grenzen sind nicht mehr an Räume gebunden, sondern vor allem sozial bedingt (Beck & Perry, 2008, S. 117; Häußermann, 2007, S. 234). Beck und Perry bezeichnen dies als eine „Entwurzelung" von immer mobiler werdenden Personen „mit über räumliche Grenzen hinweg funktionierenden sozialen Netzen und sozialen Räumen" (Beck & Perry, 2008, S. 118).

Darüber hinaus existieren Nachbarschaften heute meist nicht mehr ein Leben lang und sind nicht mehr schicksalhaft, sondern frei gewählt. Die Wahlfreiheit von Großstädter_innen ist dabei deutlich größer (Wietschorke, 2012, S. 111). Es können intensivere Freundschaften aufgebaut werden als innerhalb eines Dorfes, das eher als „Notgemeinschaft" (Siebel, 2009, S. 5) angesehen werden kann und in dem nachbarschaftliche Hilfen im direkten Umfeld häufiger in Anspruch genommen werden. Die Entscheidungsfreiheit in Städten bringt aber mit sich, dass Nachbar_innen nicht mehr zwangsläufig die gleichen Normen und Werte besitzen (ebd.).

[35] Allmende beschreiben Gemeinschaftsbesitze: Flächen wurden gemeinsam von Nachbar_innen genutzt, wodurch diese sich häufig begegneten und gezwungen waren, miteinander zu kooperieren.

Nachbarschaftliche Hilfen werden heute generell äußerst ungern in Anspruch genommen und Anwohner_innen fungieren eher als „Lückenbüßer", bis Verwandte oder Freund_innen verfügbar sind. Die Hilfeleistungen von Nachbar_innen sind tendenziell kurzfristig und unregelmäßig, werden teilweise bezahlt und Geliehenes wird so schnell wie möglich wieder zurückgegeben. In Neubausiedlungen sind anfänglich häufig intensivere Nachbarschaftsbeziehungen zu beobachten, die sich nach einiger Zeit wieder relativieren (ebd., S. 5 f.).

Bei der Herstellung sozialer Nachbarschaft sind neben räumlichen Faktoren gemeinsame Interessen oder ähnliche Lebensstile wichtige Faktoren (Beck & Perry, 2008, S. 122; Häusermann, 2007, S. 237; Siebel, 2009, S. 1, Abschnitt 4.3). In der heutigen Zeit findet man jedoch pluralisierte Lebensstile, die Gemeinsamkeiten zunehmend auf ein Minimum reduzieren und bestenfalls das Leben in *ähnlichen* sozialen Räumen ermöglichen, nicht mehr in *gleichen* (Beck & Perry, 2008, S. 117; Siebel, 2009, S. 1 ff.). Nachbar_innen werden auf Distanz gehalten, da man ihnen immer wieder begegnen muss (ebd., S. 3), und vor allem Stadtgesellschaften werden mobiler, was neben der Wahlfreiheit zu anonymeren Nachbarschaften führt (Beck & Perry, 2008, S. 115).

Als ideale Nachbarschaften gelten heute diejenigen, in denen man im Bedarfsfall Hilfe leistet, ansonsten aber einen gewissen Abstand wahrt. Schilling beschreibt diesen Wunsch als „eine Wertekombination. Solidarität, wenn es die Not gebietet. Fremdbleiben, wenn es die individuelle Verwirklichungsmöglichkeit erfordert" (Schilling, 1997, S. 10). Er identifiziert dieses Ideal als „Verbindlichkeit in der Unverbindlichkeit" und charakterisiert es als die „heute vielleicht signifikanteste Formel für die soziale Relation Nachbarschaft" (ebd., S. 12).

4.2.1 Einflussfaktoren

Die Voraussetzung für eine funktionierende Nachbarschaft ist räumliche und soziale Nähe zwischen Personen (Wietschorke, 2012, S. 94). Da Nachbarschaft immer soziale Interaktionen einschließt (ebd., S. 110 in Anlehnung an: Lichtenberger, 2002, S. 107), wird räumliche Nähe als eine zwar notwendige, aber nicht hinreichende Bedingung für gute nachbarschaftliche Beziehungen beschrieben (Reutlinger, Lingg, Sommer & Stiehler, 2011, S. 230 in Anlehnung an: Müller & Rohr-Zänker, 1998).

Der Nachbarschaft wird eine Position zwischen Verwandtschaft und Freundschaft zugeschrieben, wobei aus Nachbarschaft ein Gefühl der Familienzugehörigkeit werden könne (ebd., S. 8, 118).[36]

Soziolog_innen schreiben der sozialen Homogenität in Nachbarschaften eine zentrale Bedeutung zu. Max Weber benennt als Grundvoraussetzung für Nachbarschaft eine gemeinsame Interessenlage (ebd., S. 117) und Bourdieu schreibt, dass Menschen nichts ferner sei als Personen, die sozial fern, aber räumlich nah seien (Wietschorke 2012, S. 116 f. in Anlehnung an: Bourdieu, 1991, S. 32). Häußermann und Siebel konstatieren: „In sozial homogenen Quartieren ist die Wahrscheinlichkeit intensiver Nachbarschaftsbeziehungen höher als dort, wo die geplant heterogene Zusammensetzung zu Toleranz und Integration führen soll" (Häußermann & Siebel, 2004, S. 111 f. in: Wietschorke, 2012, S. 116). Sie lehnen eine soziale Mischung von Personen verschiedener Herkunft in Nachbarschaften ab, da Migrant_innen dadurch kein stabiles soziales Netzwerk aufbauen könnten, was wichtig für eine gelingende Integration sei (ebd., S. 118).

Auch der zeitlichen Kontinuität und der gleichen Altersstruktur wird eine große Bedeutung zugeschrieben. Gemeinsame Erinnerungen vermittelten Sicherheit (Schilling, 1997, S. 11 f., 25), während Anonymität Vorurteile fördere. Generationenwechsel in Nachbarschaften könnten zu Konflikten führen, da die Altershomogenität aufgelöst werde (ebd., S. 228).

Kaminski definiert drei Kategorien einer idealen Nachbarschaft: Herstellbare Nähe, Gleichheit und Kommunikationsbereitschaft stellen für ihn zentrale Bedingungen für das Gelingen von Nachbarschaft dar. Distanz zu Nachbar_innen bei gleichzeitiger Erreichbarkeit sei ebenso wichtig wie Gleichheit in Alter, Charakter, Gesinnung und Bedürfnissen (ebd., S. 362). Die Nachbarschaften auf dem Land würden häufig als ideal empfunden, während dies in Städten seltener vorkomme. Städter_innen hätten jedoch auch mehr Vergleichsmöglichkeiten, da sie tendenziell eher verschiedene Nachbarschaften erlebt hätten als Bewohner_innen von Dörfern (ebd., S. 374 f.).

Bei institutionalisierten Nachbarschaften, bei denen z. B. das Wohnungsamt die Belegung steuere und soziale Mischung oder Trennung initiiere, solle sowohl auf die Beteiligung der gegenwärtigen und künftigen Nachbar_innen geachtet werden als auch darauf, dass diese einen Nutzen aus der Planung ziehen könnten. Diese dürfe auch niemanden benachteiligen (ebd., S. 277 f.).

---

[36] Tönnies unterscheidet drei Formen der Gemeinschaft. Während sich die Gemeinschaft des Blutes auf die Verwandtschaft und die des Geistes auf die Freundschaft bezieht, ist die Gemeinschaft des Ortes die Nachbarschaft. Die Gemeinschaft in Form der Freundschaft erfahre die größte Wertschätzung, da sie am ehesten frei wählbar sei (Kimmich, 2012, S. 156).

Zudem solle auf freie Flächen zwischen den Gebäuden geachtet werden, da Räume für die Entstehung von Nachbarschaften von zentraler Bedeutung seien (ebd., S. 281 in Anlehnung an: Wentz, 1997).

Zusammenfassend lässt sich sagen, dass soziale Nähe als Grundvoraussetzung für gute nachbarschaftliche Beziehungen angesehen wird. Diese sei am besten durch Homogenität in Interessenlage, Bedürfnissen, Charakter und Gesinnung sowie Alter und Kultur herzustellen. Personen sollten in die Belegungsverfahren für Wohnungen eingebunden werden, einen Nutzen aus Nachbarschaften ziehen können und durch gemeinsame Orte wie freie Grünflächen Gestaltungsmöglichkeiten für Beziehungen erhalten.

Dass soziale Homogenität als wichtige Voraussetzung für gelingende Nachbarschaftsbeziehungen anzusehen ist, spiegelt sich auch in verschiedenen Untersuchungen in England, Deutschland und der Schweiz wider, die darüber hinaus weitere Einflussfaktoren identifizieren konnten und zu unterschiedlichen Zeitpunkten sowohl in städtischen als auch ländlichen Regionen erhoben wurden (vgl. hierzu Elias & Scotson, 2002; Gollnick in: Schilling, 1997; Reutlinger, Lingg, Sommer & Stiehler, 2011).

Vergleicht man die Untersuchungsergebnisse, lassen sich folgende gemeinsamen Ergebnisse festhalten:

- Je ähnlicher die Sozialstruktur der Nachbar_innen ist, desto größer ist die Wahrscheinlichkeit des sozialen Friedens bzw. einer guten Beziehung der Nachbar_innen untereinander. Ähnlichkeiten beziehen sich auf Alter, Nationalität, Ethnie, Hautfarbe, Beruf, Einkommenshöhe, Bildung, kulturelle Normen und Einstellungen.
- Die lange Interaktionsdauer kann grundsätzlich die Intensität von Beziehungen erhöhen. Gemeinsame Erinnerungen fördern nachbarschaftliche Beziehungen.
- Es ist wichtig, eine gewisse Distanz zu Nachbar_innen zu wahren, um die gegenseitige Kontrolle zu mindern. Eine Balance zwischen Nähe und Distanz muss hergestellt werden.
- Das Konfliktpotenzial steigt mit der zunehmenden Anzahl von Personen in der unmittelbaren Nachbarschaft. Je mehr Personen bspw. in einem Wohnhaus leben, desto größer ist die Gefahr, sich z. B. durch Lärm oder Gerüche gestört zu fühlen.
- Ebenso große Bedeutung hat das Wohnumfeld. Architektur und Infrastruktur nehmen Einfluss auf Nachbarschaftsbeziehungen. Es ist wichtig, dass die Architektur Begegnungs- und Gestaltungsmöglichkeiten für ihre Bewohner_innen bereithält.

Trotz der unterschiedlichen Untersuchungsregionen und -zeiträume identifizieren die betrachteten Studien ähnliche Faktoren, die Einfluss auf nachbarschaftliche Beziehungen nehmen. Das deutet darauf hin, dass die identifizierten Einflussfaktoren auch in anderen zeitlichen und räumlichen Kontexten Gültigkeit besitzen.[37]

4.2.2 Nachbarschaft, Alter und Migration

Nachbarschaften gestalten sich zunehmend anonymer und flexibler. Ältere Personen haben in Kindheit und Erwachsenenalter meist noch Nachbarschaften erlebt, die wichtige Hilfs- und Informationssysteme darstellten (vgl. Abschnitt zu Entwicklungen von Nachbarschaften). Sie nehmen demzufolge meist eine starke Veränderung in der Entwicklung von nachbarschaftlichen Beziehungen wahr.

Während nachbarschaftliche Beziehungen in der heutigen Zeit generell an Bedeutung verlieren, sind sie für ältere Menschen von großer Wichtigkeit: Mit voranschreitendem Alter verringert sich die Mobilität, die zum Aufbau und zur Stabilisierung von Beziehungen notwendig wäre (Siebel, 2009, S. 5). Gleichzeitig können Ältere durch die Verringerung ihres Bewegungsradius stärker auf Hilfen im näheren Umfeld angewiesen sein (Goethe-Universität Frankfurt am Main, 2013, S. 7; Menning, 2005, S. 1). Mit dem Rentenalter verbringen sie zudem deutlich mehr Zeit in ihrer eigenen Wohnung (Claßen, Oswald, Doh, Kleinemas & Wahl, 2014, S. 40), was die mögliche Konfrontation mit Nachbar_innen erhöhen kann.

Außerdem haben Nachbarschafskontakte für Ältere oft einen hohen Stellenwert, da sie teilweise seit Jahrzehnten mit denselben Nachbar_innen in ihren Häusern leben und zusammen alt geworden sind. In den 1950er- und 1960er-Jahren haben viele heute ältere Personen Wohnungen in Siedlungen bezogen und sind dort wohnen geblieben, was dazu führt, dass diese heute zu großen Teilen altershomogen sind (Schumacher & Stiehr 2000, S. 57; vgl. auch Beck & Perry, 2008 zur Bedeutung von Nachbarschaften für ältere Personen).

Während bei Personen deutscher Herkunft Nachbarschaft mit zunehmendem Alter tendenziell wichtiger wird, sind nachbarschaftliche Beziehungen für Personen türkischer Herkunft bereits im jungen Erwachsenenalter von zentraler Bedeutung, da Familienmitglieder häufig im selben Stadtteil leben, also die Familie als Nachbar_in ausgewählt wird, und oft nur wenige Beziehungen außerhalb des Stadtteils bestehen (Janßen & Polat, 2005, S. 13 f.; Saer, 2014, S. 75 ff.).

Betrachtet man die Situation türkischer Migrant_innen im Rentenalter, können diese zwar bei zunehmender Mobilitätseinschränkung ebenfalls ver-

[37] In der Analyse des Nachbarschafterlebens im Rahmen der vorliegenden Untersuchung wird auf diese Faktoren an gegebener Stelle Bezug genommen.

mehrt auf ihre Nachbarschaften angewiesen sein, zugleich sind sie oft nicht so verwurzelt wie Deutsche gleichen Alters, da sie häufig zwischen ihrem Herkunftsland Türkei und dem Aufnahmeland Deutschland pendeln und mehrmonatige Aufenthalte in beiden Ländern zu verzeichnen sind (u. a. Özcan & Seifert, 2005).

Die meisten türkischen Migrant_innen der ersten Generation in Deutschland stammen aus ländlichen Gebieten in der Türkei. Sie waren in der Türkei mit einfachen Wohnbedingungen konfrontiert (Günes, 2007, S. 77). Aus diesen dörflichen Gegenden zogen viele junge Menschen zumindest für die Sommermonate weg und wohnten in größeren Städten, da sie dort eher Arbeit fanden als auf dem Land. Dies kann als erste Migration bezeichnet werden, an die sich schließlich die zweite Migration nach Deutschland anschloss (ebd., S. 78 ff.).

In der Türkei leben Kinder meist bis zur Ehe und sogar teilweise darüber hinaus bei ihren Eltern (ebd., S. 92).[38] Im Falle von Pflegebedürftigkeit der Eltern ist es nicht unüblich, dass Eltern bei ihren Kindern einziehen oder umgekehrt (ebd., S. 97 f.).

In Deutschland bewohnten die türkischen Einwanderer anfangs häufig zusammen mit Kolleg_innen Gemeinschaftsunterkünfte oder räumlich sehr begrenzten Wohnraum, was viele aufgrund der ähnlich beengten Bedingungen in der Türkei nicht störte. Erst mit der Zeit entstand bei ihnen das Bedürfnis nach besserem Wohnraum (ebd., S. 108).

Die Gestaltung einer Wohnung spielt für türkische Migrant_innen eine eher untergeordnete Rolle. Enge Verwandtschaftsbeziehungen und der Zusammenhalt sowie das Teilen unter Freund_innen und Nachbar_innen sind in der Türkei wichtiger (ebd., S. 91). Die Einrichtung der Wohnungen in der Türkei ist so gestaltet, dass es ausreichend Platz für Gäste gibt und diese sich wohlfühlen können (ebd., S. 109).

Generell können türkische Nachbarschaftsbeziehungen als sehr eng beschrieben werden. Man kennt meist alle Nachbar_innen in der Straße und besucht sich gegenseitig zu Hause. Es entsteht ein Gefühl der Zusammengehörigkeit. Als typisches Merkmal türkischer Wohnkultur gilt Gastfreundschaft, die Türk_innen häufig auch von Deutschen zugeschrieben wird (ebd., S. 87 ff.; Kosan, 2016, S. 109).

Personen türkischer Herkunft, die mittlerweile seit mehreren Jahrzehnten in Deutschland leben, haben ähnliche Wohnungseinrichtungen wie Deutsche gleichen Alters, importieren jedoch Gardinen oder Teppiche oft aus der Türkei. Sie haben die türkische Empfangskultur für Gäste beibehalten, bewerten nachbarschaftliche Beziehungen nach wie vor als sehr wichtig und

[38] Auch bei den in Deutschland lebenden Türk_innen findet ein Auszug häufig erst nach der Eheschließung statt (Janßen & Polat, 2005, S. 12).

wünschen sich immer noch enge Beziehungen zu Nachbar_innen (ebd., S. 97 f.).

Grundsätzlich zeige sich eine Heterogenität der Lebensweisen, was verstärkt zu Abgrenzung führe, so Beck und Perry in ihrer Studie zur Segregation von Nachbarschaften. Diese Abgrenzung sei sowohl unter Migrant_innen als auch unter Deutschen zu spüren und vollziehe sich ebenfalls in interethnischen Nachbarschaften. Die Ergebnisse der Studie illustrieren, dass enge nachbarschaftliche Beziehungen im Allgemeinen seltener werden und unabhängig von Kultur und Herkunft durch unterschiedliche, pluralisierte Lebensstile vermehrt Spannungen ausgesetzt sind (Beck & Perry, 2008, S. 117 f.).

Bezieht man nun die vielfach unterschiedlichen Lebensstile von Personen deutscher und türkischer Herkunft mit ein, könnte diese Heterogenität Konflikte begünstigen.

In den Medien sind nachbarschaftliche Beziehungen zwischen Deutschen und Türk_innen ein vielfach diskutiertes Thema. Manche Dokumentarfilme stellen etwa dar, dass Deutsche ihre türkischen Nachbar_innen nur aus den Medien oder vom „Dönermann nebenan“ (NDR 2011) kennen, und Zeitungsartikel berichten im Jahr 2010 von unbeliebten Türk_innen, die als Nachbar_innen von Deutschen nicht gerne gesehen seien (Süddeutsche Zeitung vom 12.10.2010). In der Presse ist zu diesem Zeitpunkt kontinuierlich von Integrationsproblemen türkischer Migrant_innen und Missverständnissen in deutsch-türkischen Beziehungen und Nachbarschaften zu lesen (u. a. Topcu 2010; Süddeutsche Zeitung vom 12.10. 2010).[39]

Woher kommt diese Ablehnung, woher stammen diese Schwierigkeiten? Die Geschichten und Studien, in denen multiethnische Nachbarschaften zwischen Deutschen und Türk_innen thematisiert werden, liefern erste Anhaltspunkte, welche unterschiedlichen (kulturellen) Gewohnheiten problematisiert werden: Lautstärke, empfundene Fremdheit, Angst vor dem Islam oder diffuse familiäre Verbindungen werden als Indikatoren präsentiert (Topcu 2010; Ergebnisse der Fokusgruppen im Rahmen von BEWOHNT).

Fakt ist, dass Türkeistämmige seltener nachbarschaftliche Beziehungen zu Deutschen pflegen als andere Migrant_innen und mangelnde Kontakt-

[39] Das mediale Interesse an der Integration von und dem Zusammenleben mit türkischen Migrant_innen hat sich reduziert, während Debatten über radikal-islamische Strömungen und zunehmenden Rechtspopulismus den öffentlichen Diskurs v.a. seit dem vermehrten Zuzug von Geflüchteten bestimmen (u. a. Spiegel online vom 02.06.2016; Taz.de; PEGIDA).

möglichkeiten häufig Vorurteile begünstigen (Vortkamp, 2003, S. 215 in Anlehnung an: Wirth).[40]

Hinzu kommt, dass etwa ein Drittel der türkischen Migrant_innen angibt, in den letzten zwei Jahren Benachteiligungen aufgrund ihrer Herkunft erfahren zu haben, die zu etwa einem Fünftel in der Nachbarschaft stattgefunden hätten (Sauer, 2014, S. 81, 84). 2010 äußerten in einer Befragung 38 % der deutschen Jugendlichen, dass sie keine Türk_innen als Nachbar_innen wünschten, während über 57 % der Türk_innen Deutsche als Nachbar_innen begrüßen würden. Türk_innen werden als unbeliebteste Ethnie in Nachbarschaften dargestellt (Süddeutsche Zeitung vom 12.10.2010).

Es ist zu beobachten, dass Migrant_innen in Großstädten häufig deutsche Nachbar_innen haben, die eine prekäre Arbeits- und Wohnsituation aufweisen. Das Zusammentreffen dieser „sozial und ökonomisch marginalisierte[n] Gruppen begünstigt das Entstehen von Konflikten bzw. verstärkt bestehende Konfliktsituationen“ (Schader-Stiftung, 2005, S. 16). Diese Konflikte sind häufig geprägt von Auseinandersetzungen um den knappen Wohnraum oder unterschiedlichen Lebensstilen. Soziale und ökonomische Probleme werden ethnisiert und erschweren die Integration (ebd.).

Die Untersuchungen zeigen, dass mögliche Gründe der negativen Bewertung nachbarschaftlicher Beziehungen seitens Personen deutscher und türkischer Herkunft zum einen in allgemeinen Veränderungsprozessen wie einer zunehmenden Pluralisierung der Lebensstile gesehen werden könnten, die Distanz begünstigen. Zum anderen könnten mangelnde Interaktionen, z. B. aufgrund ethnischer Segregation in den Wohnvierteln oder der Fokussierung auf familiäre Beziehungen bei Türkeistämmigen, mitverantwortlich sein. Die Diskriminierungserfahrungen der Türk_innen durch die Deutschen sowie die häufig prekären Lebenssituationen der Deutschen in deutsch-türkischen Nachbarschaften begünstigen Konflikte. Zudem haben Deutsche und türkische Migrant_innen häufig unterschiedliche Erwartungen an nachbarschaftliche Beziehungen sowie an die Funktion von Nachbarschaften und schreiben sich gegenseitig unterschiedliche Eigenschaften zu, die möglicherweise den Beziehungsaufbau erschweren (Kosan, 2016).

---

[40] Wirth verdeutlicht, dass der Kontakt unter Personen verschiedener Kulturen Vorurteile zwar reduzieren könne, dies aber nicht zwangsläufig erfolgen müsse. Er konstatiert: „The problem is not solved by the obvious and often given advice that we should get to know members of the other race more intimately […] Intimate knowledge of others may lead us to like them more, but also to dislike them more than we did before“ (Wirth, in Vortkamp, 2003, S. 215). Durch Kontakte könnten sich Vorurteile zu Antipathien entwickeln, die erst durch diese entstehen (ebd.).

4.2.3 Wohnen in der türkischen Großstadt – ein Reisebericht

Die Autorin reiste im April 2014 nach Istanbul, um die Vielfalt der türkischen Metropole kennenzulernen. Auf ihrer Reise gewann sie zahlreiche Eindrücke von den Wohnformen in der türkischen Großstadt, die im folgenden Reisebericht beschrieben werden. Dieser dient der Veranschaulichung des Wohnens in einer türkischen Großstadt und wird durch Bilder ergänzt, die während der Reise in verschiedenen Stadtteilen Istanbuls entstanden sind.

Fernsehdokumentationen präsentieren die Stadt am Bosporus als sehr westlich geprägt und weltoffen. Zahlreiche Tourist_innen besuchen die Metropole täglich und vielfältige Reisedokumentationen sind medial zugänglich. Istanbul wird mit architektonischen Kunstwerken, Meer und multikulturellem Großstadtflair präsentiert. Die Stadt erstreckt sich über die beiden Kontinente Europa und Asien. Die beworbenen Sehenswürdigkeiten der Metropole mit 17 Millionen Einwohnern befinden sich in der Altstadt auf der europäischen Seite.

Nimmt man die Eindrücke in den Wohngebieten der Stadt auf, stellen diese sich als uneinheitlich und ungeordnet dar. Es gibt keine gleich aussehenden Reihenhäuser oder ähnliche Baustile, die z. B. Neu- und Altbauquartiere kennzeichnen. Alte, abgewohnte Häuser stehen zwischen Mehrfamilienhäusern und man hat das Gefühl, die neueren Gebäude hielten die alten geradezu fest und gäben ihnen die notwendige Stabilität: Dächer sind teilweise eingestürzt, Fensterscheiben fehlen, lose Ziegelsteine türmen sich auf dem Haus.

Abb. 4: Wohngebiet in der europäischen Altstadt Istanbuls

Die Bauweisen folgen keinem einheitlichen Stil. Die Häuser sind verschieden hoch, haben unterschiedliche Farben und sind aus den verschiedensten Materialien erbaut. Ob Holz, Beton oder Backsteine – der Vielfalt sind keine Grenzen gesetzt. Man gewinnt den Eindruck, Funktionalität, Funktionstüchtigkeit und ggf. zügige Bewohnbarkeit stünden an oberster Stelle und seien bedeutsamer als Nachhaltigkeit. Klimaanlagen hängen außen an der Hauswand und auch diffuse Verkabelungen kann man an den Häuserfassaden sehen. Kabel sind häufig über die Straße hinweg oder bis zum Nachbarhaus gespannt.

Abb. 5: Klimaanlagen und Verkabelung an einer Hauswand in der europäischen Altstadt Istanbuls

Ebenso häufig sind Wäscheleinen auf Balkonen oder gar an Häuserwänden direkt an der Straße zu sehen, ganz anders als in Deutschland, wo Wäsche auf dem Balkon unterhalb der Sichthöhe oder in dafür vorgesehenen Trockenräumen aufzuhängen ist. In Istanbul scheint das Trocknen der Wäsche im Vordergrund zu stehen, nicht die Optik des Hauses.

Abb. 6: Wäscheleine an einer Hauswand in der europäischen Altstadt Istanbuls

Vor den Häusern wird chaotisch und durcheinander geparkt. Teilweise werden Autos auf Bordsteinen, sofern diese vorhanden sind, abgestellt.

Während in Deutschland z.B. Normen für die Höhe von Treppenstufen existieren und sich Passant_innen über Stolpergefahren aktiv beschweren, wird in der Türkei der Barrierearmut nicht einmal ansatzweise gedacht. Zumindest ist das der Eindruck, den man gewinnt, wenn man durch die Straßen läuft und zahlreiche „Stolperfallen" überwinden muss.

Zebrastreifen werden von Autofahrer_innen größtenteils ignoriert und Personen sollten auch an diesen Autofahrer_innen Vorfahrt gewähren. Markierte Fahrspuren wirken wie Richtlinien, nicht aber verbindlich, was sich darin äußert, dass z.T. weitere Fahrspuren durch Autofahrer_innen eröffnet werden. Zahlreiche Hupen sind auffällig zu hören im Straßenverkehr und man kann beobachten, dass Rettungswagen durch Behinderungen seitens der Autofahrer_innen aufgehalten werden.

Abb. 7: Müll am Straßenrand zwischen zwei Häusern

Läuft man durch die Straßen Istanbuls und möchte Müll, wie z.B. ein benutztes Taschentuch, entsorgen, muss man dieses z.T. schon mal eine Weile mit sich herumtragen, denn die Mülleimerdichte ist deutlich geringer als in Deutschland. Vielleicht ist dies eine der Gründe dafür, dass insgesamt viel Müll auf den Straßen liegt. Müll wird nicht wie etwa in Deutschland getrennt. Jedem Wohnhaus steht lediglich eine Mülltonne zur Verfügung, in der der komplette Müll – Verpackungen, Papier, Rest- und Biomüll – gesammelt wird.

Balkone, Hauseingänge oder gar Häuserwände dienen häufig der Aufbewahrung von Gegenständen oder Müll.

Diese Unordnung im Stadtbild wirkt konträr zur Reinlichkeit, die Türk_innen innerhalb ihrer Wohnung präsentieren. Betritt man Wohnungen in der Türkei, ist es oberstes Gebot, seine Schuhe vor der Tür auszuziehen, denn der Schmutz der Straße soll nicht in die Wohnung hineingetragen werden. Während man auf die Reinheit der Wohnung großen Wert legt, scheint die Ordnung in der außerhäuslichen Umwelt weniger wichtig und das Gefühl der Verantwortung für deren Sauberkeit deutlich geringer zu sein.

Abb. 8: Aufbewahrung von Gegenständen an einer Hauswand

Während des Aufenthaltes in Istanbul sammelte die Autorin vielfältige Eindrücke im Kontext städtischen Wohnens in der Türkei. Im städtischen Alltag in Istanbul trifft man auf verschiedene Aspekte des Lebens und Wohnens, die in Quartieren in Deutschland kritisiert werden.

Durch die Eindrücke in Istanbul nahm die Autorin Kenntnis von alltäglichen Gepflogenheiten in der türkischen Großstadt, die seitens der Teilnehmenden deutscher Herkunft in der Gruppendiskussion im Rahmen der vorliegenden Untersuchung gegenüber Migrant_innen kritisiert werden.[41] In der Diskussion beklagten sich die älteren Personen deutscher Herkunft darüber, dass ihre Nachbar_innen ausländischer Herkunft am Sonntag Wäsche draußen aufhängen, Teppiche auf den Balkonen ausschütteln oder die Wohnumwelt nicht ordnungsgemäß reinigten. Betrachtet man nun das Wohnen und Leben in Istanbul, stellt man fest, dass diese Verhaltensweisen dort respektiert und alltäglich sind. Die Funktionalität der Dinge steht im Vordergrund. Es scheint nicht wichtig, ob Nachbar_innen ihre Wäsche an einem Feiertag aufhängen, ob ihre Klimaanlage schief ist oder ihre Häuserfarbe zum Rest des Straßenzuges passt. Bedeutsamer scheint, dass die Häuser bewohnbar und z. B. durch eine Klimaanlage so komfortabel wie möglich ausgestattet sind. Den geringen Raum in der Großstadt machen sich die Bewohner_innen in Istanbul zunutze, was dazu führt, dass die Hauswand als Ablage oder zum Wäschetrocknen genutzt wird. Es wirkt, als gestalte jeder seine Wohnumwelt unabhängig von den Interessen der Nachbar_innen für seine eigenen Zwecke.

Möglicherweise übernehmen türkische Migrant_innen, die in der Türkei aufgewachsen oder denen die Wohn- und Lebensverhältnisse dort vertraut sind, manche dieser Gepflogenheiten auch in Deutschland. Das kann dann dazu führen, dass Personen deutscher Herkunft sich daran stören und es zu Konflikten in Nachbarschaften kommt. Während Nachbar_innen deutscher Herkunft die Verhaltensweise der türkischen Migrant_innen als unangemessen und störend empfinden, ist sie für diese ggf. akzeptabel, da sie damit aufgewachsen sind.

Um nachvollziehen zu können, warum Personen bestimmte Verhaltensweisen praktizieren, ist es hilfreich, ihre Sozialisation und Erfahrungen in den Blick zu nehmen. Unter Einbezug der Eindrücke in Istanbul, ist es nachvollziehbar, warum türkische Migrant_innen ihrer außerhäuslichen Umwelt möglicherweise eine geringere Bedeutung beimessen als manche Personen deutscher Herkunft.

---

[41] Die ausführlichen Ergebnisse der Gruppendiskussionen im Rahmen der vorliegenden Untersuchung werden in Teil II dieser Arbeit dargestellt.

5. Zusammenfassung: Ableitung der forschungsleitenden Annahme und Fragestellung

In den vorangegangenen Kapiteln dieser Arbeit wurden die zugrunde liegenden forschungsleitenden Annahmen dargestellt, die Ziele in Bezug auf die erziehungswissenschaftliche Relevanz formuliert und der theoretische Hintergrund erläutert. Da das Nachbarschaftserleben älterer Personen deutscher und türkischer Herkunft Gegenstand der Untersuchung darstellt, wurde die Bevölkerungsentwicklung in Deutschland beschrieben, sowohl hinsichtlich des demografischen Wandels als auch der Entwicklung zu einer Migrationsgesellschaft. Relevante Untersuchungsergebnisse wurden aufgeführt sowie Migration am Beispiel türkischer Migrant_innen in Deutschland beschrieben und die Darstellungen in den Kontext erziehungswissenschaftlicher Gemeinwesenarbeit gestellt. Im Rahmen dessen wurden die Lebens- und Wohnsituation älterer Personen deutscher und türkischer Abstammung dargestellt und unter Bezugnahme auf historische Entwicklungen die Bedeutung von Nachbarschaften für beide Gruppen herausgearbeitet.

Das Quartier nimmt eine zentrale Rolle für ältere Personen ein, da Altern vermehrt im gewohnten Umfeld stattfindet und gleichzeitig familiäre Netzwerke im sozialen Umfeld abnehmen (Kricheldorff & Oswald, 2015). Ökogerontologische Ansätze verdeutlichen, dass die Verbundenheit und Zufriedenheit mit der Umwelt, u. a. mit der Wohnung und der Nachbarschaft, identitätsstiftend sind und das Wohnenbleiben „in den eigenen vier Wänden" maßgeblich positiv beeinflussen kann (u. a. Oswald & Konopik, 2015 zum Modell des Person-Umwelt-Austausches).

Folgende Herausforderungen für Politik und Gesellschaft können anhand der im theoretischen Hintergrund skizzierten Entwicklungen formuliert werden:

- Für den zunehmenden Anteil älterer Personen mit und ohne Migrationshintergrund gilt es, diese unter Berücksichtigung ihrer individuellen Ressourcen zur Teilhabe sowie zur Aufrechterhaltung nachbarschaftlichen Austausches und kommunalen Integration zu aktivieren, ihnen adäquate Freizeit- und Betreuungsangebote zu unterbreiten sowie eine Infrastruktur im Quartier bereitzustellen, die ihren Bedürfnissen gerecht wird.
- Es besteht ein zunehmender Bedarf kommunaler Unterstützungsangebote z.B. in Form von interkultureller Pflege, da immer mehr Migrant_innen in Deutschland altern.

- Der zunehmende Anteil älterer Migrant_innen erfordert Sprach- und Integrationsangebote sowie eine offene Gesellschaft, die bereit ist, Veränderungen bezüglich der Bewohner_innenstruktur in der BRD anzunehmen.
- Nachbarschaften sind zentrale Begegnungsorte, an denen Menschen in ihrer Freizeit aufeinandertreffen; es braucht Begegnungs- und Gestaltungsmöglichkeiten für den Aufbau (interkultureller) nachbarschaftlicher Beziehungen, da ältere Personen im Alltag häufig in Nachbarschaften mit Migrant_innen aufeinander treffen, was vermehrt mit Konflikten einhergehen kann. In der Nordweststadt wird diese Entwicklung der Nachbarschaften seit geraumer Zeit als „ethnische Prägung" (Frankfurter Rundschau vom 23.01.2006) beschrieben und bereits in verschiedenen Programmen aufgegriffen.

Entwicklung der Grundannahmen 1 und 2: Vielfältige Unterschiede zwischen älteren Personen deutscher und türkischer Herkunft

Bei der vergleichenden Betrachtung der beiden Gruppen älterer Personen deutscher und türkischer Herkunft zeigt sich in der Literatur, dass Ältere deutscher Herkunft tendenziell bis ins hohe Alter eine gute Gesundheit aufweisen, sich wohlfühlen und selten finanzielle Sorgen haben. Sie haben ein gutes Netzwerk sozialer Beziehungen und sind meist sehr verwurzelt an ihrem Wohnort (vgl. Kapitel 2).

Türkische Migrant_innen haben im gleichen Alter oft mehr Erkrankungen, sind physisch und psychisch in schlechterer Verfassung aufgrund hoher Arbeitsbelastungen und ihrer Migrationserfahrungen. Sie verfügen über geringere finanzielle Ressourcen, haben aber ein sehr gutes familiäres Netzwerk. Grundsätzlich sind sie mobiler und pendeln oft zwischen Deutschland und der Türkei (vgl. Kapitel 4).

Grundannahme 1: Vielfältige Unterschiede führen zu Unterschieden im Nachbarschaftserleben

Diese quantitativen Befunde bezüglich der Unterschiede in den Bereichen Gesundheit, Finanzen, soziale Netzwerke und Mobilität legen die Vermutung nahe, dass beide Gruppen auch Unterschiede im Erleben ihrer Nachbarschaften aufweisen und diese für sie möglicherweise eine unterschiedliche Bedeutung haben.

Es ist anzunehmen, dass Personen deutscher Herkunft, die tendenziell gesünder und finanziell besser gestellt sind als ältere türkische Migrant_innen, ggf. eher an Angeboten im Quartier partizipieren. Türkischen Migrant_innen, die vermehrt physische, psychische und finanzielle Beeinträchtigungen innehaben, könnte die Kontaktpflege erschwert sein durch vielfältige Barrieren bei der Teilnahme. Zudem bringen sie möglicherweise vermehrt Ressourcen für die Bewältigung struktureller bzw. elementarer (finanzieller und gesundheitlicher) Probleme auf als für die

Pflege sozialer Netzwerke in Nachbarschaften, da ihnen auch häufig intensive soziale Beziehungen in der Familie zur Verfügung stehen.

Grundannahme 2: Unterschiedlicher Stellenwert der Qualität nachbarschaftlicher Beziehungen
Die quantitativen Befunde führen zur zweiten Grundannahme der vorliegenden Untersuchung, dass ältere Personen deutscher Herkunft ihren Fokus möglicherweise mehr auf dem Gelingen und der Qualität der sozialen Beziehungen in ihrem Nahumfeld haben als türkische Migrant_innen. Es wird davon ausgegangen, dass sie aufgrund der Verwurzelung in ihren Nachbarschaften und ihres dauerhaften Verbleibs Veränderungen intensiver wahrnehmen als ältere Personen türkischer Herkunft, die durch das Pendeln zwischen Deutschland und der Türkei die Wahl zwischen zwei Nachbarschaften haben.

Umsetzung: Wie ist mit den Unterschieden im Rahmen der Forschung und der Gestaltung des nachbarschaftlichen Miteinanders umzugehen?
Bei einem Vergleich der beiden Gruppen ist es wichtig, stets die Balance von Gemeinsamkeiten und Unterschieden auszuloten. Wann ist es überhaupt sinnvoll, bei (älteren) Personen nach Herkunft zu differenzieren, obwohl die ethnische Zugehörigkeit nur ein Merkmal von vielen bei einem Individuum ist und dieses möglicherweise durch andere Eigenschaften stärker geprägt ist? Wird man Individuen überhaupt gerecht, wenn man sie aufgrund eines bestimmten Merkmals einer Gruppe zuordnet?

Erster Schritt zur Überprüfung der Grundannahmen: Auswertung forschungsrelevanter Daten des Forschungsprojektes BEWOHNT
Im Forschungsprojekt BEWOHNT wurden ältere Personen, überwiegend deutscher Herkunft, mit unterschiedlichen quantitativen und qualitativen Erhebungsmethoden zu vielfältigen Aspekten u. a. der Gesundheit, des Wohnens und Wohlbefindens befragt. Die quantitativen Ergebnisse verdeutlichen, dass die befragten Nordweststädter_innen die meisten negativen Veränderungen im Stadtteil wahrnehmen in den letzten fünf bis zehn Jahren im Vergleich zu den beiden anderen Untersuchungsregionen. Ein Blick auf die offenen Nennungen zeigt, dass negative Veränderungen vermehrt mit dem zunehmenden Migrant_innenanteil in der Nordweststadt begründet und vor allem Muslim_innen als kulturell fremd erlebt werden.

Betrachtet man die Äußerungen der Fokusgruppen mit Nordweststädter_innen im Projekt BEWOHNT, wird dort Migration zentral zum Thema gemacht. Aufgrund des vermehrten Zuzugs von Personen ausländischer Herkunft stimme die „soziale Mischung" nicht mehr und türkische Migrant_innen werden im Besonderen problematisiert.

Die empirischen Befunde liefern erste Hinweise, dass ältere Bewohner_innen deutscher Herkunft in der Nordweststadt das Zusammenleben mit Migrant_innen muslimischer bzw. türkischer Prägung als schwierig beschreiben. Sie bilden die Datengrundlage für das Interesse der Erforschung des Nachbarschaftserlebens älterer Personen deutscher und türkischer Herkunft.

Der vorliegenden Untersuchung liegt daher die grundsätzliche forschungsleitende Annahme zugrunde:

> „Nachbarschaften zwischen älteren Personen deutscher Herkunft und Migrant_innen werden als schwierig beschrieben."

Aus beiden Grundannahmen und der grundsätzlichen forschungsleitenden Annahme lassen sich folgende Fragestellungen ableiten:

- Woraus resultieren die negativen Beschreibungen und wie erleben beide Gruppen ihre Nachbarschaften?
- Wo liegen möglicherweise Gemeinsamkeiten, wo Unterschiede in Funktionen, die Nachbarschaften zugeschrieben werden?
- Welchen Beitrag kann anhand dieser Ergebnisse erziehungswissenschaftliche Gemeinwesenarbeit leisten, um das Zusammenleben von Personen deutscher und ausländischer Herkunft positiv zu beeinflussen?

Die Sichtung der Literatur und relevanter Studien zum Altern und Migration bzw. zum nachbarschaftlichen Wohnen älterer Personen deutscher und türkischer Herkunft sowie der empirisch demografischen Daten verweist auf Forschungsdesiderata und lässt diese Fragen offen. Im Rahmen der vorliegenden Arbeit sollen anhand von Gruppendiskussionen mit älteren Personen deutscher und türkischer Herkunft unter Einbezug forschungsleitender Fragestellungen Antworten auf diese Fragen geliefert werden.

Folgende Fragestellungen, die einen Gegenwarts-, Vergangenheits- bzw. Zukunftsbezug aufweisen, leiten die eigene Forschung:

1. Was bedeutet Nachbarschaft für ältere Personen mit und ohne Migrationshintergrund? (Gegenwartsbezug)
2. Wie beschreiben die Teilnehmenden ihre nachbarschaftlichen Beziehungen heute im Vergleich zu früher? (Vergangenheitsbezug)
3. Welche Veränderungen im Hinblick auf die Zukunft in der Nordweststadt können identifiziert werden? (Zukunftsbezug)
4. Welche interkulturellen und intergenerationellen Lernprozesse lassen sich im Kontext von Nachbarschaft identifizieren?

Die Fragestellungen dienen der Beantwortung beider grundlegender Annahmen und beinhalten biographische sowie aktuelle

Bedeutungszuschreibungen und Veränderungserleben. Mögliche interkulturelle und intergenerationelle Lern- und Austauschprozesse, die sich im Kontext von Nachbarschaften wiederspiegeln, sollen aufgezeigt werden und Aufschluss geben, wie interkulturelle und intergenerationelle Nachbarschaftsbeziehungen künftig gefördert werden können.

Teil II: Qualitative Untersuchung zum Nachbarschaftserleben

Die nachfolgenden Kapitel beinhalten die empirische qualitative Untersuchung im Rahmen des Promotionsprojekts. Zunächst wird die Untersuchungsregion Nordweststadt beschrieben, bevor anschließend die qualitative Untersuchung zum Nachbarschaftserleben vorgestellt wird. Das Forschungsdesign mit der Methode Gruppendiskussion und deren Auswertung nach der dokumentarischen Methode wird beschrieben und schließlich die Ergebnisse der Gruppendiskussionen dargestellt und in einem theoretischen Modell zusammengeführt.

6. Untersuchungsregion: Frankfurt am Main mit dem Quartier Nordweststadt

Die Untersuchungsregion für die vorliegende Arbeit stellt das Quartier Nordweststadt in Frankfurt am Main dar. Im Folgenden wird zunächst die Stadt Frankfurt am Main und schließlich das Frankfurter Quartier Nordweststadt beschrieben. Ein detaillierter Einblick in die lokalen Gegebenheiten ist für die Analyse des Nachbarschaftserlebens der befragten Bewohner_innen in dieser Untersuchung wichtig. Zunächst wird die Nordweststadt zahlenmäßig abgebildet, bevor anschließend auf Aspekte des Wohnens eingegangen wird und aktuelle Entwicklungen beschrieben werden.

6.1 Untersuchungsregion: Frankfurt am Main

Die hessische Großstadt Frankfurt am Main hat über 700.000 Einwohner.

Viele ältere Menschen leben in Frankfurt am Main seit Jahrzehnten in ihren Hausgemeinschaften, deren Bewohner_innen kaum wechselten, weshalb sie eine homogene Altersstruktur aufweisen. Die Bewohner_innen bezogen in den 1950er- und 1960er-Jahren als junge Familien die Siedlungen, die heute vor allem Paare und Verwitwete beherbergen, da die Bewohner_innen dort alt geworden sind (Schumacher & Stiehr, 2000, S. 57). Künftig ist in vielen Bezirken mit einem Generationenwechsel zu rechnen, der sich in manchen Wohnsiedlungen bereits vollzogen hat (ebd.; Schader-Stiftung, 2008).

Diese langjährigen Nachbarschaften sind häufig nach festen Regeln organisiert, was im Falle eines Neueinzugs zu Konflikten führen kann. Was zu welchem Zeitpunkt erlaubt ist, wer welche Reinigungsdienste übernimmt und wann eine Haustür abgeschlossen wird, ist für jeden der alteingesessenen Bewohner_innen klar. Ältere Personen müssen damit rechnen, dass vermehrt Fremde in die Quartiere ziehen. Das kann dazu führen, dass Regeln neu ausgehandelt werden müssen und Toleranz im Umgang mit vielfältigen Lebensweisen gefordert ist (Schumacher & Stiehr, 2000, S. 58).[42]

[42] Diese Ergebnisse von Schumacher und Stiehr stammen aus dem Jahr 2000 und da die darin beschriebenen Prozesse noch heute Gültigkeit besitzen, wird hier darauf Bezug genommen. Dass sie immer noch aktuell sind, verdeutlichen die Ergebnisse der Gruppendiskussionen im Rahmen der vorliegenden Untersuchung mit älteren Personen deutscher Herkunft in der Frankfurter Nordweststadt. Auf diese wird an entsprechender Stelle eingegangen.

Frankfurt am Main ist im Allgemeinen durch sehr unterschiedliche Bevölkerungsgruppen geprägt. Einerseits ziehen Fachkräfte, Bänker_innen und hoch qualifizierte Arbeitnehmer_innen in die Stadt – die häufig zügig wieder wegziehen –, andererseits wandern Personen aus Armuts- und Kriegsregionen zu. In Frankfurt existieren mehrere parallele Stadtgesellschaften; es ist aufgrund der stark heterogenen Bevölkerungsgruppen schwierig, von einer gemeinsamen Stadtgesellschaft zu sprechen. Dies geht mit einem Verlust der städtischen Gemeinschaft einher. Begegnungsorte im öffentlichen Raum gewinnen zunehmend an Bedeutung, damit die einzelnen Gruppen sich gegenseitig wahrnehmen können (Kilb, 2014).

Aufgrund des grundsätzlichen Wachsens der Stadt wird Wohnraum knapper und Mieten steigen. Es wird zunehmend Wohnraum benötigt und viele Bewohner_innen kritisieren die stetig wachsenden Neubaugebiete. Viele sprechen sich für einen schrittweisen Zubau aus: Neue Gebiete sollen an bestehende angebaut werden, um eine schnelle Integration in bestehende Strukturen zu ermöglichen; Quartiere, die komplett neu und separiert von anderen Wohngebieten entstehen, benötigen große Investitionen, um zu einer sozialen Gemeinschaft heranwachsen zu können (ebd.).

Die Wohnsituation in Frankfurt am Main wird aktuell in den Medien und der Politik stark diskutiert. Die SPD erklärte 2013: „Frankfurt droht für Normalverdiener und Menschen mit niedrigem Einkommen unbezahlbar zu werden“ (Frankfurter Rundschau vom 26.07.2013). Viele alte Gebäude, häufig seit Jahrzehnten von älteren Bürger_innen bewohnt, werden an Investor_innen verkauft, die die alten Bestände sanieren und zu deutlich höheren Preisen vermieten oder verkaufen. Die aktuellen Mieter_innen sind nicht mehr erwünscht und werden zum Auszug gedrängt. Diese Prozesse, die als *Gentrifizierung* bezeichnet werden, vollziehen sich in mehreren Frankfurter Stadtteilen. Manche Bewohner_innen halten lange an ihren Wohnungen fest und wollen nicht ausziehen, da sie im Stadtteil verwurzelt sind, dort ihre sozialen Kontakte pflegen und keine vergleichbar günstige Wohnung in der näheren Umgebung finden können (u. a. ebd.; Frankfurter Rundschau, 2016; Zeitschrift für kritische Sozialforschung, 2015). Aktuell liegt der durchschnittliche Mietpreis bei 13,82 € pro m² und damit deutlich über dem hessischen und dem deutschen Durchschnitt (Mietspiegel Frankfurt, 2016).[43] Personen, die nur über ein niedriges Einkommen verfügen, haben die Möglichkeit, über das Amt für Wohnungswesen eine öffentlich geförderte Wohnung zu bekommen; diese Wohnungen unterliegen jedoch einer starken Nachfrage, sodass der Bedarf aufgrund der

[43] Der durchschnittliche Mietpreis in Hessen beträgt 10,02 € und in Deutschland 7,82 € pro Quadratmeter (Mietspiegel Frankfurt, 2016).

Wohnungsknappheit häufig nicht gedeckt werden kann (Amt für Wohnungswesen Frankfurt am Main, 2014, S. 56 f.).

Fast die Hälfte der in Frankfurt am Main lebenden Bürger_innen hat einen Migrationshintergrund; die Stadt beheimatet Personen aus über 180 Nationen (Stadt Frankfurt am Main, 2015). Personen mit Migrationshintergrund bekommen die Wohnungsknappheit auf dem Frankfurter Wohnungsmarkt besonders zu spüren. Migrant_innen haben häufig ein niedrigeres Einkommen und größere Haushalte als Deutsche und sie erfahren Diskriminierungen. In Frankfurt am Main steht ihnen durchschnittlich weniger Wohnraum zur Verfügung als Personen deutscher Herkunft, denn größere bezahlbare Wohnungen zu finden, ist oft schwierig. Sie leben zudem häufig in stigmatisierten Quartieren, denen eine schlechte Wohnumgebung nachgesagt wird und ein hoher Migrant_innenanteil besteht (Amt für Wohnungswesen Frankfurt am Main, 2014, S. 47; Lüken-Klaßen, 2007, S. 41).

Seit 1999 existiert der sogenannte *Frankfurter Vertrag* zwischen Wohnungsunternehmen und Kommune. Er reglementiert durch Quotierungen den Ausländer_innenanteil in bestimmten Quartieren. Einerseits ist er umstritten, da er durch seine Beschränkungen diskriminierend wirke, andererseits stellt er ein erfolgreiches Mittel gegen sozialräumliche Segregation dar (ebd.).

Insgesamt wird die sozialräumliche Segregation in Frankfurt als gering beschrieben, was u. a. auf Institutionen wie das Amt für multikulturelle Angelegenheiten (AmkA), das an das Dezernat für Integration angegliedert ist, zurückzuführen ist. Es kümmert sich um die Anliegen von Migrant_innen und das multikulturelle Zusammenleben in der Stadt (ebd., S. 41 f.; AmkA) Zudem existieren Programme zur Stabilisierung der Quartiere wie das Programm „Soziale Stadt“ (HEGISS) oder das „Frankfurter Programm – Aktive Nachbarschaft“ (Frankfurter Programm – Aktive Nachbarschaft). Außerdem werden Haus- und Siedlungsbetreuer_innen eingesetzt und Schulungen für Mitarbeitende der Wohnbaugesellschaften zum Umgang mit neuen Bevölkerungsgruppen angeboten (Schader-Stiftung, 2008).

Die Schader-Stiftung hat darüber hinaus in ihrer Untersuchung „Zuwanderer in der Stadt“ Faktoren für eine gelingende Integration von Zuwanderern in Quartieren herausgearbeitet (Schader-Stiftung, 2005).

6.2 Untersuchungsregion: Quartier Nordweststadt

> „Wir wollten eine grüne Mitte zwischen den Gebäuden, einen Park mit Rodelhügel, viele Spielplätze und vor allem Tiefgaragen, damit die Autos verschwinden."
>
> (Sittmann, 2013)

Die Frankfurter Nordweststadt erstreckt sich auf einem Gebiet zwischen den Stadtteilen Niederursel, Heddernheim und Praunheim.[44] Die Großsiedlung wurde von 1962 bis 1968 als Familiensiedlung erbaut und hält 7.800 Wohnungen in 1.188 Gebäuden sowie 700 Einfamilienhäuser bereit (Mietspiegel, 2009; Schader-Stiftung, 1998, S. 1, 11). Die Siedlung ist für 25.000 Bewohner_innen konzipiert; die meisten Bewohner_innen zogen bereits 1962 ein (ebd.). Ein Großteil der Wohnungen befindet sich in Gebäuden mit sieben und mehr Parteien (ebd., S. 14). Vier Wohnungsunternehmen halten 63 % des Wohnungsbestands und 45 % der Wohnungen werden öffentlich gefördert (Schader-Stiftung, 2008).[45]

Ein Planungsziel war es, möglichst viele unterschiedliche Wohnunggrößen anzubieten, wobei die „typische" Wohnung in der Siedlung drei Zimmer hat und 65 bis 70 m² groß ist (Schader-Stiftung, 1998, S. 14). Viele ältere Bewohner_innen, die häufig Erstmieter_innen in der Siedlung waren, leben in großen Wohnungen (ebd., S. 18 ff.).

Die Architekten Tassilo Sittmann und Walter Schwagenscheidt wurden Anfang der 1960er-Jahre bei der Konzeption der Nordweststadt vom Gedanken der „sozialen Mischung" geleitet. Eigentümer_innen in Einfamilienbungalows sowie Mieter_innen in Hochhäusern und Mehrfamilienblocks sollten in unmittelbarer Nachbarschaft leben. Zudem planten sie ausreichend Platz für große Grünflächen zwischen den Gebäuden und initiierten eine Trennung von Fußwegen und Autoverkehr. Fußgänger_innen sollten abseits des Straßenverkehrs unterwegs sein und Fußgängerbrücken über die mehrspurigen Straßen führen (Mathias, 2012, S. 58).

---

[44] Die Nordweststadt ist kein eigener Stadtteil im rechtlich-administrativen Sinn, sondern wird aufgrund sozioräumlicher Kriterien als Quartier bezeichnet (Frankfurter Programm – Aktive Nachbarschaft). In der vorliegenden Untersuchung wird die Nordweststadt sowohl Quartier als auch Siedlung und Stadtteil genannt.

[45] Es unterlagen schon einmal rund 80 % der Wohnungen einer Förderung. Die Förderungen laufen jedoch zunehmend aus (Schader-Stiftung, 1998, S. 12, 16).
In den Statistiken der Stadt Frankfurt am Main wird die Nordweststadt nicht als eigener Stadtteil ausgewiesen, weshalb aktuelle Daten zum Wohnungsbestand nicht den jährlichen Statistikberichten zu Bauen und Wohnen der Stadt zu entnehmen sind (u.a. Statistisches Jahrbuch Bauen und Wohnen, 2016, S. 118).

Am 31.12.2014 lebten insgesamt 16.712 Bewohner_innen mit Hauptwohnsitz in der Nordweststadt; 3.621 davon waren 65 Jahre und älter (21,7 %).[46] 1.058 der älteren Bewohner_innen waren Migrant_innen. Insgesamt lebten 10.176 (60,9 %) Migrant_innen im Siedlungsgebiet der Nordweststadt; 1.291 von ihnen waren türkische Migrant_innen, darunter 149 im Alter von 65 Jahren und älter. Die Personen mit türkischem Migrationshintergrund stellten mit 7,7 % der Bevölkerung die größte Gruppe der Migrant_innen dar (persönliche Information des Bürgeramtes für Statistik und Wahlen Frankfurt am Main am 17.06.2016).

Interessant ist bei der Betrachtung der Daten, dass unter den Kindern von null bis sechs Jahren 87, 6 % einen Migrationshintergrund aufweisen und dass kontinuierlich bis zum Alter von 65 Jahren in allen Alterskategorien der Anteil der Migrant_innen überwiegt. Lediglich bei den Personen ab 65 Jahren überwiegt der Anteil der Personen deutscher Herkunft mit 70,8 % (ebd.).

Seit den Anfängen der Siedlung in den 1970er-Jahren sinkt die Einwohner_innenzahl in der Nordweststadt, während gleichzeitig die Anzahl der Ausländer_innen und der Personen mit Migrationshintergrund steigt (Schader-Stiftung, 1998, S. 4 f.).

Die Berechnungen verdeutlichen den hohen Anteil an Migrant_innen in der Frankfurter Nordweststadt, der mit 60,9 % sowohl den Durchschnitt der umliegenden Gebiete Niederursel, Praunheim und Heddernheim deutlich übersteigt (49,0 %) als auch den der Stadt Frankfurt am Main insgesamt (49,8 %) (eigene Berechnung aus den Angaben des Bürgeramtes für Statistik und Wahlen in Frankfurt am Main am 17.06.2016). Zudem ist der Anteil der türkischen Migrant_innen mit 7,7 % mehr als doppelt so hoch wie in der Gesamtstadt, in der er 3,8 % beträgt. Es wird teilweise vor einer möglichen ethnischer Segregation in der Nordweststadt gewarnt (Frankfurter Allgemeine Zeitung vom 20.01.2006 und 23.01.2006), die nicht bestätigt werden kann. Forschungen haben gezeigt, dass gerade ältere Personen in der Nordweststadt eine hohe Wohnzufriedenheit aufweisen und das Leben dort sehr schätzen (Mathias, 2012, S. 59). Zudem sind keine medialen Berichterstattungen zu finden, die diese Prognose bestätigen.

[46] Während am Anfang, in den 1960er-Jahren, lediglich ca. 7 % der Bewohner_innen 65 Jahre und älter waren, waren es 1997 bereits etwa 22 % (Schader-Stiftung, 1998) und 2014 mit 21,7 % wieder etwas weniger (eigene Berechnung aus den Angaben des Bürgeramtes für Statistik und Wahlen in Frankfurt am Main). 1998 waren die 65- bis 75-Jährigen in der Nordweststadt, verglichen mit dem gesamtstädtischen Durchschnitt, deutlich überrepräsentiert (Schader-Stiftung, 1998, S. 7) und auch 2014 übersteigt die Zahl der Personen ab 65 Jahren mit 18,3 % den städtischen Durchschnitt, der bei 16,0 % liegt (eigene Berechnung aus den Angaben des Bürgeramtes für Statistik und Wahlen in Frankfurt am Main).

Außerdem wird deutlich, dass der Anteil der älteren Personen ab 65 Jahren (21,7 %) ebenfalls den Durchschnitt der drei umliegenden Stadtteile (19,7 %) und der Stadt insgesamt (16,0 %) übersteigt (persönliche Information des Bürgeramtes für Statistik und Wahlen Frankfurt am Main am 17.06.2016).

Neben der sozialen Wohnsituation sei an dieser Stelle auch auf die infrastrukturelle Wohnsituation verwiesen. Bewohner_innen der Nordweststadt sind mit verschiedenen Barrieren konfrontiert. Die Fußgängerbrücken sind nur teilweise barrierefrei und die Versorgungsmöglichkeiten zentrieren sich zunehmend auf das große Nordwestzentrum. Das kleine Einkaufszentrum in der Thomas-Mann-Straße hat einen hohen Leerstand und der frühere Wochenmarkt existiert seit 2010 nicht mehr (Mathias, 2012, S. 58). Geschäfte in fußläufiger Nähe verschwinden mehr und mehr, sodass – je nach Entfernung zum Nordwestzentrum – große Distanzen zurückgelegt werden müssen (Goßmann, 2012 im Interview mit Mathias, 2012). Darüber hinaus gibt es kaum Begegnungsräume (Mathias, 2012, S. 59) und es fehlt an einer Gemeinwesen-Infrastruktur, sozialen Netzen und Vereinen.

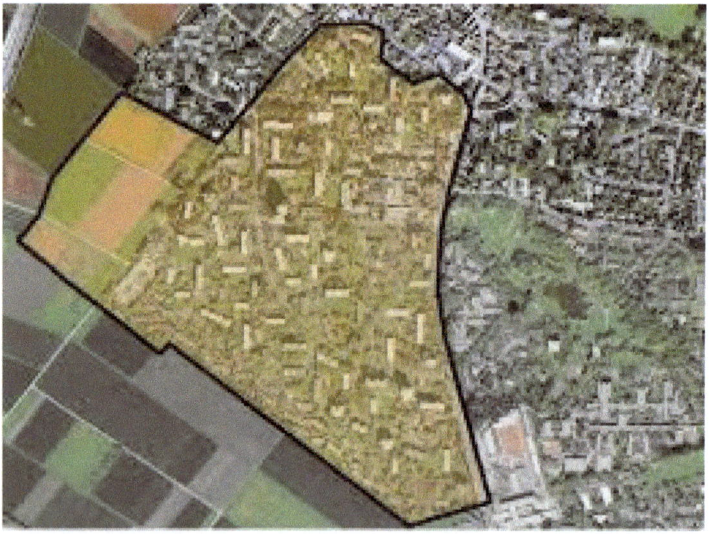

Abb. 9: Die Siedlung Nordweststadt
Quelle: Stadtplanungsamt Frankfurt am Main, 2016

6.3 Programme zur Stabilisierung des Quartiers Nordweststadt

> „'Das Leben spielt sich in den Stadtteilen ab.'" Ein Satz, den man immer wieder hört, wenn man sich Frankfurt und seinen Eigenheiten nähert. Die Stadtteile haben nicht nur ihre eigene Geschichte, sondern sind alltäglicher Erfahrungsraum für ihre Bewohner und Bewohnerinnen. Sie erzählen Geschichten von guter Zusammenarbeit oder mangelnder Verständigung, von gemeinsamen Erfolgen, aber auch von Nebeneinander oder gar Konkurrenzdenken."
>
> (Stadt Frankfurt am Main im Rahmen der Stadtteilbefragung in Fechenheim, 2013)

Die Nordweststadt nahm am „Frankfurter Programm – Aktive Nachbarschaft" teil, um das nachbarschaftliche Zusammenleben im Quartier zu fördern. Das Programm ist jeweils auf fünf Jahre angesetzt; die Nordweststadt partizipierte von 2005 bis 2009 unter Trägerschaft der Diakonie. Das Programm wurde mithilfe einer eingesetzten Quartiersmanagerin durchgeführt.

Nach fünf Jahren konnte eine positive Bilanz gezogen werden. Es konnten zahlreiche Projekte initiiert werden, durch die verschiedene Bevölkerungsgruppen unterschiedlichen Alters angesprochen wurden. Die Projekte reichten von Bewohner_innenversammlungen, Mädchengruppen und der Gründung internationaler Vereine bis hin zu Senior_innensprechstunden, Nachbarschaftsfesten und der Veranstaltung einer Kulturwoche (Diakonie Frankfurt am Main, 2013). Aufgrund der positiven Entwicklungen wird die Nordweststadt auch weiterhin unterstützt und behält die Einrichtung des Quartiersmanagements (Frankfurter Programm – Aktive Nachbarschaft).

Den Nordweststädter_innen bietet das Programm die Möglichkeit, Kritik und Anregungen rund um das Thema Wohnen einzubringen. Viele Ideen sind daraus entstanden und zahlreiche Personen engagieren sich mittlerweile ehrenamtlich für gute Nachbarschaftsbeziehungen, z. B. als Konfliktvermittler_innen. Das Quartiersmanagement unterstützt diese Initiativen (vgl. Stadtteilatlas Nordweststadt).

Neben Programmen, die das Zusammenleben im Stadtteil fördern, dienen auch viele in der Nordweststadt ansässige Vereine und Institutionen dem Ziel, das nachbarschaftliche Miteinander zu verbessern und Migrant_innen zu unterstützen. Betrachtet man den Stadtteilatlas[47] der Nordweststadt, finden sich u. a. folgende Institutionen inner- und außerhalb des Stadtteils, die für Migrant_innen und Nachbarschaftsförderung eintreten:

- Quartiersmanagement
- Sozialrathaus Nordweststadt
- Eritreischer Evangelischer Hilfsverein
- Nachbarschaftsvermittler
- Internationaler Verein für Kinder und Familien
- Interkulturelle Begegnungsstätte italienischer Seniorinnen und Senioren
- Kulturnetz Frankfurt
- Interkultureller Gesundheitstreff
- Interkulturelle Gesundheitslotsin
- Verein Brücke 71 e. V. – Leben in der Nordweststadt (Stadtteilatlas Nordweststadt)

Zudem existiert in der Nordweststadt eine Stadtteilgruppe, die aus dem Programm „Netzwerk Neue Nachbarschaften“[48], das Bewohner_innen untereinander vernetzten möchte, entstanden ist. Vor dem Hintergrund des demografischen Wandels, werden, wie bereits gezeigt, soziale Netzwerke und gegenseitige Hilfen in Nachbarschaften immer wichtiger. Die meisten Bürger_innen haben das Ziel, bis zuletzt in ihrer vertrauten Wohnumgebung zu bleiben. Das ist jedoch nur möglich, wenn im näheren Wohnumfeld Personen leben, die im Bedarfsfall z. B. bei Einkäufen oder Behördengängen unterstützen können. Die Entstehung eines Netzwerks in der Nachbarschaft soll dazu beitragen (Netzwerk Neue Nachbarschaften, 2016).

---

[47] Viele Stadtteile in Frankfurt am Main haben den sogenannten Stadtteilatlas. Dort sind alle Angebote und Institutionen im Stadtteil aufgelistet, die Kinder, Jugendliche, Erwachsene und Senior_innen unterstützen. Er wird kontinuierlich aktualisiert. Der Stadtteilatlas der Nordweststadt wurde von aktiven Nachbar_innen und Institutionen (u.a. Diakonie Frankfurt am Main) in Kooperation mit dem Quartiersmanagement und mit einer finanziellen Unterstützung der Dezernentin für Soziales, Senioren, Jugend und Sport, Frau Prof. Dr. Daniela Birkenfeld, im Rahmen des städtischen „Frankfurter Programms – Aktive Nachbarschaft“ erstellt.

[48] Die Initiative Netzwerk Neue Nachbarschaften möchte mithilfe von Ortsgruppen Vernetzung in Großstädten organisieren, da der zunehmende Anteil an Alleinstehenden „neue soziale Bindungen und Verantwortungsgemeinschaften“ (Netzwerk Neue Nachbarschaften, 2016) erfordere. Sie gründete sich 2008, besteht aus engagierten Bürger_innen und wird z.B. vom Frankfurter Verband unterstützt, der Räume zur Verfügung stellt (ebd.).

6.4 Nordweststadt in Bildern

Im Folgenden sind Häusertypen, das außerhäusliche Wohnumfeld und Orte bzw. Plätze der Nordweststadt in Bildern dargestellt. Diese zeigen u. a. Plätze und Gegebenheiten, die von den Teilnehmenden in den Gruppendiskussionen der vorliegenden Untersuchung erwähnt werden, und dienen einer besseren Veranschaulichung.

Häusertypen:

Abb. 10: Mehrfamilienhaus mit Grünflächen

Abb. 11: Hochhäuser

Abb. 12: gemischte Häuserstruktur, bestehend aus Hochhäusern und Bungalows

Abb. 13: Reihenhäuser

Abb. 14: Moderne, neuer erbaute Mehrfamilienhäuser

Abb. 15: Einfamilienhäuser

Abb. 16: Mehrfamilienhäuser zwischen altem Schloss und Römerstadtstraße (Gruppendiskussion I: suggerierte Konflikte zwischen Personen deutscher und ausländischer Herkunft in dieser Siedlung)

Abb. 17: Ernst-May-Häuser[49] *in der Siedlung Römerstadt*

[49] Ernst May (1886 – 1970) war ein deutscher Architekt und Stadtplaner. Sein Name wird mit dem Wohnungsbauprogramm „Neues Frankfurt“ der 1920er-Jahre verbunden. Als Stadtrat und Dezernent für Städtebau legte er 1925 ein erstes Wohnungsbauprogramm auf, mit dem Ziel der Beseitigung der Wohnungsnot binnen zehn Jahren. Seine Bauten in der Siedlung Römerstadt zählten zum Niddatal-Projekt und erlangten große Berühmtheit. Ein Musterhaus kann noch heute dort besichtigt werden (ernst-may-gesellschaft e. V., 2016)

Außerhäusliches Wohnumfeld

Abb. 18: Müllplatz mit großen Müllcontainern

Abb. 19: Regelwerk zur ordnungsgemäßen Abfallentsorgung

Abb. 20: Ablagerung von Sperrmüll

Abb. 21: Grünfläche mit Spielplatz zwischen Wohnhäusern

Abb. 22: Wäscheleinen auf Grünfläche vor Mehrfamilienhaus

Abb. 23: Brücken zur Trennung von Verkehr und Fußgänger_innen/Radfah rer_innen

Abb. 24: Feldblick im Paul-Kornfeld-Weg

Abb. 25: Leer stehende Gebäude

Plätze/Orte in der Nordweststadt

Abb. 26: Nordwestzentrum

Abb. 27: Einkaufszentrum in der Thomas-Mann-Straße (genannt: „Kleines Zentrum“[50])

Abb. 28: evangelische Dietrich-Bonhoeffer-Gemeinde

[50] Das kleine Einkaufszentrum in der Thomas-Mann-Straße liegt im Stadtteil und stellt eine alternative Einkaufsmöglichkeit neben dem Nordwestzentrum dar. Zum Zeitpunkt der Expert_innenworkshops schlossen dort immer mehr Geschäfte, sodass die Initiative „Brücke 71“ für eine Belebung des kleinen Zentrums gegründet worden war (Frankfurter Rundschau vom 20.08.2010).

Abb. 29: Begegnungsstätte des Frankfurter Verbandes (Ort der ersten Gruppendiskussion)

Abb. 30: Martin-Luther-King-Park

7. Forschungsdesign

Im Folgenden wird das Forschungsdesign der vorliegenden qualitativen Untersuchung im Rahmen der Dissertation beschrieben. Zunächst wird die Gruppendiskussion als Erhebungsmethode dargestellt und ihre Auswahl für die vorliegende Untersuchung begründet. Anschließend wird die Auswertungsmethode der Gruppendiskussionen auf der Grundlage der dokumentarischen Methode nach Ralf Bohnsack erläutert.

7.1 Erhebungsmethode „Gruppendiskussion“

Die nachfolgende qualitative Untersuchung bedient sich der Methode der Gruppendiskussion, deren Ziel die Untersuchung kollektiver Zusammenhänge ist. Im Rahmen einer Gruppendiskussion soll die Annäherung an ein Gespräch stattfinden, ohne dass die Leitung zu stark in den Blick gerät (Loos & Schäffer, 2001, S. 13). Nicht öffentliche Meinungen sollen durch die Simulation von Alltagskommunikation identifiziert werden (Lamnek, 1995, S. 142), ohne dass der Anwesenheit der Leitung Aufmerksamkeit zuteilwird (Loos & Schäffer, 2001, S. 13). Eine Gruppendiskussion dient dazu, Informationen zu einem von der Diskussionsleitung benannten Thema zu sammeln und nicht die Einzelmeinung, sondern die Meinung einer Gruppe zu erfassen (Bohnsack, 1997, S. 492; Lamnek, 1998, S. 408).

Gruppendiskussionen setzen ein gewisses Setting voraus: Bestimmte Vorbereitungen müssen im Vorfeld der Diskussion getroffen und Regeln bei der Durchführung beachtet sowie unterschiedliche Phasen eingehalten werden (vgl. hierzu Loos & Schäffer, 2001). Bohnsack hat reflexive Prinzipien aufgestellt, die der Gruppendiskussionsleiter beachten soll (Bohnsack, 2000, S. 380 ff.).

Die vorliegende Untersuchung zum Nachbarschaftserleben älterer Personen deutscher und türkischer Herkunft bedient sich der Methode der Gruppendiskussion. Die Entscheidung für die Auswahl dieses Verfahrens liegt sowohl im Untersuchungsgegenstand als auch in der zu untersuchenden Stichprobe begründet.

Den Untersuchungsgegenstand bilden Nachbarschaften. Diese gelten als kollektives Phänomen, da Nachbarschaften eine soziale Gruppe darstellen, die von einzelnen Mitgliedern unterschiedlich definiert wird.[51] Für die Untersuchung kollektiver Erscheinungen eignet sich das Gruppendiskussionsverfahren, da das Ergebnis keine Addition einzelner Meinungen, sondern die Einstellungen einer Gruppe darstellt, die Mangold als „informelle Gruppenmeinung" kennzeichnet (Loos & Schäffer, 2001, S. 22).

Zur Anwendung des Gruppendiskussionsverfahrens sollten die Diskutant_innen über Gemeinsamkeiten verfügen. Es ist nicht zwingend notwendig, dass sie einer klassischen Realgruppe entsprechen, die sich tatsächlich kennt. Vielmehr ist es von Bedeutung, dass sie über eine gemeinsame Erfahrungsbasis verfügen oder auf eine ähnliche Weltanschauung zurückgreifen, für deren wesentliche Konstitution die Generation verantwortlich ist (ebd., S. 43). Jede Person lässt sich mehreren Erfahrungsräumen wie etwa Geschlecht, Herkunft oder Bildungsmilieu zuordnen (Nohl, 2008; Przyborski & Wohlrab-Sahr, 2008, S. 109). Für eine Gruppendiskussion ist es notwendig, Teilnehmende zu rekrutieren, die sich einen spezifischen Erfahrungsraum teilen (ebd.). Die Diskutant_innen der vorliegenden Untersuchung können sowohl auf Gemeinsamkeiten in der Sozialisationsgeschichte zurückgreifen, da sie derselben Generation angehören – was neben der Zugehörigkeit zur gleichen Kultur eine Gemeinsamkeit in der Altersstruktur darstellt (ebd., S. 102 f.). Zudem teilen sie die partielle Gemeinsamkeit der Nachbarschaft (Loos & Schäffer, 2001, S. 45). Sie sind demnach nicht als Realgruppe im engeren Sinn zu bezeichnen, sondern Angehörige des gleichen Milieus, die Gemeinsamkeiten im biografischen Erleben und in der Sozialisationsgeschichte aufweisen (Bohnsack, 2000, S. 373 f.; 377 f.). Die vorliegende Untersuchung analysiert generationelle und interkulturelle Aspekte, die zugleich die klassischen Einsatzgebiete von Gruppendiskussionen in der Generations- und interkulturellen Forschung widerspiegeln (Przyborski & Wohlrab-Sahr, 2008, S. 106). Nur bei derartigen Gemeinsamkeiten einer Gruppe können selbstläufige Diskussionen zustande kommen (ebd., S. 108).

In der vorliegenden Untersuchung erfolgt das Sampling nach bestimmten, vorab festgelegten, Kriterien, da die Ergebnisse einer zuvor erfolgten quantitativen Erhebung nun näher erforscht werden sollen. Daraus bekannte sozialstrukturelle und kulturelle Merkmale werden für die Zusammensetzung des Samples für die qualitative Untersuchung genutzt (ebd., S. 178 ff.).

---

[51] Es sei an dieser Stelle auf die für die Untersuchung relevante Definition von Nachbarschaften als „soziale Gruppe[n], deren Mitglieder primär wegen der Gemeinsamkeit des Wohnortes miteinander interagieren" (Schnur, 2008, S. 26 in Anlehnung an: Hamm, 1973, S. 17 f.) hingewiesen.

7.2 Auswertungsmethode: „dokumentarische Methode“ nach Ralf Bohnsack

Die im Rahmen der vorliegenden Untersuchung geführten Gruppendiskussionen werden nach der „dokumentarischen Methode“ nach Ralf Bohnsack ausgewertet. Die Methode ist ursprünglich auf Karl Mannheim zurückzuführen und wurde von Ralf Bohnsack und Werner Mangold in den 1980er-Jahren weiterentwickelt (Loos & Schäffer, 2001, S. 63). Durch das Verfahren soll Wissen von Diskutant_innen deutlich gemacht werden, über das diese bereits verfügen, welches ihnen jedoch meist nicht zugänglich ist. Der Forschende verfügt somit nicht über mehr Wissen als die Akteur_innen selbst, sondern bringt deren Wissensbestände zum Vorschein. Die Interpret_innen der Gruppendiskussion „gehen also nicht davon aus, dass sie mehr wissen als die Akteure oder Akteurinnen, sondern davon, dass letztere selbst nicht wissen, was sie da eigentlich alles wissen, somit also über ein implizites Wissen verfügen, welches ihnen reflexiv nicht so ohne weiteres zugänglich ist“ (Bohnsack, Nentwig-Gesemann & Nohl, 2001, S.11).

„Dokumentarisch“ bedeutet dabei, dass nicht nur dargestellt wird, *was* eine Gruppe sagt, sondern auch, *wie* sie ein bestimmtes Thema behandelt, und ein „Grundmuster“ (Loos & Schäffer, 2001, S. 63) festgestellt wird, das auch in Äußerungen an anderer Stelle zum Tragen kommt. Dessen Sinn zu erfassen, stellt einen zentralen Analyseschritt dar. Besondere Aufmerksamkeit gilt somit der „Rekonstruktion der Diskursorganisation“ (ebd., S. 64). Diese beinhaltet die Analyse dessen, wie die Teilnehmenden aufeinander Bezug nehmen.

Wichtig für die Interpretation ist, dass die Gruppe, wie erwähnt, über gemeinsam geteiltes Wissen verfügt, das im Geschlecht, im Milieu, in der Generation oder einem ähnlichen sozialen Hintergrund begründet liegt (u. a. ebd., S. 61).

Die Auswertung nach der dokumentarischen Methode folgt den festen, aufeinander aufbauenden Analyseschritten thematischer Verlauf, formulierende und reflektierende Interpretation sowie Fall- bzw. Diskurbeschreibung (vgl. detaillierte Beschreibung der Analyseschritte u. a. Bohnsack, 2003; Loos & Schäffer, 2001).

Darüber hinaus findet an verschiedenen Stellen der Analyse eine komparative Analyse und Typenbildung statt. In der komparativen Analyse wird der „eigene […] Vergleichshorizont systematisch durch den in der empirischen Analyse anderer Fälle erarbeiteten“ (Przyborski, 2004, S. 71) ersetzt. Zum einen werden die Positionen innerhalb einer Gruppendiskussion miteinander verglichen, zum anderen werden Fälle aus anderen Gruppendiskussionen mit herangezogen, um neben dem fallinternen auch einen kontrastierenden Vergleich zu ermöglichen. Diese Analyse ermöglicht die Abstraktion von Einzelfällen auf den „existentiellen Hintergrund“ (ebd.). Als existenzieller Hintergrund gilt die Zugehörigkeit zu einem Geschlecht oder Milieu, einer Generation oder einer spezifischen Entwicklungsphase. Aus dieser komparativen Analyse lassen sich dann Ergebnisse ableiten (ebd., S. 72).

7.3 Gruppendiskussion im Rahmen der Untersuchung

Der folgende Abschnitt stellt das Vorgehen der Gruppendiskussionen im Rahmen der vorliegenden Untersuchung dar. Der Leitfaden wird vorgestellt, die Rekrutierung der Stichprobe und Beobachtungen während der Diskussion werden beschrieben.

7.3.1 Ablauf und Leitfaden

Die in Teil I dargestellten Ergebnisse aus den unterschiedlichen Erhebungen im Rahmen des Projekts BEWOHNT bilden die Datengrundlage für die Gruppendiskussionen zum Nachbarschaftserleben mit älteren Personen deutscher und türkischer Herkunft in der Nordweststadt. Die quantitativen und qualitativen Analysen zeigten, dass die befragten Nordweststädter_innen eine negative Veränderung in ihren Nachbarschaften in den letzten fünf bis zehn Jahren wahrnehmen und den vermehrten Zuzug von Migrant_innen in den Stadtteil bemängeln. Dieser sei verantwortlich dafür, dass die „soziale Mischung“ aus dem Gleichgewicht gerate, kulturelle und sprachliche Barrieren existierten und Ängste zunähmen. Die Teilnehmenden erörterten, dass diesen durch das Bereitstellen von Begegnungsmöglichkeiten entgegengesteuert werden könne.

Im Forschungsprojekt wurden nahezu ausschließlich Personen deutscher Herkunft befragt, was auf sprachliche Probleme oder eine mangelnde Erreichbarkeit älterer Migrant_innen zurückzuführen sein könnte. Dieses Defizit wird in der vorliegenden Untersuchung aufgegriffen. Hier werden nun auch Personen mit Migrationshintergrund einbezogen und zu ihrem Nachbarschaftserleben befragt.

Die Methode der Gruppendiskussion und deren Auswertung nach der dokumentarischen Methode lässt detaillierte Aussagen über das Nachbarschaftserleben der Befragten mit und ohne Migrationshintergrund erwarten. Während Gruppendiskussionen grundsätzlich explorativ vorgehen, ihnen in der Regel keine Hypothese zugrunde liegt und sie häufig in einem noch unbekannten Forschungsgebiet angewendet werden, besteht für die vorliegende Untersuchung aufgrund der Daten von BEWOHNT bereits die Grundannahme, dass nachbarschaftliche Beziehungen zwischen älteren

Deutschen und türkischen Migrant_innen im Alltag von den Betroffenen als schwierig beschrieben werden.

Die bereits vorhandene Hypothese stellt jedoch keinen Widerspruch zur Methode Gruppendiskussion dar, denn das explorative Vorgehen bleibt durch offene Fragen in der Gruppendiskussion, die keine Annahme transportieren, erhalten.

Im Sinne der Prinzipien einer Gruppendiskussion wird es zunächst eine vage formulierte Leitfrage geben, die durch einen Grundreiz eingeleitet wird (Lamnek, 1998, S. 414), die Teilnehmenden zur Erzählung anregen und die Fremdheit der Leiterin betonen soll (Bohnsack, 2000, S. 380 ff.).

Folgende Fragestellung wird von der Forscherin zur Einleitung der Gruppendiskussionen verwendet[52]:

> „In der Befragung des Forschungsprojekts BEWOHNT, an der die meisten von Ihnen teilgenommen haben, hat sich gezeigt, dass es Menschen gibt, die ihre Nachbarn nicht kennen, aber auch Menschen, die in ihren Nachbarschaften verwurzelt sind. Können Sie einmal erzählen, wie Sie Nachbarschaft erleben?"

Die Leiterin lässt die Teilnehmenden nach den reflexiven Grundprinzipien diskutieren und beginnt erst dann mit dem zunächst immanenten, später exmanenten Nachfragen, wenn die Gruppe das Thema ausreichend für sich diskutiert hat (ebd.). Hierzu wurde ein Leitfaden mit folgenden Fragestellungen entwickelt:

1. Was verstehen Sie unter Nachbarschaft?
2. Welche Unterschiede gibt es aus Ihrer Sicht zwischen Ihren heutigen Nachbarschaften und Ihren Nachbarschaften in der Vergangenheit?
3. In unserer Befragung hat sich gezeigt, dass manche Menschen in den letzten Jahren große Veränderungen im Stadtteil bemerken, andere weniger Veränderungen sehen.
4. Gibt es aus Ihrer Sicht Veränderungen im Stadtteil Nordweststadt in den letzten Jahren?
5. Seit wann bemerken Sie Veränderungen? Worauf sind diese Veränderungen Ihrer Meinung nach zurückzuführen?
6. Was glauben Sie, was wird sich in Zukunft in der Nordweststadt verändern?
7. Manche Menschen pflegen ihre sozialen Kontakte eher außerhalb des Stadtteils, während andere viele soziale Kontakte im Stadtteil haben.
8. Wo leben die Menschen, mit denen Sie soziale Kontakte haben?

[52] Da den Teilnehmenden der zweiten Gruppendiskussion das Forschungsprojekt BEWOHNT nicht bekannt war, wurde die einleitende Frage umformuliert und lautete: „In unserer Befragung hat sich gezeigt, dass es Menschen gibt, die ihre Nachbarn nicht kennen, aber auch Menschen, die in ihren Nachbarschaften verwurzelt sind. Können Sie einmal erzählen, wie Sie Ihre Nachbarschaft erleben?"

9. Wenn Sie sich mit anderen treffen, finden Ihre Aktivitäten dann eher im Stadtteil oder eher außerhalb des Stadtteils statt?
10. Manche Personen haben die stärksten Kontakte zu ihren Familien, andere wiederum zu ihren Nachbarn oder Bekannten. Können Sie erzählen, wie das bei Ihnen ist?
11. Wann war Nachbarschaft für Sie am schönsten? Können Sie dazu etwas erzählen? Vielleicht fällt Ihnen ja eine kleine Geschichte dazu ein?
12. Können Sie eine Geschichte über gelungene und eine Geschichte über misslungene Nachbarschaft erzählen?
13. In der Nordweststadt leben viele Migranten mit ihren Familien. Wir wissen aus den Erfahrungen, dass manche Migranten als Bereicherung erleben und manche nicht.
14. Wie sehen Sie das?
15. Können Sie sich vorstellen, woran das liegt?
16. Können Sie erzählen, welche Erfahrungen Sie mit Migranten in Ihren Nachbarschaften gemacht haben?
17. Wenn neue Nachbarn einziehen, was erwarten Sie dann von ihnen?
18. Wenn Sie einen Wunsch frei hätten, was würden Sie sich für die Zukunft der Nordweststadt, bezogen auf die Nachbarschaften, wünschen?

Dieser Leitfaden wird nicht abgelesen oder der Reihe nach abgearbeitet, sondern unter Bezug auf das bereits Gesagte in die Diskussion eingebracht. Dabei kann die Reihenfolge jederzeit verändert werden und manche Fragen beantworten die Teilnehmenden ggf. im Verlauf der Diskussion von allein, ohne dass die Diskussionsleitung explizit danach fragt. Fragestellung und Sprache der Diskussionsleitung werden an die Sprache des Feldes angepasst und ggf. in die Sprache der Diskutant_innen übersetzt, denn es ist wichtig, dass diese sich angesprochen fühlen, um eine selbstläufige Diskussion zu initiieren.

Dieser Leitfaden findet in beiden Gruppendiskussionen Verwendung. Lediglich Frage neun und zehn werden in der Gruppendiskussion mit den türkischen Migrant_innen umformuliert und wie folgt gestellt:

9. In der Nordweststadt leben Personen vieler unterschiedlicher Nationen. Wir wissen aus den Erfahrungen, dass manche das Zusammenleben mit verschiedenen Nationen als Bereicherung erleben und manche nicht.
   - Wie sehen Sie das?
   - Können Sie sich vorstellen, woran das liegt?
10. Können Sie erzählen, welche Erfahrungen Sie mit Personen unterschiedlicher Nationen in Ihren Nachbarschaften gemacht haben?
    - Welche Erfahrungen haben Sie mit Personen deutscher Herkunft in Ihren Nachbarschaften gemacht?

Bei den Gruppendiskussionen sind neben den Diskutant_innen jeweils eine Diskussionsleitung und eine Beobachterin anwesend. Die Beobachterin notiert Auffälligkeiten während der Diskussion. Sie hat einen Beobachtungsbogen vorliegen mit folgenden Themenbereichen:

- Besondere Auffälligkeiten im nonverbalen Bereich (z. B. Gestik, Mimik, Körperhaltung)
- Besondere Auffälligkeiten im verbalen Bereich (z. B. Stottern, Lispeln, schnelles Sprechen)
- Äußere Auffälligkeiten bei den Personen (z. B. ungepflegt, unsicher, zurückhaltend)
- Auffälligkeiten in den Inhalten (z. B. extreme Einstellungen)
- Auffälligkeiten im Gruppenprozess (z. B. Schweiger, Dominierende)
- Weitere Besonderheiten (z. B. räumliche Ausstattung, Technik, Lautstärke, Umwelt)

In die Datenanalyse werden diese Beobachtungen mit einbezogen, sofern sie Relevanz besitzen.

Im Anschluss an die Diskussion werden die Teilnehmenden gebeten, einen kurzen Fragebogen auszufüllen, der einen Einblick in ihre Wohn- und Lebenssituation ermöglicht und für die Forschung hilfreich ist. Sie sind aufgefordert, persönliche Angaben zu Geschlecht, Geburtsdatum, Familienstand, Anzahl der Kinder, Schulabschluss, Beruf, Wohndauer in Frankfurt, im Stadtteil und in der eigenen Wohnung sowie Angaben zur Art des Gebäudes (Mehrfamilienhaus, Hochhaus etc.) zu machen. Zudem ist Platz für weitere Anmerkungen.

Die türkischen Migrant_innen sollten zusätzlich angeben, ob es Unterbrechungen in der Wohndauer in Deutschland gab, z. B. durch eine zeitweilige Reimmigration in die Türkei, und ob sie dauerhaft in Deutschland leben oder zwischen Deutschland und der Türkei pendeln. Ebenso sollten sie ihre Zukunftsplanungen bezüglich des Wohnens darlegen und benennen, ob sie z. B. vorhaben, zu den Kindern zu ziehen, in die Türkei zurückzukehren oder am jetzigen Ort wohnen zu bleiben.

7.3.2 Rekrutierung der Stichprobe

Zur Analyse des Nachbarschaftserlebens werden ältere Personen deutscher und türkischer Herkunft befragt, die im Frankfurter Stadtteil Nordweststadt wohnen und sich im Ruhestand befinden. Geplant sind im Rahmen der Dissertation zwei Gruppendiskussionen: eine mit Personen deutscher und eine mit Personen türkischer Herkunft. Aus den Teilnehmenden des Projekts BEWOHNT können für die Gruppendiskussionen Personen deutscher Herkunft ausgewählt werden, da es Bewohner_innen gibt, die bereits bei der Fragebogenerhebung ihre Teilnahme an weiteren Forschungen zugesagt haben. Geplant ist, die Migrant_innen türkischer Herkunft durch türkische

Vereine oder Organisationen in der Nordweststadt zu rekrutieren. Die potenziellen türkischen Teilnehmenden können in ihrer Muttersprache angesprochen werden, da die Autorin durch private Netzwerke Zugang zur türkischen Sprache hat. Das stellt eine sehr wichtige Ressource dar, weil ältere Migrant_innen häufig Probleme mit der deutschen Sprache haben (Hessische Seniorenblätter, 2012, S. 4; u.a. Özcan & Seifert, 2005, S. 33). Insgesamt leben in der Untersuchungsregion Nordweststadt zum Untersuchungszeitpunkt 218 türkische Migrant_innen, die 60 Jahre und älter sind (persönliche Information des Amtes für Statistik vom 31.05.2012), weshalb davon auszugehen ist, dass Teilnehmende für eine Gruppendiskussion rekrutiert werden können.

8. Gruppendiskussion I: ältere Peronen deutscher Herkunft

Im Folgenden wird zunächst beschrieben, wie Teilnehmende für die erste Diskussion rekrutiert wurden, bevor das Setting und der Ablauf der Diskussion skizziert werden. Anschließend werden die soziodemographischen Angaben der Teilnehmenden vorgestellt.[53]

8.1 Setting und Ablauf

Nach einer Telefonakquise der Personen, die im Rahmen der Befragungen von BEWOHNT ihre Teilnahme an weiteren Forschungen zugesagt hatten, wurde die Diskussion mit älteren Personen deutscher Herkunft in einem Begegnungszentrum in der Nordweststadt durchgeführt. Die Diskussionsleiterin startete die Gruppendiskussion mit einer Vorstellung ihrer Person, der Beobachterin und des Forschungsvorhabens.

Nachdem die Teilnehmenden der Aufnahme mit einem Aufnahmegerät, damit die Diskussion anschließend analysiert werden könne, zugestimmt hatten, formulierte die Leiterin die Eingangsfrage. Dieser Einstieg motivierte die Teilnehmenden zu Erzählungen und es gab von Beginn an einen Redefluss. Die Teilnehmenden unterhielten sich untereinander und nahmen Bezug auf ihre Vorredner_innen. Insgesamt war die Stimmung positiv. Die Diskussionsleitung stellte zwischendurch zunächst immanente Nachfragen, wenn sie bestimmte Sachverhalte näher erläutert haben wollte, und schließlich exmanente Fragen, wenn sie an etwas interessiert war, das die Gruppe bisher nicht selbst benannt hatte. Viele Fragen des Leitfadens beantworteten die Teilnehmenden bereits selbst im Laufe der Gruppendiskussion.

Nach knapp 90 Minuten war die Diskussion erschöpft und die Diskussionsleiterin bat die Teilnehmenden zum Abschluss um das Ausfüllen des Fragebogens zu ihren persönlichen Angaben.

Anschließend verabschiedete sich die Diskussionsleiterin von den Diskutant_innen. Einige kamen noch miteinander sowie mit der Beobachterin oder der Diskussionsleiterin ins Gespräch oder tauschten ihre Kontaktdaten aus, bevor sie sich auf den Heimweg machten.

---

[53] Die Auswertungsschritte thematischer Verlauf, formulierende und reflektierende Interpretation sowie Diskursbeschreibung werden aus forschungsökonomischen Gründen nicht dargestellt, befinden sich aber in der vollständigen Dissertationsschrift und dessen Anhang. Kategorien zur Beschreibung der Diskursorganisation finden sich u. a. bei Bohnsack, 2000.

8.2 Teilnehmende

Den Fragebogen zu den persönlichen Angaben füllten alle Teilnehmenden aus, sodass über die Diskussion hinaus weitere Angaben zu den Personen vorliegen, die im folgenden Abschnitt beschrieben werden.

Sechs Frauen und drei Männer zwischen 74 und 85 Jahren nahmen an der Gruppendiskussion teil. Drei Personen gehören der jüngeren Alterskohorte der 70 bis 79-Jährigen an und sechs der älteren der über 80-Jährigen. Das Durchschnittsalter liegt bei 80,9 Jahren. Sechs Personen sind verheiratet und je eine Person ledig, geschieden und verwitwet. Sechs Personen haben zwei Kinder, jeweils eine Person hat kein bzw. ein Kind und ein Teilnehmender hat drei Kinder. Vier Personen geben an, die mittlere Reife zu besitzen, drei das Abitur und eine das Fachabitur. Eine Person macht beim Schulabschluss die Angabe „Studienabschlüsse"; während ein Teilnehmender neben dem Abitur auch ein Studium angibt.

Unter den Berufen finden sich Pfarrerin, Rechtsanwalt/Notar, Kauffrau, Beamter, technische Zeichnerin und Kunsterzieherin/freie Künstlerin sowie Kaufmann. Zwei Personen machen keine Angaben zu ihrem Beruf. Drei Personen erwähnen bei ihrer Angabe zum Beruf, dass sie sich bereits in Rente befinden („i. R.", „a. D.").

Die Teilnehmenden leben zwischen zehn und 81 Jahren in Frankfurt am Main. Die durchschnittliche Wohndauer liegt bei 58,3 Jahren. Drei Personen leben seit ihrer Geburt in Frankfurt. In der Nordweststadt leben sie zwischen zehn und 75 Jahren, durchschnittlich seit 45,1 Jahren. Eine Person gibt zusätzlich zur Wohndauer an, dass sie in der Römerstadt lebt. Eine Person lebt seit 21 Jahren wieder in der Nordweststadt und hat knapp 20 Jahre zuvor schon einmal für zehn Jahre dort gewohnt. Die meisten zogen im jungen Erwachsenenalter in die Nordweststadt, nachdem sie ihre Kindheit und Jugend in anderen Stadtteilen bzw. Städten verbracht hatten. Lediglich eine Teilnehmerin lebt seit ihrer Geburt in der Nordweststadt. In ihrer jetzigen Wohnung leben die Teilnehmenden zwischen zehn und 59 Jahren, durchschnittlich jedoch seit 39,8 Jahren.[54]

Eine Befragte gibt an, im Reihenhaus zu wohnen, drei im Hochhaus, drei im Einfamilienhaus und zwei im Mehrfamilienhaus. Zwei Personen bzw. ein Ehepaar spezifizieren ihre Angaben und geben an, in einem Hochhaus mit je 36 Wohneinheiten zu leben; die beiden Personen im Mehrfamilienhaus

[54] Zwei Personen machten bei der Wohndauer in der jetzigen Wohnung keine Zeitangaben, sondern verwendeten die Zeichen „%" und „/". Diese Angaben könnten bedeuten, dass sie nicht mehr wissen, wann sie in ihre jetzige Wohnung eingezogen sind, oder dass die Angabe identisch mit der Wohndauer im Stadtteil sein soll. Da das jedoch unklar bleibt, werden diese beiden Personen nicht mit in die Beschreibung einbezogen. Bei den beiden Personen handelt es sich um ein Ehepaar.

erläutern, dass es sich zum einen um ein Haus mit fünf und zum anderen um eines mit acht Parteien handele.

Die persönlichen Angaben der Diskutant_innen stimmen bezüglich Wohndauer, Anzahl der Kinder, Familienstand und Gebäudeart mit den Tendenzen bei den im Rahmen des Projekts BEWOHNT befragten Nordweststädter_innen überein. Bei der Wohndauer in Frankfurt, der Nordweststadt und der jetzigen Wohnung weisen die Ergebnisse sehr ähnliche Durchschnittswerte auf (vgl. Abschnitt zu Ergebnissen BEWOHNT).

Die Gebäudestruktur in der Nordweststadt ist sehr gemischt, was sich auch hier widerspiegelt, wenn die Teilnehmenden angeben, in Ein- und Mehrfamilien- sowie Reihen- und Hochhäusern zu leben.

Das durchschnittliche Schulbildungsniveau der Teilnehmenden in der Gruppendiskussion ist etwas höher als in BEWOHNT; dort gaben die meisten Nordweststädter_innen an, zuletzt die Volksschule[55] besucht zu haben, während hier mittlere Reife und Abitur dominieren (ebd.).

[55] Die Volksschule beschreibt die damalige allgemeinbildende, öffentliche Pflichtschule, die sowohl die heutige Grund- als auch Hauptschule beinhaltet (Duden, 2016).

9. Gruppendiskussion II: ältere Personen türkischer Herkunft

Im folgenden Kapitel wird die zweite Gruppendiskussion mit älteren Personen türkischer Herkunft, die in Deutschland leben, vorgestellt.

Es wird beschrieben, wie die Teilnehmenden für die Diskussion rekrutiert wurden und wie bzw. in welchem Rahmen die Diskussion ablief. Persönliche Angaben der Diskutant_innen werden ebenfalls aufgeführt.[56]

9.1 Rekrutierung der Teilnehmenden

In der Frankfurter Nordweststadt lebten zum Zeitpunkt der Gruppendiskussion 1.898 Personen mit türkischem Migrationshintergrund. 218 dieser Bewohner_innen türkischer Herkunft waren 60 Jahre und älter (persönliche Information des Bürgeramtes für Statistik und Wahlen am 31.05.2012)[57]. In der Untersuchungsregion gibt es zahlreiche Vereine und Initiativen, die sich den Bedürfnissen der Bewohner_innen widmen. Manche Institutionen halten spezielle Angebote für Migrant_innen bereit, wie etwa der Türkisch-Deutsche Kulturverein oder der Interkulturelle Gesundheitstreff Nordweststadt (u. a. Amt für multikulturelle Angelegenheiten, 2016).

Die Rekrutierung der türkischen Migrant_innen für die geplante Gruppendiskussion erfolgte zunächst über die ortsansässigen Vereine und Institutionen. Die Quartiersmanagerin der Nordweststadt und ein ehrenamtlich Tätiger in einem Sportverein wurden kontaktiert. Beide vermittelten weitere Kontaktpersonen, die im Stadtteil z. B. aufgrund von ehrenamtlichen oder sportlichen Tätigkeiten Kontakte zu Migrant_innen hatten. Diese Kontaktpersonen wurden telefonisch sowie per E-Mail kontaktiert und gebeten, sich bei der Forscherin zu melden, falls sie Personen ausfindig machen könnten, die die Kriterien zur Teilnahme an einer Gruppendiskussion erfüllten und Bereitschaft zur Mitarbeit zeigten. Voraussetzung war, dass die Teilnehmenden in der Nordweststadt wohnten,

---

[56] Auch hier wird aus ökonomischen Gründen auf die Darstellung des thematischen Verlaufs, der formulierenden und reflektierenden Interpretation sowie der Diskursbeschreibung verzichtet. Alle Auswertungsschritte befinden sich in der Dissertationsschrift und dessen Anhang.

[57] Es handelt sich hierbei um Zahlen zum Stichtag 31.12.2012. Das waren die aktuellsten Zahlen, die zum Zeitpunkt der Gruppendiskussion vom Bürgeramt für Statistik und Wahlen vorlagen.

einen türkischen Migrationshintergrund aufwiesen und sich im Rentenalter befanden.

Darüber hinaus gab es Kontakte der Forscherin zum Leiter des Kulturnetzes[58], einem Sportwart, einem islamischen Kulturverein, dem Multikulturellen Freundschaftsverein, der Gesundheits-AG[59] sowie Mitarbeitenden der Diakonie und der Stadt Frankfurt am Main, die in Projekten mit älteren Migrant_innen tätig sind. Daraus ergaben sich ebenfalls weitere Kontaktpersonen.

In der ersten Telefon- und E-Mail-Ansprache signalisierten die Kontaktpersonen der Vereine und Institutionen Aufgeschlossenheit gegenüber dem Projekt und erwähnten z. T. direkt Personen, die sie unmittelbar kontaktieren wollten, sodass die Forscherin sehr optimistisch war, in kurzer Zeit Diskutant_innen für eine einmalige Diskussion gewinnen zu können. Nachdem sie nach ein paar Wochen keine Rückmeldung erhalten hatte, kontaktierte die Forscherin erneut ihre Kontaktpersonen, die ihr mitteilten, bisher keine Teilnehmenden gefunden zu haben. Auf mehrmaliges Nachfragen seitens der Kontaktpersonen fand sich eine Person türkischer Herkunft, die im Rahmen privater Netzwerke fünf interessierte männliche Personen ausfindig machen konnte und deren Kontaktdaten übermittelte. Zudem vermittelte die Kursleiterin eines Sportkurses den Kontakt zu einer Frau türkischer Herkunft, die frühverrentet und grundsätzlich bereit sei, an der Diskussion teilzunehmen.

Die Telefonakquise zur weiteren Abklärung und Terminfestlegung führte die Forscherin gemeinsam mit einem türkischstämmigen Kollegen durch. Wenn sie am Telefon bemerkte, dass die Deutschkenntnisse der Personen unzureichend waren bzw. die Kontaktierten Schwierigkeiten beim Verständnis der Forschungserläuterungen haben könnten, übergab sie an den Kollegen, der die potenziellen Teilnehmenden in ihrer Muttersprache ansprach und ihnen die Details erläuterte.

Aufgrund der Telefonakquise und einer weiteren Kontaktperson gelang es zunächst, einen Termin an einem Donnerstagnachmittag im Juli 2013 in den Räumlichkeiten des ortsansässigen Kulturvereins zu vereinbaren, an dem

---

[58] Der Verein Kulturnetz Frankfurt e.V. ist eine Plattform für kulturelle Projekte und Bildungsangebote und versteht sich als interdisziplinäres Netzwerk zur Organisation von Lesungen, Ausstellungen, Workshops etc. (Kulturnetz Frankfurt e.V., 2016).

[59] Die „Gesundheits-AG Nordweststadt" ist ein Zusammenschluss von beruflichen und ehrenamtlichen Akteur_innen aus dem Bereich Gesundheit zur Stärkung der gesundheitlichen Präventionsarbeit im Quartier. Er richtet sich an Einwanderer und ist Anlaufstelle für Fragen rund um die Gesundheit. Beratung findet in deutscher und türkischer Sprache statt und kann z. B. Arzt- oder Krankenkassenbriefe erklären oder einen Sportverein vermitteln (Interkultureller Gesundheitstreff Nordweststadt, 2016).

fünf bis sieben Rentner_innen türkischer Herkunft, die in der Nordweststadt lebten, teilnehmen wollten.

Zwei Tage vorher teilte die Kontaktperson jedoch telefonisch mit, dass mehrere der potenziellen Teilnehmenden abgesprungen seien und der Zeitpunkt für die Gruppendiskussion insgesamt schlecht gewählt sei, da ein großer Teil der verrenteten Migrant_innen bereits in die Türkei gereist wäre, um dort den Sommer zu verbringen. Er erläuterte, dass viele ältere Personen türkischer Herkunft Pendelmigrant_innen seien, die in den Sommermonaten in der Türkei und im Winter in Deutschland lebten. Auch weitere Personen, die über andere Kontakte ausfindig gemacht worden waren und bereits zugesagt hatten, sagten teilweise wieder ab. Die Forscherin entschied daraufhin, die Gruppendiskussion auf Oktober zu verschieben, da viele Pendler_innen dann wieder in Deutschland sein würden.

Zudem meldete sich telefonisch eine weitere Kontaktperson, die per E-Mail kontaktiert worden war. Diese Person türkischer Herkunft war in der Senior_innenarbeit im Stadtteil engagiert und signalisierte, ebenfalls ein paar potenzielle Teilnehmende ansprechen und deren Kontaktdaten übermitteln zu können, sofern die Diskussion im Herbst stattfinde.

Im September 2013 nahm die Forscherin daraufhin erneut per E-Mail Kontakt zu beiden Kontaktpersonen auf, um einen neuen Termin für die noch ausstehende Gruppendiskussion zu finden. Beide reagierten erst auf mehrmalige Anrufversuche und zusätzliche Anfragen per E-Mail. Die Kontaktperson aus der Senior_innenarbeit entschuldigte sich, dass sie aufgrund eines Trauerfalls einen längeren Türkeiaufenthalt hinter sich habe und eine weitere Person, die Kontakte vermitteln wollte, leider nicht erreichen könne. Sie bat um Verständnis und signalisierte, dass sie keine Möglichkeit mehr sehe, bei der Vermittlung zu unterstützen.

Die weitere Kontaktperson meldete sich ca. vier Wochen nach der ersten E-Mail der Forscherin im September und teilte ihr mit, dass er spontan in den Räumlichkeiten des ortsansässigen Kulturvereins einen Termin für eine Gruppendiskussion drei Tage später an einem Nachmittag vereinbart habe. Drei bis vier Personen hätten ihm für diesen Termin zugesagt. Die Forscherin sagte zu und bat ihren türkischstämmigen Kollegen erneut um Mithilfe bei der Telefonakquise der Personen, die bereits im Sommer für eine Diskussion zunächst zu- und dann teilweise kurzfristig abgesagt hatten, um über die bereits rekrutierten Personen hinaus noch weitere Diskutant_innen für den Termin in drei Tagen finden zu können.

Der Kollege konnte leider keine der zuvor rekrutierten Personen für die Teilnahme gewinnen, da er sie entweder nicht erreichen konnte oder der Termin für sie zeitlich nicht passte.

Die Kontaktperson hatte mittlerweile den Termin zusätzlich per E-Mail bestätigt, leider jedoch nur noch zwei bis vier Diskutant_innen benannt. Die Forscherin fürchtete, mit lediglich zwei Teilnehmenden die Gruppendiskussion nicht führen zu können, da die Anzahl der Teilnehmenden zu gering wäre. Sie setzte sich als Ziel, die Diskussion mit mindestens drei Teilnehmenden zu führen.[60]

Aufgrund der geringen Teilnehmendenzahl kontaktierte die Schwester des türkischen Kollegen der Forscherin, die über ein großes Netzwerk von türkischen Familienangehörigen und Bekannten verfügt, die Kontaktperson, um mit ihm weitere Rekrutierungsmechanismen erörtern zu können. Im Gespräch mit ihr öffnete er sich und teilte ihr mit, dass er bei einigen Verwandten und Bekannten nachgefragt habe, ob sie an einer Diskussion zum Thema Nachbarschaften teilnehmen wollten. Er habe jedoch fast ausschließlich Absagen erhalten, da die türkischstämmigen Rentner_innen negative Konsequenzen von einer Teilnahme befürchteten. Sie hätten Ängste geäußert, dass ihnen im Anschluss an eine Diskussion ihre Renten gekürzt oder sie sogar in die Türkei abgeschoben werden könnten. Er erklärte, diese Generation habe viel Ablehnung in Deutschland erfahren. Sie seien damals als „Gäste“ mit geplanter Rückkehr nach wenigen Jahren nach Deutschland eingereist und schließlich geblieben. Während sie sich zunächst willkommen gefühlt hätten, hätten sie ein paar Jahre später aufgrund wirtschaftlicher Krisen Zurückweisungen erfahren. Man habe sie zur Rückkehr aufgefordert und sie finanziell entschädigt, wenn sie der Aufforderung nachgekommen seien. Diese Ablehnung durch Gesellschaft und Politik habe sie misstrauisch gemacht, denn man habe sie zwar geduldet, aber immer wieder nach Möglichkeiten gesucht, sie loszuwerden. Viele Rentner_innen mit türkischen Wurzeln fürchteten daher die Abschiebung oder Kürzung von Leistungen. Sie seien in den 1940er- und 1950er-Jahren in einer türkischen Gesellschaft aufgewachsen, die einer Diktatur geglichen habe, und der Demokratiegedanke habe sie demzufolge nicht erreicht. Ihre Kindheit und Jugend sei von Unterdrückung und Anpassung geprägt gewesen, weshalb sie bis in die Gegenwart versuchten, möglichst nicht aufzufallen und „unsichtbar“ zu sein.

---

[60] Ab einer Anzahl von drei Personen spricht die Soziologie von einer „sozialen Gruppe“ (Bernsdorf, 1972, in Anlehnung an: Simmel). In der Literatur zu Gruppendiskussionen lassen sich Merkmale einer Gruppe identifizieren, die diese aufweisen soll, um für eine Gruppendiskussion geeignet zu sein. Die ideale Anzahl der Teilnehmenden wird jedoch nicht explizit erwähnt und es lässt sich keine Mindestanzahl herauslesen (vgl. zum Gruppendiskussionsverfahren u. a. Lamnek, 1998; Loos & Schäffer, 2001; Przyborski & Wohlrab-Sahr, 2008). Ursprünglich wollte die Autorin für die Gruppendiskussion mit den türkischen Migrant_innen ebenfalls sieben Zusagen wie bei der ersten Gruppendiskussion mit Personen deutscher Herkunft, um letzten Endes mindestens fünf Teilnehmende zu haben und mögliche Ausfälle zu berücksichtigen.

Sie hätten bei ihrer Einreise ein Deutschland kennengelernt, das ebenfalls noch nicht von Demokratie geprägt gewesen sei. Ausländer_innen und Frauen hätten in den 1960er-Jahren in der BRD nicht die gleichen Rechte wie die männliche deutsche Bevölkerung gehabt, sodass die Türkeistämmigen auch in der Bundesrepublik möglichst unauffällig mitlaufen und nicht anecken wollten. Ein besonderes Problem stellten für viele türkische Migrant_innen die Sprachbarrieren dar. Eine große Zahl spreche weder gut Deutsch noch gut Türkisch. Die deutsche Sprache hätten sie meist nicht gelernt, weil ihre Netzwerke aus anderen türkischen Migrant_innen bestanden und sie aufgrund der zunächst angestrebten Rückkehr keine deutschen Sprachkenntnisse zu benötigen glaubten. Die türkische Sprache hätten viele von ihnen aber ebenfalls nur unzureichend gelernt, da sie aus armen Dörfern im Osten der Türkei stammten, in denen der Spracherwerb nicht adäquat gefördert worden sei, und sie ihre Heimat früh verließen. Zudem seien sie kulturell sehr unterschiedlich geprägt, sodass ihre Muttersprachen teilweise andere seien als Türkisch. Ein großer Teil von ihnen spreche etwa Kurdisch oder Aramäisch. Aufgrund der kulturellen Vielfalt türkischer Regionen sei häufig schwer ersichtlich, welche Sprache bzw. welchen Sprachenmix die Personen sprächen. Diese allgemeinen sprachlichen Defizite erschwerten die Kommunikation mit der Gruppe generell.

Nach diesem Gespräch mit der Schwester des türkischstämmigen Kollegen versprach die Kontaktperson der Forscherin, noch einmal zu versuchen, Personen für die Teilnahme an der Gruppendiskussion zu gewinnen. Der Termin für die vereinbarte Gruppendiskussion blieb vorerst bestehen und die Forscherin hoffte, dass eine ausreichende Anzahl von Diskutant_innen und eine produktive Diskussion zustande kommen würden.

9.2 Setting und Diskussionsbeginn

Die Gruppendiskussion fand in den Räumlichkeiten des Kulturnetzes Frankfurt e.V. im kleinen Zentrum in der Nordweststadt statt. Die Kontaktperson hatte die Idee, dort einen Raum anzufragen, da der Ort für die Anwohner_innen der Nordweststadt gut zu erreichen sei und die Teilnehmenden die Räumlichkeiten zum Teil kennen würden.

Die Diskussion war für 16:00 Uhr geplant. Beim Warten vor dem Vereinsraum wurden die Forscherin und ihr türkischstämmiger Kollege bereits von einem Mann angesprochen, der sich darüber wunderte, dass in den Räumen des Vereins eine Diskussionsrunde abgehalten werden sollte, da er dort um 17:00 Uhr seinen Leseclub mit Kindern abhalten wollte. Gegen 16:00 Uhr kam schließlich die Kontaktperson, und der Betreuer des

Leseclubs entschloss sich nach Rücksprache mit ihm, die Nachbarräume, die zur evangelischen Kirche gehören, für das Lesen zu nutzen.

Zeitgleich mit der Gruppendiskussion sollten im Kulturverein außerdem PC-Schulungen für Jugendliche erfolgen. Der Durchführung des PC-Unterrichts im hinteren Teil des Raums um 16:00 Uhr stand aus Sicht der Kontaktperson nichts im Weg, da er ruhig ablaufen würde.

Es traf eine Frau ein, eine ehrenamtliche Mitarbeiterin der Kirche, die sich zukünftig auch für den Kulturverein ehrenamtlich engagieren wollte. Sie wollte an diesem Nachmittag für die Teilnehmenden der Gruppendiskussion Kaffee und Tee kochen, um den Verein erstmals zu unterstützen.

Während die Forscherin und ihr Kollege sich im Raum orientierten und schließlich an einem der Tische im vorderen Bereich Platz nahmen, erledigte die Kontaktperson noch unterschiedliche organisatorische Arbeiten.

Kurz nach der Kontaktperson war der erste Gruppendiskussionsteilnehmer gekommen. Er unterhielt sich mit dem Kollegen der Autorin über seine Herkunft und präsentierte den beiden ein selbst verfasstes Buch über seine Geschichte als türkischer Gastarbeiter in Deutschland.

Die Kontaktperson erklärte, dass er noch zwei bis drei weitere Teilnehmende erwarte. Er versuchte, diese zu kontaktieren, konnte aber vorerst niemanden erreichen. Noch einmal erkundigte er sich nach den Teilnahmevoraussetzungen und versuchte daraufhin, weitere verrentete Nordweststädter_innen türkischer Herkunft anzurufen. So versuchte er u. a. vergeblich, telefonisch seine Nichte zu erreichen, die ebenfalls die Zugangsvoraussetzungen erfülle.

Die Räume des Kulturvereins befinden sich im kleinen Zentrum der Nordweststadt und die Kontaktperson nutzte die Örtlichkeit für einen Rundgang, um spontan weitere potenzielle Teilnehmende für eine Gruppendiskussion gewinnen zu können. Seine Suche blieb jedoch erfolglos, da er niemandem begegnete, der die Teilnahmevoraussetzungen erfüllte.

In der Zwischenzeit war eine Bekannte der Kontaktperson vorbeigekommen, die er zuvor zur Diskussion eingeladen hatte. Nachdem ihr der Hintergrund der Gruppendiskussion erläutert wurde, kontaktierte auch sie Bekannte, um diese unmittelbar für die Gruppendiskussion zu rekrutieren.

Gegen 16:45 Uhr kamen plötzlich zwei weitere Personen, die sich bereit erklärten, mitzudiskutieren.

Die Kontaktperson, die Forscherin und ihr Kollege sowie die vier Diskutant_innen nahmen am Tisch Platz; kurz darauf, gegen 16:45 Uhr, kam eine fünfte Teilnehmerin. Es folgten ein Austausch über die geplante Gruppendiskussion und weitere telefonische Rekrutierungsversuche.

Als sich nach wenigen Minuten abzeichnete, dass keine weiteren Personen hinzukommen würden, schien die Gruppe vollzählig.

Um 16:55 Uhr begann der Kollege der Forscherin offiziell mit einer Einleitung der Gruppendiskussion in türkischer Sprache. Die Teilnehmenden konnten sich zunächst nicht ausschließlich auf die Moderation des Diskussionsleiters konzentrieren und eine Teilnehmerin äußerte Bedenken bezüglich der geplanten Tonbandaufnahme. Nachdem ihre Skepsis beseitigt war, startete die Gruppendiskussion.

9.3 Ablauf

Insgesamt verlief die Gruppendiskussion von Anfang an sehr unruhig und war geprägt von Neben- und Hintergrundgeräuschen. Die jugendlichen Teilnehmenden der PC-Schulung, die ehrenamtliche Küchenhilfe und die Kontaktperson agierten im hinteren Teil des Raums und die Teilnehmenden waren immer wieder mit ihrem Handy sowie mit persönlichen Nebengesprächen beschäftigt.

Die Diskussion verlief größtenteils in türkischer Sprache. Verschiedene Begriffe wie „Rente“ oder „Leiharbeit“[61] wurden in deutscher Sprache ausgesprochen, während die Dialoge meist in türkischer Sprache stattfanden. In den Passagen, in denen sich die Teilnehmenden auf Deutsch äußerten, wurde deutlich, dass alle außer die Kontaktperson mit starkem Akzent und teilweise nur gebrochen Deutsch sprachen. Im Türkischen zeigten sie häufig eine dialektale Einfärbung, die bei einem Teilnehmenden so stark ausgeprägt war, dass sein Türkisch nur schwer verständlich war.

Die Anwesenden konnten überwiegend die Sprache der Diskussion selbst auswählen und sich sowohl auf Türkisch als auch auf Deutsch äußern.

Die Beiträge der Teilnehmenden waren überwiegend an den Diskussionsleiter gerichtet. Sie fokussierten ihn, nahmen ihn als ihre „Stimme“ wahr und forderten ihn mehrfach auf, sich zu verschiedenen Themen zu äußern, anstatt untereinander zu diskutieren – obwohl er ihnen bereits zu Beginn erläutert hatte, dass er sich zurücknehmen werde und die Gruppe in einer Art Gespräch agieren solle. Dieses Verhalten wurde durch den Diskussionsleiter allerdings auch begünstigt, da er die Diskussion auch für eigene innere Fragen bzw. Widersprüche in Bezug auf seine Rolle als Migrant nutzte und

[61] Leiharbeit, auch Zeitarbeit genannt, steht für die „Überlassung von Arbeitnehmern durch ihren Arbeitgeber (Verleiher) zur Arbeitsleistung an Dritte (Entleiher)“ (Gabler Wirtschaftslexikon, 2016). Dieses dreiseitige Arbeitsverhältnis bietet der Entleiherin bzw. dem Entleiher die Möglichkeit eines flexiblen Personaleinsatzes, während die Leiharbeiterin bzw. der Leiharbeiter nur ein befristetes Arbeitsverhältnis bekommt.

angab, die benannten Probleme der Teilnehmenden an Verantwortliche in Politik und Stadt weitertragen zu wollen, um eine Verbesserung zu erzielen. Er gab mehrfach seine eigene Meinung preis und bestand darauf, den Interviewleitfaden abzuarbeiten. Durch dieses Abarbeiten lenkte er die Gruppe häufig zu seiner Fragestellung zurück, auch wenn diese andere inhaltliche Schwerpunkte setzte, und griff stark lenkend in die Diskussion ein.

Die Diskutant_innen wichen teilweise stark von den Themen ab und sprachen mehr über das Verhältnis von Deutschen und Ausländer_innen im Allgemeinen oder ihre Wahrnehmung ihrer Stellung als Migrant_innen in Deutschland statt über ihre Nachbarschaften. Ein Teilnehmender war bemüht, die anderen immer wieder zum Thema Nachbarschaften zurückzulenken.

Die Diskussion wirkte kontinuierlich sehr unstrukturiert und chaotisch. Die Teilnehmenden standen einfach auf und gingen, andere kamen hinzu und eine Teilnehmerin machte mittendrin, ohne zu fragen, eine Raucherpause. Die Teilnehmenden redeten häufig parallel und ließen einander nicht ausreden. Viele zeigten sich sehr ungeduldig, andere telefonierten während der Diskussion bzw. ließen ihr Handy laut klingeln. Es wirkte, als würde jeder ungeachtet möglicher Anstandsformen oder Regeln der Kommunikation während eines Gesprächs seinen individuellen Bedürfnissen nachgehen. Darüber hinaus lenkte die Kontaktperson teilweise die Diskussion und schritt ein, wenn er das Gefühl hatte, dass die Diskutant_innen zu stark vom Thema abwichen. Auch ihm waren vorab die Prinzipien einer Gruppendiskussion erläutert worden, doch er schenkte ihnen während der Diskussion keine Beachtung mehr.

Nachdem die Diskussionsleitung die Diskussion erstmalig offiziell beendet und sich für die Teilnahme bedankt hatte, wurde noch ca. 30 Minuten weiterdiskutiert, da der Diskussionsleiter noch ein paar persönliche Fragen an die Gruppe hatte. Ihn interessierte u. a., warum es so schwierig sei, türkische Migrant_innen für eine solche Diskussionsrunde zu rekrutieren. Die Teilnehmenden diskutierten mit dem Diskussionsleiter sehr engagiert weiter und bewerteten seine Bemühungen dieser Zielgruppe gegenüber als positiv. Diese Phase wurde ebenfalls transkribiert und ausgewertet, da die Diskussion fortlaufend weitergeführt und wichtige Aspekte zum Thema Nachbarschaften genannt wurden.

Am Ende verließen die Teilnehmenden schließlich zu unterschiedlichen Zeitpunkten die Räumlichkeiten, ohne dass es abschließende Worte seitens der Diskussionsleitung gab.

9.4 Teilnehmende

Insgesamt nahmen sechs Personen an der Gruppendiskussion teil, wobei eine Teilnehmerin frühzeitig ging und eine Teilnehmerin später dazukam, sodass maximal fünf Teilnehmende gleichzeitig anwesend waren. Ebenfalls am Tisch saßen der Diskussionsleiter und die Beobachterin sowie zeitweise der Mann, der im Vorfeld als zentrale Kontaktperson fungiert hatte. Am Ende der Befragung wurden die Teilnehmenden gebeten, einen Fragebogen auszufüllen, um persönliche Angaben von ihnen zu erhalten, die lediglich einem besseren Überblick dienen und keinesfalls die Anonymität gefährden sollten. Der Fragebogen war weitgehend identisch mit dem, der den deutschen Diskutant_innen in der ersten Gruppendiskussion vorgelegt worden war. Lediglich die folgenden vier Fragen wurden hinzugefügt:

- Wohndauer in Deutschland
- Gab es Unterbrechungen in der Wohndauer in Deutschland (z. B. zeitweilige Reimmigration in die Türkei?)?
- Wohnen Sie dauerhaft in Deutschland oder pendeln Sie?
- Was planen Sie bezüglich des Wohnens in der Zukunft (z. B. Umzug zu den Kindern, Reimmigration in die Türkei, wohnen bleiben)?

Vier Frauen und zwei Männer nahmen an der Diskussion teil. Die Kontaktperson füllte keinen Fragebogen mit persönlichen Angaben aus, da er ursprünglich als Multiplikator fungiert hatte und seine Teilnahme an der Diskussion nicht vorgesehen war. Es liegen lediglich von fünf Personen persönliche Angaben vor, da die Teilnehmerin, die verspätet dazu kam, keinen Fragebogen ausfüllte.[62]

Die Teilnehmenden waren aufgrund mangelnder Deutschkenntnisse nicht in der Lage, den Fragebogen selbstständig auszufüllen, sodass die Kontaktperson, der Diskussionsleiter und die Forscherin dabei unterstützten. Sie übersetzten teilweise die Fragen und füllten die Bögen für die Teilnehmenden aus. Die Kontaktperson übernahm das Ausfüllen des Fragebogens für die Teilnehmerin, die frühzeitig die Diskussion verlassen hatte, da es sich bei ihr um seine Schwester handelte und er genaue Angaben machen konnte.[63]

Drei Teilnehmende waren weiblichen, zwei männlichen Geschlechts. Sie waren zwischen 48 und 86 Jahre alt (41, 48, 67, 75 und 86 Jahre). Auch die

[62] Die Teilnehmerin gab im Gespräch an, ebenfalls in der Nordweststadt zu wohnen und verrentet zu sein, weshalb sie die Forschungskriterien erfüllte.

[63] Lediglich zum letzten Punkt „Was ich noch sagen möchte“ konnte Herrn Cengiz demzufolge nicht für seine Schwester antworten.

beiden jüngeren Personen waren aufgrund gesundheitlicher Probleme bereits verrentet.[64]

Je zwei Teilnehmende waren verheiratet und geschieden, während ein Teilnehmer verwitwet war. Eine Teilnehmende hatte keine Kinder, die anderen zwei, drei und sechs Kinder sowie vier Kinder und ein Adoptivkind.

Zwei Personen, die angaben, in der Türkei aufgewachsen zu sein, gaben beim Schulabschluss „/" an, was vermuten lässt, dass sie keinen Schulabschluss haben oder einen Abschluss in der Türkei, dessen deutsche Bezeichnung sie nicht kennen. Eine Person gab an, die Förderschule besucht zu haben, zwei weitere die Grundschule.

Drei Personen gaben beim Beruf Rentner bzw. Rentnerin an, während eine Teilnehmende sich als Pflegehelferin und ein weiterer sich als Elektriker bezeichnete.

Die Aufenthaltsdauer der Befragten in Deutschland lag zwischen 34 und 52 Jahren, durchschnittlich bei 42,6 Jahren. Sie lebten 33 bis 43 Jahre in Frankfurt am Main. Ein Teilnehmer hatte zwischen 1961 und 1994 (33 Jahre) in Frankfurt am Main gelebt, wohnte jedoch seit 1994 in Offenbach am Main[65]. Er fühlte sich dennoch für die Diskussion als älterer Nordweststädter_innen türkischer Herkunft angesprochen.

Die anderen vier Teilnehmenden lebten zwischen zehn und 34 Jahren (10, 14, 28 und 34 Jahre) im Stadtteil Nordweststadt und zwischen acht und 34 Jahren (8, 8 und 34 Jahre) in derselben Wohnung. Eine Teilnehmerin, die seit acht Jahren in ihrer Wohnung lebte, wohnte seit 28 Jahren im selben Haus. Sie war vor acht Jahren lediglich in eine andere Wohnung im selben Wohnhaus gezogen. Eine andere Teilnehmerin gab an, seit 1999 in der Nordweststadt zu wohnen, seit 1974 jedoch in derselben Wohnung. Aufgrund der Widersprüchlichkeit dieser Aussage kann hier keine Angabe zur Wohndauer in der jetzigen Wohnung gemacht werden.[66]

Vier Diskutant_innen wohnten laut eigener Angabe in einem Mehrfamilienhaus und eine Teilnehmerin in einem Hochhaus. Zwei präzisierten ihre Angaben, indem sie erläutern, in einem Haus mit 25 Parteien, verteilt auf fünf Stockwerke, bzw. in einem Wohnhaus mit vier Stockwerken und acht Parteien zu wohnen.

---

[64] Hier spiegelt sich die Tendenz wider, dass Migrant_innen häufig einen schlechteren Gesundheitszustand aufweisen als Personen deutscher Herkunft und früher verrentet werden. Das kann sowohl auf die Migrationserfahrungen zurückzuführen sein als auch auf die häufig anstrengende körperliche Arbeit im Erwerbsleben (vgl. auch Abschnitt zu gesundheitlichen Aspekten türkischer Migrant_innen).

[65] Offenbach am Main ist eine Großstadt, die an Frankfurt am Main grenzt.

[66] Bei dieser Teilnehmerin handelt es sich um die Schwester der Kontaktperson, die frühzeitig die Gruppendiskussion verließ. Er machte an ihrer Stelle die persönlichen Angaben, weshalb der Fehler beim Ausfüllen auf ihn zurückzuführen ist.

Die Frage nach Unterbrechungen der Wohndauer in Deutschland, z. B. durch zeitweilige Reimmigration in die Türkei, verneinten vier Personen und eine gab an: „ja in Ffm“. „Ffm“ steht als Abkürzung für Frankfurt am Main und die Person sagt somit aus, dass es Unterbrechungen ihrer Wohndauer in Frankfurt am Main gegeben habe. Zuvor hatte sie diese jedoch nicht angegeben, da sie schrieb, seit 1972 in Deutschland und auch in Frankfurt am Main zu wohnen. Die Frage war außerdem lediglich auf Unterbrechungen des Wohnens in Deutschland gerichtet, die es demzufolge nicht gegeben zu haben scheint.

Vier Teilnehmende gaben an, dauerhaft in Deutschland zu leben und nicht zwischen Deutschland und der Türkei zu pendeln. Einer davon erklärte, dass er in diesem Jahr vier Monate in der Türkei verbracht habe, ansonsten aber lediglich Urlaub dort mache. Eine Person sagte aus, regelmäßig zu pendeln und ca. drei Monate pro Jahr in der Türkei zu leben.

Auf die Frage, was die Teilnehmenden bezüglich des Wohnens in der Zukunft planten, gaben zwei Personen an, dass sie ihre Zukunft in Frankfurt am Main planten, zwei weitere, dass sie in Deutschland bleiben wollten, und eine Teilnehmerin, dass sie ihre Zukunft in der Nordweststadt, jedoch in einer besseren Wohnung, plane. Ein Teilnehmender begründete an dieser Stelle seinen dauerhaften Aufenthalt in Deutschland mit seinen Enkelkindern: „Deutschland, weil die Enkelkinder in Deutschland leben“.

Zwei der fünf Personen nutzten die Möglichkeit am Ende des Fragebogens, weitere Aussagen zu machen, und schrieben zum einen: „Kinder sind unsere Zukunft, darauf müssen wir achten!“ und zum anderen: „Mehr Chancen für unsere Kinder! Alle sollen gleichberechtigt leben! Zukunft!“

Die Teilnehmenden der Diskussion kannten sich überwiegend bereits vorab, da sie familiäre oder freundschaftliche Beziehungen zueinander pflegten.[67]

[67] Es gestaltete sich sehr schwierig, die Fragebögen im Anschluss an die Diskussion den Teilnehmenden zuzuordnen, denn sie enthielten z. T unvollständige Antworten und waren fehlerhaft bzw. stimmten nicht mit Aussagen in der Diskussion über ein.

9.4.1 Persönliche Angaben der Teilnehmeden – Erfüllung der Forschungskriterien?

Für die zweite Gruppendiskussion im Rahmen der vorliegenden Untersuchung galt es, bei der Rekrutierung der Teilnehmenden folgende Kriterien zu beachten:

- Die Personen haben einen türkischen Migrationshintergrund.
- Die Personen wohnen in der Nordweststadt.
- Die Personen sind in Rente.

Der Kontaktperson wurden diese Auswahlkriterien mitgeteilt und er erläuterte potenziellen Teilnehmenden, dass für ein Forschungsprojekt zu Nachbarschaften in der Nordweststadt Rentner_innen türkischer Herkunft gesucht würden, die in der Nordweststadt wohnen sollten. Bei seiner Suche sprach er auch zwei Personen an, die erst 41 und 48 Jahre alt, aber bereits verrentet waren, und einen Bekannten, der seit 19 Jahren nicht mehr in der Nordweststadt wohnte. Alle drei fühlten sich anhand der drei Kriterien angesprochen: Die Personen aus der jüngeren Alterskohorte waren bereits verrentet und der Mann, der mittlerweile in Offenbach am Main wohnt, gab an, dass er sich der Nordweststadt noch immer zugehörig fühle.

Die Forscherin entschied sich, alle drei Personen an der Diskussion teilnehmen zu lassen. Das Kriterium der Rente war für die Auswahl der Teilnehmenden wichtig, da davon auszugehen ist, dass Personen, die nicht mehr erwerbstätig sind, vermehrt Zeit in ihrer unmittelbaren Wohnumgebung verbringen und daher ihre Nachbarschaften möglicherweise anders beurteilen und ihnen eine größere Bedeutung beimessen als erwerbstätige Personen, die grundsätzlich mobiler sind und weniger Zeit im Wohnumfeld verbringen (vgl. hierzu Abschnitt zu Alter und Wohnen). Zudem wird davon ausgegangen, dass Personen der gleichen Generation über gemeinsames biografisches Wissen verfügen (Mannheim, 1964).

Die beiden jüngeren Personen in der Gruppendiskussion waren aufgrund körperlicher Beeinträchtigungen bereits verrentet, weshalb davon auszugehen war, dass sie vermehrt Zeit in ihrer Wohnumgebung verbringen. Da sie deutlich jünger waren als die restlichen Teilnehmenden, war jedoch zu vermuten, dass das mit den älteren Diskutant_innen geteilte biografische Wissen geringer wäre. Dennoch haben die Personen beider Alterskohorten viele gemeinsame biografische Erlebnisse, wie z. B. das Leben in Deutschland mit türkischem Migrationshintergrund, das alle im Rahmen der Diskussion als zentrales Kriterium ihres Lebens mehrfach hervorheben. Darüber hinaus teilen beide Kohorten körperliche Einschränkungen durch erworbene Erkrankungen.

Aufgrund dieser Gemeinsamkeiten hat sich die Forscherin für die Teilnahme der beiden jüngeren Frauen entschieden. Es sind relevante Aussagen zum Thema Nachbarschaften seitens der beiden Frauen zu erwarten, da sie auf eine lange Wohndauer in der Nordweststadt zurückblicken; eine wohnt bereits seit zehn Jahren im Quartier und die andere seit 28 Jahren. Bei beiden ist daher davon auszugehen, dass sie vielfältige Nachbarschaften in der Nordweststadt erlebt haben und erleben.

Für den Teilnehmenden, der seit 19 Jahren nicht mehr in der Nordweststadt, sondern in Offenbach am Main wohnte, war die Nordweststadt laut seinen Angaben der prägendste Wohnort. Aufgrund der langen Wohndauer in der Nordweststadt, des von ihm formulierten stark ausgeprägten Zugehörigkeits- und Heimatgefühls der Siedlung gegenüber sowie seiner nach wie vor zahlreichen Kontakte im Quartier konnte er in die Diskussion mit einbezogen werden. Seine persönlichen Erfahrungen in den Nachbarschaften in der Nordweststadt beschränkten sich zwar auf die Vergangenheit, durch seine Beziehungen zu Familienangehörigen und Bekannten, die nach wie vor dort wohnten, konnte er aber auch Veränderungen in den Nachbarschaften in den letzten Jahren beurteilen und kannte den Stadtteil und seine Institutionen nach wie vor gut. Im Gespräch teilte er dem Forscherteam mit, dass das Leben in der Nordweststadt für ihn so prägend gewesen sei, da er die Phase der Familiengründung dort erlebte, seine Kinder dort aufwuchsen und er dadurch vielfältige Institutionen und zahlreiche Menschen im Quartier kennenlernte. Wenn er an Nachbarschaften denke, blicke er auf die Zeit in der Nordweststadt zurück. Dass er sich angesprochen gefühlt hat bei der Diskussion um Nachbarschaftserleben in der Nordweststadt, zeigt bereits seine starke Verbundenheit. Zudem hat er frühzeitig verbindlich zugesagt.

Es bleibt dennoch zu berücksichtigen, dass sein Blick auf die Nachbarschaften sowohl eine Sicht von innen als auch von außen beinhaltet. Er wird die Nachbarschaften in der Nordweststadt immer mit einem gewissen Abstand beurteilen können. Zudem kann er Bezüge und Vergleiche zu seiner aktuellen Nachbarschaft in Offenbach am Main herstellen.[68]

Insgesamt aber ist festzuhalten, dass es bereits einen großen Gewinn darstellt, so viele türkische Migrant_innen außerhalb ihrer vertrauten Umgebung zu versammeln und zum offenen Reden zu bewegen. Diese Settings wissenschaftlicher Forschung sind ihnen gänzlich fremd und sie stehen diesem, wie zuvor im Abschnitt zur Rekrutierung verdeutlicht, sehr kritisch und misstrauisch gegenüber.

---

[68] Bei der Auswertung der Gruppendiskussion hat die Forscherin stets kritisch reflektiert, dass diese drei Teilnehmenden im Hinblick auf die Auswahlkriterien Unterschiede zur restlichen Gruppe aufweisen, sofern dies relevant für die Beantwortung der Forschungsfrage war.

9.4.2 Die Teilnehmenden der Gruppendiskussion – ein Vergleich zwischen den Personen deutscher und türkischer Herkunft

Beim Vergleich der persönlichen Angaben der Teilnehmenden beider Gruppendiskussionen wird deutlich, dass die beiden Gruppen sehr heterogen sind.[69] Während erstere eine einheitliche Altersstruktur aufweist – die Teilnehmenden sind zwischen 74 und 85 Jahre alt –, differiert das Alter der türkischen Migrant_innen stark: zwischen 41 und 86 Jahren.

Die Teilnehmenden deutscher Herkunft sind häufiger verheiratet und haben überwiegend jeweils zwei Kinder, während die türkischstämmigen Diskutant_innen genauso häufig verheiratet wie geschieden sind und alle unterschiedlich viele Kinder haben.

Die Gruppe deutscher Herkunft weist höhere Schulabschlüsse auf. Während dort die mittlere Reife und das Abitur dominieren, haben die türkischen Migrant_innen zuletzt eher die Grund- oder Förderschule besucht und können somit keinen in Deutschland anerkannten Schulabschluss vorweisen. Die Differenz bei den Schulabschlüssen spiegelt sich auch in den angegebenen Berufen wider. Die Deutschstämmigen geben Berufe wie Pfarrer, Rechtsanwalt/Notar, Kauffrau bzw. Kaufmann oder technische Zeichnerin/freie Künstlerin an, die zum Teil hohes gesellschaftliches Ansehen genießen (Institut für Demoskopie Allensbach, 2013). Die türkischen Migrant_innen nennen die Berufe Elektriker und Pflegehelferin, die mit einem eher geringen gesellschaftlichen Ansehen verbunden sind (Hauptsache Bildung, 2011), und bezeichnen sich bei der Frage nach dem Beruf überwiegend als Rentner_innen, ohne Bezug auf ihr Erwerbsleben zu nehmen. Es ist unklar, ob sie keinen Beruf erlernt haben oder an dieser Stelle einfach ihren aktuellen Status beschreiben möchten.

In Frankfurt, der Nordweststadt und der eigenen Wohnung blicken viele Teilnehmende türkischer und deutscher Herkunft bereits auf eine lange Wohndauer zurück. Erstere leben alle schon mehrere Jahrzehnte in Deutschland, haben ihre Kindheit und Jugend meist in der Türkei verbracht und sind überwiegend direkt nach Frankfurt am Main migriert. Während die Diskutant_innen deutscher Herkunft in den für die Nordweststadt typischen verschiedenen Häusertypen Reihen-, Einfamilien-, Mehrfamilien- sowie Hochhaus leben, wohnen die befragten Migrant_innen alle in Mehrfamilien- oder Hochhäusern.

---

[69] Der Vergleich der beiden Gruppen zeigt auffallende Unterschiede. Es muss jedoch beachtet werden, dass in beiden Gruppen lediglich eine kleine Fallzahl vorliegt. Während bei den Personen deutscher Herkunft neun Teilnehmende persönliche Angaben machten, sind es bei den türkischen Teilnehmenden fünf.

Interessant ist auch ein Blick auf die offenen Nennungen am Schluss. Die Möglichkeit einer abschließenden Bemerkung nutzen die Deutschstämmigen, um ihre Nachbarschaften positiv hervorzuheben oder der Autorin viel Erfolg bei ihrer Arbeit zu wünschen; ein Teilnehmender, merkte an, dass Deutschland seine Integrationsbemühungen weiter vorantreiben müsse. Die türkischen Migrant_innen erwähnten ausschließlich, dass sie sich eine gute Zukunft für ihre Kinder wünschten und dass alle gleichberechtigt leben sollten. Niemand benennt oder bewertet an dieser Stelle die Nachbarschaften.

10. Theoretisches Modell: Nachbarschaftserleben älterer Personen deutscher und türkischer Herkunft

Im folgenden Kapitel wird das theoretische Modell beschrieben, das aus den Ergebnissen der beiden Gruppendiskussionen mit älteren Personen deutscher und türkischer Herkunft resultiert.

Die Auswertung einer Gruppendiskussion schließt klassischerweise mit der Typenbildung ab, in der Zusammenhänge „zwischen einer Orientierung und den zugrunde liegenden konjunktiven Erfahrungen" (Asbrand, 2011, S. 11) hergestellt werden. Sie geht mit einem hohen Grad an Abstraktion einher: Die Komplexität eines Falles wird reduziert und eine detaillierte Darstellung von Einzelfällen ist nicht mehr möglich.

Die beiden Fälle im Rahmen der vorliegenden Untersuchung als charakteristisch für Repräsentant_innen der deutschen und der türkischen Ethnie zu betrachten, würde die Komplexität der beiden Diskussionen zu stark reduzieren und zu sehr nach Herkunft stigmatisieren. Im Laufe des Forschungsprozesses wurde deutlich, dass beide Gruppen eine Vielzahl formaler Gemeinsamkeiten besitzen, und die Merkmalsausprägungen der Dimensionalisierung im Rahmen eines Konzepts bedürfen.

Die Forscherin hat sich aus diesen Gründen entschieden, die Ergebnisse der Untersuchung nicht mithilfe von Typen darzustellen, sondern aufgrund der Daten ein theoretisches Modell zu erarbeiten, durch das die beiden Fälle anhand von Kategorien deutlich differenzierter kontrastiert werden können (zur Erstellung eines theoretischen Modells vgl. Schütze, 1983, S. 288). Die in der Diskursbeschreibung präsentierten Ergebnisse werden kontrastiv miteinander verglichen, um Gemeinsamkeiten und Unterschiede herauszuarbeiten.

Zunächst werden die kulturspezifischen Auffälligkeiten in den Datengrundlagen dargestellt. Die jeweilige Situation der Gruppendiskussionen und ihre Spezifika werden beschrieben und auf kulturelle Unterschiede wird Bezug genommen. Des Weiteren wird erläutert, was Nachbarschaft für die jeweilige Gruppe ausmacht, und der jeweilige Begriff der Heimat wird konkretisiert. Anschließend folgt eine Darstellung der sozialen Funktionen, bevor schließlich räumliche und soziale Veränderungen unter Einbezug migrationsspezifischer und zeitlicher Aspekte erfolgen.

10.1 Kulturspezifische Interpretation der Auffälligkeiten in den unterschiedlichen Datengrundlagen

Vergleicht man die Physionomie der beiden Gruppendiskussionen, fallen starke Differenzen sowohl bereits in der Rekrutierungsphase als auch in der situativen Ausgestaltung auf. Im folgenden Kapitel werden diese Unterschiede im Hinblick auf ihre Kulturspezifik interpretiert. Dabei liegt der Interpretation ein Kulturverständnis zugrunde, dass sich auf die Gesamtheit des sozialen Handelns, „d. h. die typischen Arbeits- und Lebensformen, Denk- und Handlungsweisen, Wertvorstellungen und geistigen Lebensäußerungen einer Gemeinschaft“ (Nünning, 2009) bezieht. Dieser Kulturbegriff ist ein vielfältiger, der zunehmend in unterschiedlichen Bereichen Anwendung findet (ebd.); im Folgenden wird er verwendet, um das soziale Handeln von Personen deutscher und türkischer Herkunft zu beschreiben.

Kulturspezifische Besonderheiten der deutschen und türkischen Kultur werden hier unterschieden, da die Vertreter_innen beider Kulturen Gegenstand der Diskussionen sind und es sich z. B. beim Ordnungsdenken und der klaren Struktur in Absprache und Ablauf um Eigenschaften handelt, die vor allem der deutschen Kultur zugeschrieben werden. Die herausgearbeitete Kulturspezifik gilt aber keinesfalls ausschließlich für die jeweilige Kultur. Vielmehr lassen sich die beschriebenen Sachverhalte auch auf andere Kulturen übertragen. Bestimmte Verhaltens- oder Denkweisen lassen sich aber tendenziell der deutschen oder türkischen Kultur zuordnen.

Ebenso ist davon auszugehen, dass Mischformen beider Kulturen existieren. Anhand der Darstellung kann nicht darauf geschlossen werden, dass einzelne Vertreter_innen der beiden beschriebenen Kulturen zwangsläufig die Merkmale ihrer jeweiligen Kultur repräsentieren. Es handelt sich hier lediglich um eine exemplarische Darstellung; gerade Migrant_innen, die zwei Kulturen in sich vereinen, zeigen häufig Mischformen der dargestellten kulturspezifischen Eigenschaften.

Phase der Rekrutierung und des Ankommens

Die Rekrutierungsphasen für die beiden Gruppendiskussionen gestalteten sich sehr unterschiedlich. Die Teilnehmenden der ersten Gruppendiskussion, Personen deutscher Herkunft, wurden überwiegend aus der Stichprobe des Forschungsprojekts BEWOHNT für die Teilnahme gewonnen. Nordweststädter_innen, die in früheren Befragungen angegeben hatten, für weitere Forschung zur Verfügung zu stehen, wurden von der Forscherin telefonisch kontaktiert. Die Forscherin rief sowohl Personen der jüngeren (70–79 Jahre) als auch der älteren (80–89 Jahre) Alterskohorte, sowohl männliche als auch weibliche Personen an, um die Heterogenität der Gruppe zu erhöhen. Die Mehrzahl der Angerufenen stand der Diskussion offen gegenüber; so konnte anhand von Terminvorschlägen der Forscherin, die sie mit der Leiterin der Begegnungsstätte, in der die Diskussion stattfinden sollte, abstimmte, schnell ein zeitnaher Termin gefunden werden. Zwei Frauen fragten um Erlaubnis, ob sie ihren Ehemann, eine weitere Frau, ob sie ihre Nachbarin mitbringen dürfe. Diese drei hatten z. T. noch nicht selbst an der Forschung von BEWOHNT teilgenommen, aber das Projekt war ihnen durch die Partnerin bzw. Nachbarin bekannt. Es bedurfte keiner weiteren Erklärungen seitens der Forscherin gegenüber den Teilnehmenden, außer dass es sich bei ihrer Untersuchung um eine Vertiefungsstudie zum Thema Nachbarschaften in der Nordweststadt mit dem Ziel einer Promotion handele.

Das Begegnungszentrum für Senior_innen, an dem die Diskussion stattfinden sollte, war den meisten nicht bekannt, doch mit der angegebenen Adresse konnten sie selbstständig den Weg dorthin finden.

Die Rekrutierung der Personen türkischer Herkunft erfolgte über verschiedene Multiplikator_innen und fokussierte sich schließlich auf eine zentrale Kontaktperson. Von mehreren Institutionen wurden der Forscherin Kontaktdaten von Personen übermittelt, die teilweise wieder weitere Personen benannten, die bei einer Rekrutierung behilflich sein könnten. Ein erster Diskussionstermin war schnell vereinbart, musste jedoch aufgrund mehrfacher Absagen kurzfristig abgesagt werden. Ein Multiplikator lehnte die weitere Unterstützung ab und auch für einen zweiten Termin gab es wieder Absagen (vgl. hierzu auch Rekrutierung der Teilnehmenden).

Beim Vergleich der Rekrutierungsphasen für die beiden Diskussionsgruppen zeigt sich, dass für die zweite Gruppendiskussion Multiplikator_innen und deren soziale Netzwerke eine zentrale Rolle spielten, während bei der ersten Diskussion das Forschungsprojekt BEWOHNT die elementare Zugangsmöglichkeit darstellte. Zudem wird eine gewisse Unverbindlichkeit bei den Zusagen der türkischen Migrant_innen sichtbar. Während die potenziellen Teilnehmenden der ersten Diskussion sich bereits vorab für eine mögliche Verspätung entschuldigten[70], was auf ein hohes Maß an Verbindlichkeit hindeutet, sagen die Interessierten der zweiten Diskussion ihre Teilnahme zwar zu, z. T. kurzfristig aber wieder ab.

Diese Unverbindlichkeit setzte sich bei der Pünktlichkeit fort. Die Teilnehmenden der ersten Gruppendiskussion, inklusive der Teilnehmerin, die angekündigt hatte, möglicherweise zu spät zu kommen, trafen bereits durchschnittlich zehn bis 15 Minuten vor dem vereinbarten Diskussionsbeginn im Begegnungszentrum ein. Bei der zweiten Diskussion war dagegen zur abgesprochenen Zeit noch kein einziger Teilnehmender im Kulturzentrum. Sowohl in der Organisation seitens des Multiplikators als auch bei

[70] Eine Teilnehmerin kündigte bei der telefonischen Terminvereinbarung bereits an, sich aufgrund eines Arzttermins möglicherweise zu verspäten.

den Teilnehmenden der Diskussion zeigte sich bezüglich der Pünktlichkeit eine „Unverbindlichkeit in der Verbindlichkeit".

Bei der ersten Gruppendiskussion traf die Forscherin bereits ca. 30 Minuten vor Diskussionsbeginn im Begegnungszentrum ein, brachte die Tische in die richtige Position, stellte Namensschilder auf, positionierte die Aufnahmegeräte und orderte Kaffee und Wasser für die Gruppe. Als die Teilnehmenden verfrüht eintrafen, waren die Vorbereitungen bereits abgeschlossen und die Forscherin konnte sich auf die Begrüßung der einzelnen Personen konzentrieren.

Bei der zweiten Diskussion traf die Forscherin ebenfalls ca. 30 Minuten vor Diskussionsbeginn am Kulturzentrum ein. Eine Vorbereitung wie für die erste Diskussion war ihr jedoch nicht möglich, da der Verantwortliche für die Räumlichkeiten erst wenige Minuten vor dem vereinbarten Diskussionsbeginn um 16:00 Uhr eintraf. Dabei wurde ebenso deutlich, dass er die Nutzung der Räume nicht mit weiteren Nutzer_innen abgestimmt und organisatorische Tätigkeiten erst für den Zeitpunkt der Diskussion selbst angesetzt hatte.

Der erste Teilnehmer traf bald ein und der Multiplikator erwartete noch zwei bis drei weitere Personen, die er aber telefonisch zu diesem Zeitpunkt nicht erreichen konnte. Nachdem er sich bei dem Forscherteam erneut über die Teilnahmebedingungen informiert hatte, startete er eine spontane weitere Rekrutierungsphase, indem er Verwandte anrief und im kleinen Zentrum auf die Suche nach potenziellen Teilnehmenden ging. Er präsentierte ein unkonventionelles Vorgehen, das geprägt war von Spontanität sowie einem flexiblen Umgang mit den Forschungskriterien. Einerseits wurden Unverbindlichkeit und Unpünktlichkeit seitens der Teilnehmenden sichtbar, da einige ihre Teilnahme zusagten, aber nicht zur vereinbarten Zeit erschienen und auch nicht erreichbar waren. Andererseits wurde deutlich, dass dieser flexible Umgang mit der Zeit auch eine spontane Teilnahme ermöglichte, denn es kamen nach und nach Teilnehmende, die die Kontaktperson auf unterschiedlichen Wegen kontaktiert hatte und die spontan zur Teilnahme an der Diskussion bereit waren. Dieses Vorgehen war nur möglich aufgrund seines sozialen Netzwerks und es zeigte sich, welche Ressourcen ein solches Netzwerk mitbringt.

Mit dem Eintreffen weiterer Teilnehmender wurden die Rekrutierungsversuche durch die Anwesenden fortgesetzt, die ebenfalls versuchten, weitere potenzielle Teilnehmende zu kontaktieren. Die Phase vom Ankommen des Leitungsteams bis hin zum offiziellen Start der Gruppendiskussion dauerte ca. eine Stunde. Sie war geprägt von vielfältigen Interaktionen in Form von Nebengesprächen, telefonischen Rekrutierungsversuchen und Aufenthalten vor der Tür des Kulturzentrums, u. a. zum Rauchen.

Die Phase des Ankommens in der ersten Diskussion mit Personen deutscher Herkunft war deutlich kürzer. Die Teilnehmenden trafen ein, stellten sich der Forscherin vor, sofern diese ihnen noch nicht bekannt war, bedienten sich z. T. an den Getränken, setzten sich an den für sie vorgesehenen Platz und kamen miteinander ins Gespräch über ihren Wohnort in der Nordweststadt. Diese Phase dauerte ca. 15 Minuten, bis die Diskussion pünktlich zum verabredeten Zeitpunkt startete.

Beim Vergleich der Phasen der Rekrutierung und des Ankommens werden bereits große Unterschiede sichtbar, die zur besseren Übersicht in der folgenden Tabelle dargestellt werden:

Phase der Rekrutierung und des Ankommens	GD I	GD II
Zusageverhalten	verbindlich	flexibel / spontan
Rekrutierung weiterer Teilnehmender	Erlaubnis erbeten	eigenständig
Pünktlichkeit	10-15 Minuten vor Vereinbarung	bis zu 60 Minuten nach Vereinbarung
Organisation	vor Eintreffen der Teilnehmenden	situativ beim Eintreffen der Teilnehmenden
Platzierung	Namensschilder	freie Platzwahl
Umgang mit Forschungskriterien	starr	flexibel
Räumlichkeiten	exklusiv	geteilte Nutzung

Tab. 2: Gegenüberstellung der kulturspezifischen Auffälligkeiten bei der Organisation der Gruppendiskussionen

Bei der ersten Gruppendiskussion zeigt sich ein geradliniger Verlauf, in dem die Phasen der Rekrutierung und des Ankommens deutlich voneinander getrennt sind und einen Abstand von mehreren Tagen aufweisen. Die Teilnehmenden möchten bei der Rekrutierung unterstützen, was sich zeigt, als drei Teilnehmerinnen bei der telefonischen Terminvereinbarung nachfragen, ob sie ihren Ehemann bzw. ihre Nachbarin mitbringen dürfen. Die Diskussion ist planbar, da Namen, Anzahl der Teilnehmenden sowie deren Beziehungen untereinander mehrere Tage vor der Diskussion feststehen. Räumlichkeiten können exklusiv gebucht, Namensschilder angefertigt, Tische platziert und Getränke aufgestellt werden.

Bei der zweiten Diskussion überschneiden sich die Phasen des Ankommens und Rekrutierens teilweise. Neue potenzielle Teilnehmende werden eigenständig und spontan kontaktiert, die Forschungskriterien aufgeweicht, der Raum situativ ausgestaltet und Plätze frei gewählt.

Die erste Diskussion lässt sich als charakteristisch für das deutsche Ordnungssystem beschreiben. Abläufe sind klar strukturiert und die Deutschen zugeschriebenen Tugenden der Pünktlichkeit und Zuverlässigkeit werden sichtbar. Die zweite Diskussion dagegen ist geprägt von einem hohen Maß an Flexibilität, Spontaneität, situativer Ausgestaltung und einer größeren Unverbindlichkeit, aber auch einem gut funktionierenden sozialen Netzwerk. Diese Eigenschaften finden sich vielfach in anderen Kulturen und lassen sich als kulturspezifische Unterscheidungsmerkmale beider Diskussionen identifizieren.

Diskussionsbeginn
Die bereits in der Phase der Rekrutierung und des Ankommens sichtbaren kulturspezifischen Besonderheiten setzen sich im Diskussionsverlauf fort.

Die Forscherin versicherte den Anwesenden beider Gruppendiskussionen, dass ihre Anonymität gewahrt würde, und begann die erste Gruppendiskussion, indem sie einen Bezug zwischen ihrem Dissertationsprojekt und den Ergebnissen des Forschungsprojekts BEWOHNT herstellte. Sie erklärte den Diskutant_innen, dass sie selbst sich in der Diskussion zurückhalten würde, und erläuterte den gewünschten Ablauf in Form eines Gesprächs. Sie setzte den Erzählstimulus und unmittelbar darauf begann eine selbstläufige Diskussion.

In der zweiten Gruppendiskussion war die Gruppe bereits miteinander im Gespräch und der Diskussionsleiter musste sich zunächst Gehör verschaffen, um die Diskussion offiziell beginnen zu können. Der Multiplikator steuerte die Sitzordnung, indem er die Forscherin bat, am Tisch Platz zu nehmen. Sie folgte seiner Aufforderung, obwohl sie ursprünglich beabsichtigt hatte, als Beobachterin außerhalb der Tischgruppe Platz zu nehmen. Der Diskussionsleiter startete die Gruppendiskussion, indem er in türkischer Sprache das Vorgehen erläuterte, sein thematisches Interesse an den Nachbarschaften der Anwesenden begründete und ihnen Anonymität zusicherte. Es gelang ihm zunächst nicht, die Aufmerksamkeit der Gruppe zu bekommen, da einige Teilnehmende Nebengespräche führten oder telefonierten. Es folgte eine Diskussion zwischen dem Leitungsteam und einer Teilnehmerin, die Skepsis hinsichtlich der Anonymität äußerte und eventuelle negative Auswirkungen ihrer Teilnahme fürchtete. Nach einer Erklärung der Forscherin in deutscher Sprache zur Notwendigkeit der Tonbandaufnahme willigte sie schließlich als Letzte ein. Der Diskussionsleiter startete daraufhin das Aufnahmegerät.

Die Gruppenmitglieder waren zu diesem Zeitpunkt nach wie vor miteinander im Gespräch und der Diskussionsleiter erklärte, es sei wichtig, dass alle ihre Äußerungen aufgenommen würden. Eine Teilnehmerin begann unmittelbar danach mit einem Plädoyer für die Abschaffung des dreigliedrigen Schulsystems, woraufhin die Gruppe Benachteiligungen im schulischen und beruflichen Bildungskontext aufgrund der Herkunft und unzureichender finanzieller Ressourcen thematisierte und u. a. durch persönliche Erfahrungen belegte. Der Diskussionsleiter versuchte, den Fokus auf die Nordweststadt zu lenken, woraufhin die Teilnehmerin von ihrem Sohn und eine andere von ihrem Enkel berichtete, denen der Schulbesuch in der Nordweststadt verweigert worden sei. Die Gruppe diskutierte über Zugehörigkeiten und empfundene Diskriminierungen, bis es dem Diskussionsleiter schließlich nach über acht Minuten gelang, die Debatte auf nachbarschaftliche Kontakte zwischen Personen deutscher und ausländischer Herkunft in der Nordweststadt zu lenken. Erst hier wurde der Erzählstimulus in Form einer ersten, einleitenden Frage gesetzt. Die Gruppe diskutierte dennoch weiter über Zugehörigkeiten und Stigmatisierungen anhand eigener biografischer Problemlagen.

Beim Vergleich dieser beiden Anfangssequenzen zeigt sich, dass beide Gruppen unterschiedlich mit der Rolle der Diskussionsleitung umgehen. Die Teilnehmenden der ersten Gruppendiskussion warten auf den Erzählstimulus und beschreiben dann explizit ihre Nachbarschaften zwischen den von der Forscherin präsentierten Gegenhorizonten der Unbekanntheit der Nachbar_innen auf der einen oder der Verwurzelung in der Nachbarschaft auf der anderen Seite. Teilweise erweitern sie diese Kontrastierung, indem sie z. B. von Nachbar_innen berichten, denen sie sogar bewusst aus dem Weg gehen. In der zweiten Diskussion nutzen die Anwesenden den Diskussionsbeginn für eine kollektive Anklage gegen das deutsche Bildungssystem und ihre Diskriminierungserfahrungen in Deutschland und der Türkei. Die Gruppendiskussion nehmen sie zum Anlass, Kritik und Klagen vorzutragen, ohne auf die Fragestellung des Diskussionsleiters einzugehen. Von Anfang an zeigen sie, dass strukturelle Aspekte für sie mehr Relevanz besitzen als Nachbarschaften, auf die sie, als der Diskussionsleiter auf diesem Thema beharrt, nur kurz zu sprechen kommen, um dann zügig wieder das Thema zu wechseln. Der Rolle des Diskussionsleiters messen sie nur begrenzt Bedeutung bei, was sich sowohl in ihrer Themenabweichung als auch in ihren Nebengesprächen trotz seiner Moderationsversuche zeigt.

Diskussionsverlauf

Die erste Gruppendiskussion ist geprägt von einer hohen Aufmerksamkeit seitens der Gruppe. Die Anwesenden sprechen meist nacheinander. Eine Teilnehmerin meldet sich sogar mehrfach, wenn sie eine Äußerung tätigen möchte, und andere Teilnehmende zeigen Zurückhaltung, um andere zu Wort kommen zu lassen. Es gibt keine Störungen während der Diskussion und niemand verlässt den Raum oder kommt hinzu. Die Diskussion ist selbstläufig und nur an einzelnen Stellen bringt die Forscherin Nachfragen ein. Die Gruppe beantwortet die Fragen der Leitung und lässt sich von dieser zu Themen lenken. Nebengespräche treten zwar auf, werden aber meist zügig eingestellt, sobald die Diskussionsleitung das Wort ergreift. Durch die Übernahme der Sprache der Leitung signalisieren die Anwesenden Kooperationsbereitschaft und verdeutlichen, dass sie deren Annahmen über nachbarschaftliche Beziehungen teilen.

In der zweiten Gruppendiskussion sprechen die Teilnehmenden häufig gleichzeitig und in schnellem Tempo. Dennoch verstehen sie das Gesagte und können den vorgetragenen Inhalten folgen, was wiederum auf ein hohes Maß an Aufmerksamkeit und Konzentration hindeutet.

Das Hervorbringen ihrer individuellen Anliegen ist für die Anwesenden von elementarer Bedeutung, weshalb sie mehrfach weniger auf ihre Vorredner_innen eingehen als vielmehr ihre individuellen Sichtweisen darstellen.

Es wird eine unverbindlichere Form der Anwesenheit evident, indem die Teilnehmenden zu unterschiedlichen Zeitpunkten im Kulturzentrum eintreffen und während der Diskussion individuell über ihre Anwesenheit entscheiden. Eine Teilnehmerin verlässt mittendrin die Diskussion, ohne sich zu verabschieden, und eine andere kommt spontan hinzu. Eine Teilnehmerin macht eine Zigarettenpause und eine weitere beginnt während der Diskussion zu telefonieren. Diese Störungen werden von der Gruppe nicht als solche thematisiert und die Debatte läuft ungehindert weiter, was verdeutlicht, dass diese unverbindlichere Form der Anwesenheit respektiert wird.

Darüber hinaus gibt es weitere Störungen im Hintergrund, da im hinteren Abschnitt des Raums ein PC-Kurs stattfindet, dessen Teilnehmende mehrfach zu hören sind. Eine für das Kulturzentrum ehrenamtlich Tätige, die für die Gruppendiskussion Kaffee kocht, ist zu Beginn noch in der Küche beschäftigt – die sich ebenfalls mit im Raum befindet –, und verlässt dann ebenfalls das Kulturzentrum.

Weitere Störungen erfolgen durch den Multiplikator, der während der Diskussion unterschiedliche Rollen einnimmt. Vor Diskussionsbeginn sitzt er mit an der Tischgruppe, verlässt diese aber, als die Diskussion offiziell beginnt. Während der Diskussion kommt er dann wieder hinzu und diskutiert zum einen als Teilnehmender mit, zum anderen grenzt er sich von der Gruppe ab, indem er mehrfach das Verhalten älterer türkischer Migrant_innen in Deutschland kritisiert und von diesen in der dritten Person spricht. Darüber hinaus zeigt er, dass er sich für das Wohlbefinden der Teilnehmenden verantwortlich fühlt, wenn er eine Metakommunikation über die ungleichmäßige Verteilung der Redebeiträge beginnt. Er versucht, zu moderieren und passivere Teilnehmende zu Erzählungen zu ermutigen, wobei er die Erläuterungen des Diskussionsleiters ignoriert, dass eine ungleiche Verteilung der Redebeiträge bei Gruppendiskussionen normal sei. Er fungierte als Multiplikator und möchte, dass alle Anwesenden gleichermaßen mit in die Debatte einbezogen werden. Dass er für den Einbezug und das Wohlbefinden aller Teilnehmenden plädiert, ist sicher auch darauf zurückzuführen, dass Familienangehörige und Bekannte von ihm anwesend sind.

An einer anderen Stelle fordert er den Diskussionsleiter auf, seine Frage auf Deutsch zu formulieren, übersetzt diese dann aber unmittelbar wieder ins Türkische. Es wird nicht deutlich, welchen Zweck er mit dieser Intervention verfolgt, da den Teilnehmenden die Wahl der Sprache zu Beginn durch den Diskussionsleiter bewusst freigestellt wurde.

Die Diskussion ist nicht so selbstläufig wie die mit den älteren Personen deutscher Herkunft. Die Gruppe erwartet immer wieder im Verlauf der Diskussion vom Diskussionsleiter, dass er Fragen stellt, die sie dann abarbeiten kann, und sieht eine Reihenfolge der Themen, was eine Teilnehmerin verdeutlicht, indem sie sagt, „okay, gehen wir zum zweiten Thema und beenden das hier“. Der Multiplikator unterstellt dem Diskussionsleiter ein Programm, das speziell auf die Benennung von Problemen ausgerichtet ist. Die Gruppe signalisiert durch Nachfragen, dass sie dem Forscherteam Inhalte zukommen lasse und dieses bewerten müsse, wann die Inhalte ausreichten. Der Diskussionsleiter bestärkt die Gruppe in ihrer Wahrnehmung des Abarbeitens eines Leitfadens, wenn er beispielsweise nach der Debatte über den Ausländer_innenanteil in der Nordweststadt mitteilt, dieses Thema „auch abgehakt“ zu haben. Er erörtert mit der Forscherin mehrfach, welche Frage er stellen soll, bzw. teilt ihr mit, dass sie bisher in ihrem Leitfaden keine Unterscheidung der Nachbarschaften in städtischen und ländlichen Regionen vorgenommen habe, obwohl diese elementar wichtig sei.

Eine weitere Auffälligkeit in der zweiten Diskussion ist ein erstes, offizielles Ende nach ca. 72 Minuten, als der Diskussionsleiter mitteilt, seine Fragen seien beantwortet, und sich für die Teilnahme bedankt. Anschließend aber wird die Diskussion ungeachtet dieses Abschlusses noch etwa 55 Minuten lang weitergeführt und Teilnehmende, die zuvor signalisierten, gehen zu wollen, diskutieren aktiv weiter. Nach diesem ersten, offiziellen

Ende wird zunächst über die mangelnde Teilnahmebereitschaft türkischer Migrant_innen diskutiert, nach einer Frage des Diskussionsleiters aber auch wieder über Nachbarschaft gesprochen.

Dem ersten, offiziellen Ende folgt ein zweites, eher beiläufiges Ende, das die Forscherin einleitet, indem sie sich für die Teilnahme bedankt, nachdem die Diskussion erschöpft ist und vermehrt Nebengespräche geführt werden.

Betrachtet man die Sprachwahl der teilnehmenden türkischen Migrant_innen, wird deutlich, dass sie sich mehr der türkischen als der deutschen Sprache bedienen. Ihre Argumentationen sind im Deutschen inhaltlich manchmal schwer verständlich; in ihrer türkischen Muttersprache gelingt ihnen eine eloquentere Diskussion. Es fällt auf, dass die Diskutant_innen häufig einzelne Wörter, die spezielle Gegebenheiten in Deutschland beschreiben – wie die Aufteilung des Schulsystems in *Gymnasial-*, *Real-* und *Hauptschulzweig* oder *Sozialwohnung*, *Schufa*[71] und *Einschreiben* –, in deutscher Sprache wiedergeben. Insgesamt ist ein kontinuierlicher Wechsel der beiden Sprachen zu beobachten mit einer Dominanz des Türkischen. Wenn ein Teilnehmender die Sprache wechselt, wird häufig anschließend die Sprache der Vorrednerin bzw. des Vorredners übernommen. Die Thematisierung der Nachbarschaften findet überwiegend in türkischer Sprache statt. Es ist kein System erkennbar, wann sich die Teilnehmenden welcher Sprache bedienen.

Rücksicht auf die als Person deutscher Herkunft identifizierte Forscherin scheint keinen Einfluss auf die Sprachwahl zu haben, da Diskriminierungen seitens der deutschen Gesellschaft auch in deutscher Sprache und damit für die Forscherin verständlich formuliert werden.

Neben der Differenz zwischen der Gruppe und dem Multiplikator, der Verhaltensweisen türkischer Migrant_innen mehrfach als typisch für „die Türken“ stigmatisiert, werden auch Unterschiede zwischen der Gruppe und dem Diskussionsleiter sichtbar. Er gibt an, einen deutschen Pass zu haben und statistisch im Gegensatz zu vielen Anwesenden nicht mehr als Türke erfasst zu werden, ordnet sich aber dennoch der türkischen Ethnie zu. Das deutet auf ein Zugehörigkeitsgefühl zu beiden Kulturen hin, das wiederum auch von Mitgliedern der Gruppe geteilt wird, wenn sie etwa angeben, sich wie bäuerliche, ländliche Deutsche zu fühlen. Sein Insistieren auf bestimmte Fragestellungen aber verdeutlicht ein als typisch deutsch geltendes Ordnungsdenken. Er besteht auf die Beantwortung seiner Fragen und akzeptiert thematische Abweichungen nur bedingt. Besonders deutlich wird

[71] SCHUFA steht für „Schutzgemeinschaft für allgemeine Kreditsicherung“. Die SCHUFA erteilt Auskünfte über die finanzielle Situation von Personen, um effiziente Geschäftsabschlüsse zu ermöglichen (SCHUFA, 2016). Durch einen Eintrag bei der SCHUFA sinkt die Kreditwürdigkeit einer Person.

dieses Verhalten, wenn er die Gruppe vierfach nach Erwartungen an ihre Nachbar_innen fragt und dabei auch von der Forscherin unterstützt wird, die schließlich versucht, seine Frage für die Gruppe anhand von Exemplifizierungen transparent zu machen. Er ist kontinuierlich darum bemüht, die Gruppe zum Thema der Nachbarschaften in der Nordweststadt zurückzulenken, wodurch sich eine Differenz zwischen der Gruppe und dem Diskussionsleiter bezüglich der jeweiligen Relevanzsysteme zeigt. Die Diskutant_innen haben eine andere Passung bezüglich Nachbarschaften und die Kategorie Nachbarschaften ist für sie an dieser Stelle weniger greifbar, worauf im folgenden Kapitel noch näher eingegangen wird. Der Begriff der „Erwartung" an Nachbar_innen entspricht nicht ihrem Orientierungs- und Wissenssystem und die Frage des Diskussionsleiters setzt Normalitätskonstruktionen voraus, die von den Adressat_innen nicht geteilt werden. In dieser Diskrepanz spiegelt sich eine Fremdheit zwischen der Kultur des Diskussionsleiters und der der Anwesenden.

Die folgende Tabelle enthält zur Veranschaulichung eine Gegenüberstellung der kulturspezifischen Auffälligkeiten bei Diskussionsbeginn und -verlauf:

Diskussionsverlauf	GD I	GD II
Selbstläufigkeit	selbstläufig	Reaktion auf die Fragen
Reaktion auf Fragen	Beantwortung der Fragen	teilweise Beantwortung der Fragen; Sichtbarkeit anderer Relevanzsysteme
Rolle der Diskussionsleitung	zurückhaltende Moderation	stark lenkende Moderation; Bezug zu eigenen Interessen und biografischen Widersprüchlichkeiten
Verhalten gegenüber der Diskussionsleitung	Wahrnehmung als Leitung; Kooperationsbereitschaft	mehrfaches Ignorieren als Leitung; teilweise Kooperationsbereitschaft
Veränderung von Rollen	keine Inkonsistenz von Rollen	Rollenwechsel des Multiplikators: Abwesender, Teilnehmer, Moderator mit Abgrenzung der Zugehörigkeit
Störungen	keine Störungen	Störungen durch Hintergrundgeräusche
Formen der Anwesenheit	Verbindlichkeit: Kontinuität	tolerierte Unverbindlichkeit: selbstständiges Kommen, Gehen und Pausieren
Sprache	Deutsch	Deutsch und Türkisch mit Dominanz des Türkischen
Sprachauffälligkeiten	klar und deutlich; aufeinanderfolgende Sprachbeiträge	schnelles Tempo; paralleles Sprechen
Verhalten	Zurückhaltung (melden; anderen das Wort überlassen)	Dominanz (Fokus auf Formulierung individueller Anliegen)
Diskussionsende	offizielles Ende durch Diskussionsleitung	erstes offizielles Ende durch Diskussionsleitung; zweites inoffizielles Ende durch Forscherin

Tab. 3: kulturspezifische Auffälligkeiten bei der Durchführung der beiden Gruppendiskussionen

10.2 Unterschiede in den Relevanzsystemen – was macht Nachbarschaft aus?

Bevor im weiteren Verlauf darauf Bezug genommen wird, wie die beiden Gruppen ihre Nachbarschaften ausgestalten, wird zunächst aufgezeigt, was für die Gruppen jeweils Nachbarschaft ausmacht bzw. welches Verständnis von Nachbarschaft beiden zugrunde liegt.

Es existiert eine Vielzahl menschlicher Sozialbeziehungen. Als soziale Beziehung gilt ein „aufeinander gegenseitig eingestelltes und dadurch orientiertes Sichverhalten mehrerer [...]. Die soziale Beziehung besteht also durchaus und ganz ausschließlich: in der Chance, dass in einer (sinnhaft) angebbaren Art sozial gehandelt wird“ (Weber, 1922, S. 13). Soziale Beziehungen weisen unterschiedliche Intensitäten auf. Sie reichen von Feindschaft über anonymisierte Sozialbeziehungen in einer Großstadt bis hin zu Freundschaften und signifikanten Anderen. Zu diesen zählen Personen, die, im Sinne der Rollentheorie von Mead, zentrale Personen im Lebensumfeld der Befragten sind und eine prägende Rolle bei ihrer Sozialisation haben (u. a Mead, 1934; Online-Enzyklopädie für Psychologie und Pädagogik, 2015). Ehepartner_innen, Kinder oder Eltern sind häufig, aber nicht zwangsläufig, dieser Gruppe signifikanter Anderer zuzuordnen. Auch Erzieher_innen, Lehrer_innen, enge Freund_innen oder andere wichtige Wegbegleiter_innen können als signifikante Andere im Lebenslauf fungieren.

Zwischen einem Minimum und einem Maximum individueller sozialer Beziehungen existieren viele weitere Sozialbeziehungen. Kolleg_innen, Bekannte, Freund_innen, Gleichaltrige oder Mitglieder desselben Vereins sind häufig Personen, zu denen eine Sozialbeziehung besteht, die zwischen diesen beiden Polen angesiedelt ist. Soziale Beziehungen können sich verändern und „ganz vorübergehenden Charakters“ (Weber, 1922, S. 13) sein.

In den beiden Gruppendiskussionen werden Nachbar_innen ebenfalls zwischen einem Minimum und einem Maximum angesiedelt. Trotz der vielfältigen und wichtigen Funktionen, die sie teilweise erfüllen, und obwohl sie für manche Bewohner_innen maßgeblich zu Wohnqualität und Wohlbefinden beitragen, beschreiben die Diskutant_innen mit und ohne Migrationshintergrund Nachbar_innen nicht als signifikante Andere.

Das Nachbarschaftsverständnis der Teilnehmenden der ersten Gruppendiskussion kann als „enges Nachbarschaftsverständnis“ kategorisiert werden. Die Gruppe geht von einem kollektiven Verständnis aus. Es bedarf keiner grundsätzlichen Definition, und Nachbarschaftsbeziehungen gehen mit Erwartungen sowie Normen, Wertvorstellungen und Regelwerken einher.

Nachbarschaften werden durch den Aktionsradius begründet, was sich zeigt, wenn z. B. ein Teilnehmer nachbarschaftliche Kontakte beschreibt:

> „Na ja, das sind – man hat mehr Kontakt zu Leuten, die im Nebenhaus wohnen, beziehungsweise über die Straße oder so in der Gegend, als im, im Haus selbst.“

Die Gruppe ist sich einig, dass nachbarschaftliche Beziehungen sich auf das Quartier ausweiten können und die räumlich nächsten Nachbar_innen nicht auch die sozial nächsten sein müssen. Sie bedient sich keiner weiteren Relevanzsysteme zur Definition oder Abgrenzung von Nachbarschaften und präsentiert erst bei der sozialen Ausgestaltung Differenzen innerhalb von Beziehungen.

In der zweiten Gruppendiskussion mit älteren türkischen Migrant_innen wird ein weites Nachbarschaftsverständnis deutlich. Zunächst wird Nachbarschaft generell aufgrund verschlossener Türen negiert:

> „<[72]Aber über Nachbarschaft reden wir doch schon die ganze Zeit und mehr kann ich nicht sagen, außer dass die Türen geschlossen bleiben. < Welche Nachbarschaft also?“

Die Teilnehmerin signalisiert an dieser Stelle, dass die Debatte über Nachbarschaft hinreichend geführt worden sei, vor allem unter dem Aspekt, dass für sie die Voraussetzung für Nachbarschaft nicht gewährleistet sei, da eine grundsätzliche Offenheit seitens der Bewohner_innen fehle.

Es wird darüber hinaus deutlich, dass es einer allgemeinen Definition von Nachbar_innen bedarf und die Kategorie Nachbarschaft keine eindeutige, bereits fest definierte darstellt. Vielmehr ist die Gruppe um die Herstellung eines kollektiven Verständnisses bemüht. Die Eingrenzung bezüglich räumlicher Nähe wird grundsätzlich infrage gestellt, wenn etwa eine Diskutantin bei der Frage, was Personen deutscher und türkischer Herkunft für eine Verbesserung des Nachbarschaftsverhältnisses verändern müssten, erläutert: „Die Staaten sind auch Nachbarn“. Sie zeigt, dass die Kategorie der Nachbarschaft für sie nicht greifbar ist und keine alltägliche Relevanz besitzt. Vielmehr ist sie auf Nachbarstaaten erweiterbar und bei dem Begriff der Nachbarschaft denkt sie nicht per se an die Bewohner_innen ihrer unmittelbaren Wohnumgebung.

Dieses weite Verständnis wird ebenfalls deutlich, als die Gruppe anlässlich der Frage nach einer Verbesserung der Nachbarschaftsbeziehungen über empfundene Benachteiligungen türkischer Migrant_innen in

---

[72] Dieses Zeichen „<“ steht in der Transkription für den Beginn einer Überlappung bzw. den direkten Anschluss beim Sprecherwechsel, während „>“ das Ende einer Überlappung signalisiert.

Deutschland im Vergleich zu Asylbewerber_innen, Bürger_innen der ehemaligen DDR, Osteuropäer_innen und anderen europäischen Mitgliedsstaaten berichtet. Diskriminiert fühlen sich die Anwesenden nicht nur im Vergleich zu einzelnen Personen oder Gruppen, sondern ganzen Ländern wie z. B. Griechenland.

Bei der Debatte über Möglichkeiten zur Verbesserung von multiethnischen Nachbarschaftsbeziehungen wird die empfundene Diskriminierungserfahrung als der zentrale Faktor der Verhinderung positiver Beziehungen präsentiert und andere Relevanzsysteme wie Politik, unterschiedliche Ethnien und gesellschaftliche Aspekte wie hohe Mieten werden mit einbezogen. Eine Chancenungleichheit im Vergleich zu verschiedenen Personen, Gruppen und Ländern führt zu einer Kategorisierung von Personen türkischer Herkunft als „Menschen zweiter, dritter Klasse“, die den Beziehungsaufbau in Nachbarschaften verhindere. Diese Umschreibung der Gruppe fasst der Diskussionsleiter schließlich zusammen und bestärkt die Gruppe – als er auf einen Einwand eines Teilnehmers eingeht – in ihrer Argumentation:

> „Also, du hast ja Recht, wenn du sagst, was hat die Frage mit der Antwort zu tun. Eigentlich erst mal im ersten Moment gar nichts [...]. Aber ich beantworte das so, dass sie sagen, wir können gar nicht gute Nachbarn werden. Also ob Nachbar über Länder oder über tatsächliche Nachbarn, wenn diese Probleme, die wir gerade haben, da sind.“

Er spezifiziert darüber hinaus die Problematik der Chancenungleichheit als zentrales Problem:

> „Am Ende ist es zurzeit unmöglich, hier mit den Deutschen ein nachbarschaftliches Verhältnis aufzubauen. Es ist unmöglich, weil wir ungerecht behandelt werden und deswegen keinen Kontakt wollen.“

Bei der Frage nach Erwartungen wird ebenfalls deutlich, dass Nachbarschaften für die Diskutant_innen nur randständig von Interesse sind, während strukturelle Probleme wie hohe Mieten, das dreigliedrige Schulsystem und Fragen der Identität sie stärker beschäftigen. Die Gruppe und der Diskussionsleiter zeigen dabei jedoch unterschiedliche Orientierungen. Für die Anwesenden hat der Begriff der Erwartung keine Bedeutung in ihrer Nachbarschaft und eine Diskutantin leugnet schließlich explizit mögliche Erwartungen, nachdem die Gruppe über negative strukturelle Aspekte debattierte. In ihrer Aussage „wir haben keine Erwartungen. Was sollten wir auch erwarten? Was sollten wir von Deutschland erwarten?“ deutet sich eine Resignation an. Aufgrund enttäuschter Erwartungen in Deutschland kann sie auch keine Erwartungen an ihre Nachbarschaft formulieren. Dass diese

Resignation auch mit unerfüllten Erwartungen einhergeht, wird verständlich, als ein Teilnehmer anmerkt:

> „Was soll ich schon von Nachbarschaft erwarten? Dass sie wohlgesonnen sind, aber keiner ist es."

Er formuliert durchaus eine Erwartung in Form von Wohlwollen, die er aber abgelegt habe, da sie nicht erfüllt worden sei.

Eine weitere unerfüllte Erwartung in Form von Toleranz anderer aufgrund eigener Hilfsbereitschaft beschreibt eine Anwesende in der zweiten Diskussion, als sie enttäuscht über die unzureichende Toleranz ihrer Nachbarin gegenüber der Lautstärke ihrer Enkel berichtet, obwohl sie ihr stets behilflich sei.

Die Einstellung der Gruppe zum Thema Nachbarschaft wird bereits zu Beginn der Diskussion deutlich, wenn eine Teilnehmerin auf die Frage nach Kontakten zu Personen deutscher Herkunft angibt, dass unmittelbare räumliche Nähe und ihre eigene Höflichkeit Voraussetzungen für Kontakte darstellten:

> „< (Gibt es). Ich habe Kontakt zu Deutschen. Aber was sind das für Deutsche? Natürlich Deutsche, die neben mir wohnen. Natürlich, wenn ich gut zu ihnen bin."

Vergleicht man die beiden Gruppen bezüglich ihrer Definition von Nachbarschaft, zeigt sich in der ersten Gruppendiskussion ein kollektives Nachbarschaftsverständnis, das allen zugänglich ist und auf räumlicher Nähe basiert. In der zweiten Diskussion dagegen ist die Gruppe um die Herstellung eines gemeinsamen kollektiven Orientierungsrahmens bemüht und präsentiert letztendlich ein elaborierteres Verständnis, das stärker am sozialwissenschaftlichen Diskurs orientiert ist und heteronome Systeme wie Politik und Gesellschaft mit einbezieht. Es zeigen sich unterschiedliche Sichtweisen beider Gruppen, die zum einen auf den Einbezug unterschiedlicher Relevanzsysteme zurückzuführen und andererseits durch Diskriminierungserfahrungen, die eine soziale Ungerechtigkeit bedingen, beeinflusst sind.

Bei der Beschreibung der Nachbarschaften wird in beiden Gruppen deutlich, dass in diesem Kontext Äußerungen toleriert werden, die in anderen Zusammenhängen häufig nicht akzeptiert werden. Innerhalb der Diskussion werden skandalisierende Geschichten und Übertreibungen ohne weitere Reflexion oder Überprüfung akzeptiert wie z. B. in der ersten Gruppendiskussion über junge Menschen, die überfahren würden, weil sie zu sehr mit ihrem Handy beschäftigt seien, oder einen nahezu einhundertprozentigen Ausländer_innenanteil in der Nordweststadt in der zweiten Gruppendiskussion.

Personen präsentieren widersprüchliche Aussagen, die in kollektive Mythen münden, wie z. B., dass Fördermittel von Bund und Land in Projekte zur Förderung der Ansiedlung von sozial homogenen Personen geflossen seien, was ein Teilnehmer der ersten Gruppendiskussion behauptet. Das verdeutlicht, dass Nachbarschaften Widersprüchlichkeiten aushalten.

Beteiligte widersprechen sich zudem in ihren Strategien des Umgangs mit Konflikten oder ihrem Erwerbsstatus, ohne dass die Gruppe auf diese Widersprüche eingeht.

10.3 Unterschiede in den Relevanzsystemen – was macht Heimat aus?

Ein weiterer Unterschied, der bei der Thematisierung der Nachbarschaften in beiden Gruppen auffällt, ist der Bezug zur Kategorie Heimat, der ausschließlich seitens der Teilnehmenden türkischer Herkunft hergestellt wird. In der ersten Diskussion findet der Begriff keine Verwendung und die Gruppe definiert nicht, was Heimat für sie bedeutet. In der Diskussion mit älteren Personen türkischer Herkunft wird mehrfach über Heimat gesprochen und definiert, was Heimat ausmacht bzw. welche Faktoren Heimatgefühle beeinflussen.

Eingeführt wird der Begriff von einer Teilnehmerin, wenn sie die Türkei als „Heimat“ definiert:

> „Der eine Enkel ist halb Deutsch, bitteschön. Was soll hier werden (1)? Ich liebe die Türkei, meine Heimat, sehr, aber dann überlege ich und sehe, meine Kinder sind hier. Also woher sind wir? Das frage ich mich als Erstes. Wenn die Deutschen so was machen und wenn wir in der Türkei sind, sind wir die Deutschländer. Wo sind wir? (1) Das wissen die nicht.“

Sie thematisiert Identitätskonflikte, die sowohl durch eigene als auch durch fremde Zuschreibungen ausgelöst werden. Da ihr Enkel zur Hälfte deutscher Herkunft sei und ihre Kinder in Deutschland lebten, frage sie sich selbst, wohin sie gehöre. Wenn der Ort, an dem die Kinder und Enkel leben, nicht kongruent mit dem ursprünglich als Heimat empfundenen Ort ist, kann dies zu einem Identitätskonflikt führen. Dieser werde durch Außenstehende in beiden Ländern verstärkt, da sie als Migrant_innen weder in Deutschland noch in der Türkei vollständig anerkannt seien.

Kurz darauf macht sie deutlich, dass ihre zukünftige Heimat der Ort sein solle, an dem ihre Kinder leben. Dieses Heimatverständnis wird von einem anderen Teilnehmer übernommen, der später ebenfalls den Ort, an dem seine Kinder und Enkelkinder sowie weitere Verwandte leben, als seine Heimat bezeichnet. Er modifiziert den Begriff, indem er Heimat nicht auf ein ganzes

Land, sondern kleinflächiger auf eine Stadt bezieht, wenn er Offenbach explizit als „Heimatstadt" identifiziert. Dabei zeigt er ein fluides Verständnis von Heimat, das sich z. B. aufgrund des Wohnorts der Familie prozesshaft verändern kann, denn Offenbach sei erst seine „Heimatstadt geworden".

Eine andere Diskutantin bezeichnet Deutschland ebenfalls als „fast erste Heimat geworden", was sie nicht nur mit dem Aufenthaltsort ihrer Nachkommen und Freunde begründet, sondern auch durch den Wunsch eines Begräbnisses in Deutschland verdeutlicht. Der Ort, an dem sie begraben werden möchte, ist Deutschland, da dort ihre sozialen Kontakte verortet seien. Für sie ist diese Heimatverbundenheit ebenfalls das Resultat eines Prozesses.

Aufgrund der mehrfachen Bezugnahme auf Heimat und Faktoren, die Heimat ausmachen, wird deutlich, dass dieses Thema für die befragten Personen türkischer Herkunft von großer Bedeutung ist, wenn sie über Nachbarschaften nachdenken. Sie präsentieren eine kollektive Orientierung bezüglich Heimat, und der Ort, an dem die Familie lebt, ist dabei maßgeblich. Bei vielen von ihnen hat ein Veränderungsprozess stattgefunden, in dem Deutschland oder eine Stadt in Deutschland zur neuen Heimat geworden ist. Auf eine innere Zerrissenheit in diesem Zusammenhang verweisen die Bezeichnung „fast erste Heimat" und die vielfältigen Berichte einer unzureichenden Akzeptanz sowohl durch Deutsche als auch durch Türk_innen in der Türkei, die sich sprachlich vor allem in dem abwertenden Begriff „Deutschländer", den Türk_innen für in Deutschland lebende Türk_innen verwenden, manifestiert.

10.4 Soziale Funktion von Nachbarschaft

Nachbarschaften haben verschiedene Funktionen. Da ein Nachbar mehrere Funktionen erfüllen kann, existiert eine Polyvalenz bzw. Multifunktionalität von Nachbarschaften. Diese Funktionen stehen nicht in einem klaren hierarchischen Verhältnis zueinander, ihre Bedeutung ist individuell verschieden und kann in Abhängigkeit von der aktuellen Lebenssituation variieren.

In beiden Gruppendiskussionen werden soziale Funktionen von Nachbarschaften sichtbar, die sich zwar unterscheiden, aber auch starke Gemeinsamkeiten und demzufolge minimale Kontraste aufweisen.

Ein zentrales Ergebnis, das für beide Gruppendiskussionen gilt, ist, dass keine Konsistenzverpflichtung zwischen Nachbar_innen besteht und die besondere Qualität der Nachbarschaften in der Flexibilität liegt. Es besteht eine kultivierte Form der Unverbindlichkeit, auch im Falle intensiver nachbarschaftlicher Beziehungen. Nachbar_innen haben keine gegenseitigen Verpflichtungen.

Im Folgenden werden die zentralen sozialen Funktionen von Nachbarschaft für beide Gruppendiskussionen dargestellt und auf ihre Gemeinsamkeiten und Unterschiede hin beschrieben.

10.4.1 Hilfe und Fürsorge

Hilfe wird als zentrale Funktion von Nachbarschaften in beiden Diskussionen präsentiert und auch Aspekte der *Fürsorge* kommen zum Tragen.

Nachbarschaftliche Hilfen können im Bedarfsfall eine wichtige Funktion haben. Hilfeleistungen sind von unterschiedlicher Dauer und Intensität. Manchen Hilfen liegt eine gewisse Kontinuität zugrunde, z. B. wenn Deutsche ihre Nachbar_innen mit Migrationshintergrund bei der Erledigung von schriftlichen Arbeiten oder dem Spracherwerb unterstützen. Sie können aber auch in Form von *Dienstleistungen in Zeiten der eigenen Abwesenheit* erbracht werden, wie etwa durch das Leeren des Briefkastens oder das Blumengießen.

Vertrauen sowie kognitive und körperliche Leistungsfähigkeit sind zentrale Voraussetzungen für nachbarschaftliche Hilfen. Ein solches Vertrauen wird von den türkischen Migrant_innen anhand des gegenseitigen Schlüsseltauschs mit deutschen Nachbar_innen in der Vergangenheit beschrieben, der heute aufgrund der Anonymität in den zunehmend großen Wohnhäusern nicht mehr möglich sei.

Als weitere *Dienstleistung in Zeiten der Abwesenheit* wird das Annehmen von Paketen durch Nachbar_innen herausgestellt, das ein geringeres Vertrauensverhältnis erfordert und eine gute Möglichkeit des Kontakts in Wohnhäusern mit vielen Parteien sei. Eine Teilnehmerin deutscher Herkunft exemplifiziert dies in der ersten Gruppendiskussion anhand ihres Wohnhauses und erklärt:

> „Also ich wohne in einem Hochhaus mit ungefähr fünfzich Partien, und da iss so (1) der Kontakt, wenn man was für die Post annimmt."

Die befragten türkischen Migrant_innen fokussieren bei Hilfen in Nachbarschaften stärker Hilfsbedürftigkeit aufgrund von körperlichen Beeinträchtigungen bei älteren Menschen oder aufgrund eines Unfalls. Da die Familie häufig in der Türkei lebe, könnten Nachbar_innen elementare Unterstützung leisten. Gleichzeitig wird eine große eigene Bereitschaft zur Unterstützung beschrieben.

In beiden Gruppen wird deutlich, dass nachbarschaftliche Beziehungen auch durch spontane Hilfeleistungen geprägt sind, die in beiden Diskussionen am Beispiel des Hochtragens von Tüten beschrieben werden. Migrant_innen werden in beiden Fällen in diesem Zusammenhang als hilfsbereit beschrieben und die spontane Hilfeleistung als Selbstverständlichkeit in Form von „Unausgeprochene[m]“ herausgestellt.

Die benannten Hilfeleistungen variieren sehr stark in ihrer Dauer und Intensität. Neben den „unausgesprochenen“, spontanen, eher kurzfristigen und weniger intensiven Hilfeleistungen wie dem Tragen von Tüten oder dem Leihen von Lebensmitteln werden auch Hilfeleistungen beschrieben, die spezielle Kompetenzen oder mehr Zeitaufwand erfordern und mit finanziellen Ressourcen verbunden sind. Hierzu zählt bspw. die in der Diskussion mit türkischen Migrant_innen beschriebene Dienstleistung eines deutschen Nachbarn, der einer Diskutantin unentgeltlich beim Tapezieren geholfen habe und für sie einkaufen gegangen sei. Diese enorme Hilfeleistung, die im Fall des Tapezierens häufig von Handwerkern gegen Bezahlung ausgeführt wird, empfindet sie als in ihrer Nachbarschaft üblich, was deutlich wird, wenn sie sagt: „< Wir halten es mit unseren Nachbarn so.“

Ebenso werden ritualisierte Hilfeleistungen präsentiert, wenn eine Frau in der zweiten Gruppendiskussion beschreibt, sie habe früher jeden Sonntag bei ihrer Nachbarin mitgegessen, wenn diese gekocht habe, und ihr Essen ebenfalls regelmäßig mit der Nachbarin geteilt.

Das Prinzip der Reziprozität kommt bereits in diesen beschriebenen Hilfeleistungen zur Geltung, besonders deutlich aber wird es, als ein Teilnehmer in der Diskussion mit älteren Personen türkischer Herkunft von seiner ersten Nachbarschaft in Deutschland im Frankfurter Stadtteil Niederrad berichtet. Dort habe die Tochter der Nachbar_innen seine Wäsche gewaschen und seine Wohnung geputzt, während er sich um den Garten und die Elektrik gekümmert habe. Er beschreibt reziproke Hilfeleistungen, bei denen die gegenseitige Hilfe und nicht die Gleichwertigkeit der Leistungen im Vordergrund stehe. Diese wechselseitige Hilfsbereitschaft präsentiert er als wichtigen Faktor für ein gutes nachbarschaftliches Verhältnis, das in seinem Fall noch heute weit über die faktische Nachbarschaft hinaus existiere.

Dass mit Hilfeleistungen in Nachbarschaften auch Erwartungen verbunden sind, macht eine Teilnehmerin türkischer Herkunft deutlich, wenn sie über die Beschwerde ihrer Nachbarin gegenüber ihren Enkel_innen berichtet:

> „Ich möchte ja auch nicht die Nachbarn schlecht machen, aber schau, als mal meine vier, fünf Enkel (?) zu Besuch kamen, wurden sie von einer Nachbarin blöd angemacht, obwohl ich ihr immer helfe.“

Ihre Hilfeleistungen verbindet sie mit der Erwartung einer gewissen Toleranz seitens ihrer Nachbarin.

Bei den Beschreibungen von Hilfeleistungen kommen auch kulturelle Aspekte zum Tragen:

> „Aber das iss einfach ne Fremdheit //[73]ja//, weil ich nich weiß, was gehört sich, was gehört sich nich, [...] was kann ich machen. Bei deutschen Nachbarn weiß ich, wenn ich kein Ei hab und dringend eins brauch, dann klingle ich mal eben //mhm//. Bei Türken würde ich das nie und nimmer machen, also das iss meine eigene Unsicherheit."

Die Teilnehmerin betont hier in der Diskussion der deutschstämmigen Senior_innen die spontane Hilfeleistung im Notfall in Form des Leihens eines Lebensmittels bei ihren Nachbar_innen deutscher Herkunft. Das kulturelle Regelwerk von Türk_innen aber sei ihr nicht bekannt, weshalb sie bei türkischen Nachbar_innen nicht um ein Lebensmittel bitten würde. Sie zeigt eine partikulare Perspektive der Fremdheit und Respekt gegenüber unbekannten kulturellen Gepflogenheiten, die eine Hilfeleistung verhindern.

Neben konkreten Hilfeleistungen wird auch *Fürsorge* als wichtige Funktion in Nachbarschaften benannt. Die befragten Personen deutscher und türkischer Herkunft plädieren für Aufmerksamkeit und Fürsorge, wenn sie beschreiben, dass sie es für wichtig halten, bei älteren Nachbar_innen zu klingeln, wenn man diese länger nicht getroffen habe oder kein Licht in ihrer Wohnung. Diese Form der Fürsorge gegenüber älteren Nachbar_innen sei zum einen wichtig, da diese möglicherweise in ihrer Wohnung seien und Hilfe benötigten, und fördere zum anderen die Kontakte untereinander.

10.4.2 Beratung und Ausgleich von Wissensdefiziten

Als weitere elementare soziale Funktionen in Nachbarschaften werden in den beiden Gruppendiskussionen *Beratung* und der *Ausgleich von Wissensdefiziten* präsentiert. Die Diskutant_innen beraten sich innerhalb der Gruppendiskussionen gegenseitig. Sie sind zwar nur teilweise faktische Nachbar_innen, präsentieren aber eine soziale Funktion, die Nachbar_innen einnehmen können, wenn sie Hilfestellungen zum Umgang mit bestimmten Situationen im Quartier geben.

In schwierigen Situationen kann ein Nachbar beratend zur Seite stehen, indem er bspw. seine Strategien des Umgangs mit Konfliktsituationen erläutert, wie etwa das Äußern von Kritik oder Konfrontation.

Diese Beratungen werden explizit als solche formuliert, wenn z. B. ein Teilnehmer einer Anwesenden in der Diskussion mit älteren Personen deutscher Herkunft die Möglichkeit des Stehenbleibens im Umgang mit rücksichtslosen Passanten im Einkaufszentrum nahelegt.

---

[73] Dieses Zeichen „//" signalisiert den Anfang und das Ende von Äußerungen seitens der Gruppe.

> „Jajajaja, also ich wollte Ihnen sagen, ich wollte Ihnen bloß als Trick verraten, wenn dann also solche Kerle da kommen. ( ) Nein, nein, ich bleib stehen. [...] Und dann gehen die um mich rum. Doch, doch, ja, ja, man muss bloß."

Ebenso rät er ihr, Kritik zu äußern, wenn sie sich an Verhaltensweisen ihrer Nachbar_innen störe.

Die Beratungen hinsichtlich konfrontativer Strategien im Umgang mit Störungen werden mit positiven Erfahrungen begründet, die zu einer Änderung unerwünschter Verhaltensweisen von Nachbar_innen geführt habe. Sehr anschaulich wird dies, als eine Teilnehmerin der ersten Diskussion beschreibt, wie sie ihrer neuen Nachbarin die Regeln des Umgangs in der Nachbarschaft erläutert habe und zu dieser daraufhin eine gute nachbarschaftliche Beziehung entstanden sei.

Beratung findet auch in der Diskussion mit Personen türkischer Herkunft statt. Diese erfolgt mehrfach durch die Kontaktperson, die nicht kontinuierlich der Diskussion beiwohnt und ursprünglich lediglich vorab die Funktion des Multiplikators hatte. Er berät die anderen nicht als Gruppenmitglied, sondern grenzt sich klar von der Gruppe ab, wenn er den anderen bspw. empfiehlt, sich aktiv für ihre Belange einzusetzen, und Partizipationsmöglichkeiten offeriert. Seine Beratung geht mit einer gleichzeitigen Kritik an aktuell mangelndem Engagement seitens älterer türkischer Migrant_innen einher.

Zur nachbarschaftlichen Beratung zählt auch der *Ausgleich von Wissensdefiziten*. Diese Wissensdefizite beziehen sich vorrangig auf das Quartier. Vor allem in der ersten Gruppendiskussion wird bei bestimmten Teilnehmenden eine *lokale Expertise hinsichtlich des Quartiers* sichtbar und Nachbarschaft vor diesem Hintergrund verhandelt. Die lokale Expertise zeichnet sich dadurch aus, dass diese Personen mit der Konzeptionsidee und der Wohnungsvergabepolitik im Stadtteil vertraut sind, da sie bereits die Anfänge der Nordweststadt miterlebt haben. Sie können als *Pioniergeneration* bezeichnet und als positiver Gegenhorizont den *Zugezogenen* gegenübergestellt werden. Zur Pioniergeneration zählen die Erstbezieher_innen, die in den 1960er-Jahren nach dem Bau und teilweise sogar bereits während des Baus in die Nordweststadt gezogen sind. Sie zeichnen sich aus durch Wissen, sind Expert_innen für die Konzeptionsidee, wissen um anfängliche „Experimente", kennen städtebauliche Veränderungen und sind häufig auch mit aktuellen Entwicklungen vertraut. Sie haben die Nordweststadt zum Leben erweckt, da sie von Anfang an dagewesen sind, wichtige Lebensphasen von der Familiengründung bis zum Alter dort erlebt haben und auf jahrzehntelange Nachbarschaftsbeziehungen zurückblicken, die durch Vertrauen gekennzeichnet sind und an Freundschaften grenzen. Sie stehen in der Hierarchie über den Zugezogenen, da sie, weil sie zuerst da waren, einen Territorialanspruch hegen und als Expert_innen fungieren. Zugezogene wohnen zum Teil schon seit ein oder zwei Jahrzehnten im Stadtteil, erkennen aber selbst den Unterschied zu den Erstbezieher_innen an und betonen diesen. Sie wissen, dass sie in etwas Bestehendes hineingekommen sind, und fühlen sich weniger verwurzelt in der Nordweststadt. Je kürzer Bewohner_innen in der Nordweststadt leben, desto größere Anpassungsleistungen müssen sie vollbringen und desto weniger sind sie in das dortige Gemeinwesen integriert.

In ihrer Abgrenzung zu Migrant_innen treten die Pioniergeneration und die Zugezogenen in der ersten Gruppendiskussion dennoch als Einheit auf. Das könnte zum einen daran liegen, dass Migrant_innen z. T. am kürzesten dort leben, zum anderen, dass sie weitere Merkmale aufweisen, die sie von den übrigen Bewohner_innen unterscheiden, was wiederum bei diesen zu einer Vergemeinschaftung führt. Drittens könnten auch Vorurteile und Zuschreibungen dafür verantwortlich sein.

In der Diskussion mit türkischen Migrant_innen werden diese Hierarchien und Abgrenzungen deutlich weniger sichtbar. Es wird lediglich über die Konzeption der Nordweststadt debattiert und unterschiedliche Wohndauern im Quartier werden verhandelt. Eine kürzere Aufenthaltsdauer wird auch hier als defizitär wahrgenommen, da sie mit mangelnden Bezügen zur Vergangenheit einhergehe. Deutlich seltener wird Expert_innenwissen aufgrund einer langen Wohndauer präsentiert, und eine Unterscheidung zwischen Pioniergeneration und Zugezogenen kann nicht getroffen werden, da diejenigen, die angeben, vor 40 Jahren in die Nordweststadt gezogen zu sein, nicht zu den Erstbezieher_innen gehören, denn das Quartier existierte zu diesem Zeitpunkt bereits etwa zehn Jahre. In der Diskussion mit türkischen Migrant_innen ist vielmehr eine Unterscheidung zwischen Personen mit einer längeren Wohndauer von mehreren Jahrzehnten und einer kürzeren von etwa zehn Jahren sichtbar.

Lokale Expert_innen zeigen in der ersten Diskussion Interesse an politischen und gesellschaftlichen Entwicklungen und suchen für bestimmte Phänomene wie z. B. zunehmende Nachbarschaftskonflikte nach Erklärungsansätzen. Aktuelle Veränderungen und die Infrastruktur im Stadtteil sind ihnen bekannt und sie verfügen über Wissen zu städtebaulichen sowie wirtschaftlichen Entwicklungen. Sie fungieren als wichtige Informationsquelle für geplante städtebauliche Veränderungen und die aktuelle Infrastruktur oder informieren über adäquate Senior_innenangebote im Stadtteil.

Personen mit dieser lokalen Expertise beraten in der Gruppendiskussion die Anwesenden u. a. über Strategien des Umgangs mit Konflikten und vertreten deutlich ihre Meinung in Form von Plädoyers, wenn sie bspw. für ehrenamtliches Engagement in Nachbarschaften eintreten. An geeigneten Stellen bringen sie in der Gruppendiskussion gerne ihr Expert_innenwissen ein und lassen die Gruppe daran teilhaben. Zudem erinnern sie in gelebten Nachbarsbeziehungen konfrontativ an die Einhaltung von Regeln und setzen sich aktiv, z. B. durch Ansprache oder Kritik, dafür ein.

In der zweiten Diskussion findet die Debatte kontinuierlich unter Einbezug gesellschaftlicher und politischer Entwicklungen statt. Nachbarschaft wird dauerhaft unter Berücksichtigung dieser verschiedenen Relevanzsysteme verhandelt. Die Person, die ursprünglich als Multiplikator zur Rekrutierung türkischer Migrant_innen für die Diskussion fungierte, präsentiert sich in der Diskussion als lokaler Experte, der die Gruppe über Möglichkeiten des sozialen Engagements informiert. Darüber hinaus suggeriert er, die Belange von Personen deutscher und türkischer Herkunft zu kennen.

In der zweiten Diskussion bringen die Anwesenden eine Expertise ein, die sich weniger auf nachbarschaftliche als auf geschichtliche, politische und gesellschaftliche Aspekte bezieht. Sie stellen Nachbarschaft in einen größeren Zusammenhang und begründen unzureichende soziale Beziehungen in der Nachbarschaft mit gesellschaftlichen und politischen Entwicklungen.

10.4.3 Vergemeinschaftung unter Berücksichtigung von Abgrenzung

Vergemeinschaftung ist eine weitere soziale Funktion in Nachbarschaften, die in den Diskussionen mit älteren Personen deutscher und türkischer Herkunft thematisiert wird; diese Funktion ist häufig mit einer Abgrenzung von anderen Gruppen verbunden.

Das Zusammenleben in einer Nachbarschaft bietet im Allgemeinen Gesprächsanlässe, unabhängig davon, ob eine Interaktion stattfindet. Die Tatsache, dass es Nachbar_innen gibt, bietet einen Kommunikationsanlass und vielfach findet in Nachbarschaften Kommunikation über, aber nicht mit dem Nachbar_innen statt.

Solche Gespräche über Nachbar_innen können zu einer gemeinsamen Abgrenzung von bestimmten Gruppen führen, wie z. B. Migrant_innen, Bewohner_innen anderer Stadtteile oder jüngeren Bewohner_innen. Gemeinsamkeiten werden in diesem Fall mit Unterschieden zu anderen Gruppen verbunden.

In der Gruppendiskussion mit älteren Personen deutscher Herkunft beschreiben diese von Beginn an Deutsche als positiven Gegenhorizont zu Ausländer_innen. Eine Differenzierung zwischen Ausländer_innen und Migrant_innen nehmen sie nicht vor. Ausländer_innen werden meist negative Eigenschaften zugeschrieben und migrationsspezifische Verhinderungsstrukturen in (nachbarschaftlichen) Beziehungen stehen im Fokus.

Immer wieder wird jedoch versucht, politische Korrektheit herzustellen und Verallgemeinerungen zu vermeiden, wenn z. B. erwähnt wird, dass es auch hilfsbereite Ausländer_innen gebe. An den jeweiligen Stellen wird die Kategorie *Ausländer_innen* häufig mit der Kategorie *Generation* überformt. Wenn Stigmatisierungen vermieden werden sollen, wird behauptet, der jüngeren Generation im Allgemeinen seien bestimmte negative Verhaltensweisen zuzuschreiben, oder darauf verwiesen, dass jüngeren Personen deutscher Herkunft ebenfalls negative Verhaltensweisen zuzuschreiben seien.

In beiden Diskussionen fällt auf, dass die Diskutant_innen häufig Kategorien vermischen, wenn z. B. über Migrant_innen oder die persönliche Situation als Zuwanderer diskutiert wird und plötzlich generationenspezifische Aspekte benannt werden, ohne auf diesen Perspektivwechsel hinzuweisen. In der Diskussion mit den türkischen Migrant_innen wird mehrfach im Kontext von Benachteiligung über unzureichende Chancen türkischer Migrant_innen und unmittelbar daran anschließend über Nachteile für die jüngere Generation im Allgemeinen gesprochen.

Ausländer_innen werden seitens der älteren Personen deutscher Herkunft häufig mit Muslim_innen gleichgesetzt. Ihnen werden religiöse Normen wie das Tragen eines Kopftuchs oder die Kontaktvermeidung muslimischer Frauen gegenüber Männern zugeschrieben. Muslim_innen werden meist nicht explizit erwähnt, die Belegerzählungen zeigen aber, dass diese gemeint sind. Die Verhaltensweisen der Muslim_innen bzw. der Ausländer_innen werden als rückständig erlebt und Frauen als Opfer präsentiert, die sich den Wünschen ihres Ehemannes anpassen müssten.

Ausländer_innen werden als fremd und bei einem Auftreten in Gruppen als Bedrohung erlebt. An manchen Stellen findet eine Differenzierung bestimmter Nationen statt, wenn ein Teilnehmer in der ersten Gruppendiskussion etwa die Bewohner_innen in seinem Haus bewertet und Marokkaner_innen als positiven Gegenhorizont von Türk_innen abgrenzt:

> „Und auch einige Türken sind da also nich so ganz gut zu genießen. Aber zum Beispiel mit den Marokkanern kommt man bestens zurecht, nich [...]“

Wie in dieser Äußerung werden türkische Migrant_innen in verschiedenen Erzählungen als negative Repräsentanten für Personen ausländischer Herkunft erwähnt. Die türkische Ethnie wird als besonders präsent, problematisch und fremd erlebt. Ihr werden deutliche Defizite zugeschrieben, z. B. in der Sprachkompetenz, die den Diskutant_innen zufolge teilweise mit großem Integrationswillen überwunden werden könnten.

Die Bewertung der Personen marokkanischer Herkunft ist in beiden Diskussionen ambivalent. Während sie in der zitierten und einer weiteren Äußerung des Teilnehmers als Positivbeispiel fungieren, da sie sich hilfsbereit beim Tragen der Einkäufe zeigten, wird ihnen in der zweiten Diskussion das Klischee des Kinderreichtums zugeschrieben und Fremdheit unterstellt.

Des Weiteren werden in der ersten Diskussion Strategien zum Umgang mit Migrant_innen als Gegenhorizonte dargestellt. Die einen meiden den Kontakt zu Migrant_innen, z. B. aufgrund von Unsicherheiten über deren kulturelles Regelwerk, wie die Erzählung einer Frau verdeutlicht, die angibt, nicht bei einer türkischen Familie zu klingeln, wenn sie sich ein Ei ausleihen wolle. Andere gehen direkt auf Migrant_innen zu und scheuen sich nicht, mit diesen in Kontakt zu treten, da dies eine wichtige Voraussetzung für gelingende Integration darstelle. Dieses Zugehen auf Migrant_innen wird als positiver Gegenhorizont beschrieben.

Ebenso wird ein gegensätzlicher Umgang mit größeren Ansammlungen von Migrant_innen erwähnt. Das Hindurchgehen durch Menschenansammlungen, ohne Angst zu zeigen, mit dem möglichen Hinweis, man wolle passieren, wird als positiver Gegenhorizont zum vermeidenden Ausweichen aufgrund von Ängsten, das ein Gefühl des Verdrängt Werdens nach sich ziehe, beschrieben.

Das Gefühl des Verdrängt Werdens spielt eine zentrale Rolle in der Bewertung von Migration und mehrfach wird darauf hingewiesen, dass nicht Migration generell, sondern die zunehmende Anzahl der Migrant_innen problematisch sei, da dies mit einer Bedrohung und Verdrängung einhergehe. Eine Diskutantin deutscher Herkunft beschreibt dieses unangenehme Gefühl exemplarisch:

> „Sie hatten nach Erfahrungen mit Ausländern gefragt. Also ich erlebe das so, also wenn ich denen einzeln begegne im Haus und so, oder auch unterwegs, dann iss das immer sehr freundlich //ja//, aber sobald es mehr als drei ((lacht)) oder vier sind, dann wird's für mich auch unangenehm. Und im Nordwestzentrum also (2) ich geb mir große Mühe, nich ausländerfeindlich zu sein, [...] aber wenn dann die türkischen Frauen zu viert, zu fünft mit ihren Kinderwagen, äh, die Drogerien blockieren und den Supermarkt blockieren, dann denke ich, ja, die besetzen das hier langsam, ich fühle mich nich mehr wohl. Also, es iss halt so. //Ja//"

Ein weiterer Gegenhorizont, der innerhalb der Debatte über Migrant_innen präsentiert wird, betrifft den Umgang mit Integration. Während manche einen autoritären Blick auf Integration präsentieren und von Migrant_innen fordern, sich an die deutsche Mehrheitskultur und deren Normen und Regeln anzupassen, auch wenn das ein Aufgeben der eigenen Kultur bedeute, zeigen sich die anderen demokratisch, indem sie beispielsweise für eine gegenseitige Akzeptanz christlicher und muslimischer Feiertage werben. Die Diskutant_innen, die ein autoritäres Verständnis von Integration haben, agieren im Sinne der von Elias in seiner Untersuchung mit Scotson beschriebenen „Etablierten“, die aufgrund ihres territorialen Besitzanspruchs eine Anpassung seitens der „Außenseiter“ fordern (Elias & Scotson, 2002, S. 10 ff.).

Bei der Diskussion über die gegenseitige Anerkennung von Normen spielt die Religion eine sehr dominierende Rolle, wird aber nicht explizit herausgestellt.

Personen deutscher Herkunft werden in der ersten Gruppendiskussion bei den Debatten um Migration als Einheit mit heroischen Eigenschaften des Engagements beschrieben:

> „Da sind ja! Da sind Probleme, da muss eine Deutsche für Ordnung sorgen, die geht in die Wohnungen rein, die iss sehr couragiert, die hat vorher beim Rechtsanwalt gearbeitet ((mehrere lachen)), die kennt sich mit den Rechten aus, und die sehen auch zu, da wo es überhaupt nicht geht, dass sie die Leute wieder rausbringen. (1) Und das passiert auch. Das, das iss also es gibt Mord und Totschlag, wenn die nich aufpasst.“

Die Diskutantin beschreibt das couragierte Verhalten einer Bekannten, die in ihrem Wohnhaus für Ordnung und die Einhaltung des Rechts sorge. Ohne deren Engagement würden sich die Nachbar_innen ausländischer Herkunft gegenseitig umbringen. In dieser Erzählung wird auch die zu Beginn dieses Kapitels erwähnte tolerierte Form der Übertreibung deutlich.

In der Gruppendiskussion mit den älteren Personen deutscher Herkunft dominiert die Abgrenzung gegenüber Migrant_innen. Bei den Beispielen, die in diesem Zusammenhang benannt werden, zeigt sich häufig eine Vermischung der Kategorie Migrant_innen mit der Kategorie Alter: Mehrfach werden ursprünglich Verhaltensweisen von Migrant_innen bemängelt, die in weitere Kritik münden, bei der es scheinbar ebenfalls um Migrant_innen geht, während Nachfragen einzelner Teilnehmender ergeben, dass diese Kritik sich vielmehr an die jüngere Generation richtet. Darüber hinaus werden negativ kategorisierte Verhaltensweisen Personen ausländischer Herkunft zugeschrieben, während davon auszugehen ist, dass auch in diesem Zusammenhang vor allem der Generationenaspekt dominiert. Das zeigt sich etwa am von einer Teilnehmerin deutscher Herkunft präsentierten Beispiel des Wäscheaufhängens am Sonntag:

> „Also Wäsche am Sonntag raushängen. Ähm, das, das machen die Deutschen fast nicht. Und da aber die Ausländer munter, und da könnten die doch mal merken, oh, ich bin ja heute ganz alleine“ (vgl. Z. 1.192ff.)

Es ist davon auszugehen, dass die kulturelle Norm, sonntags keine Wäsche im Freien aufzuhängen, für die jüngere Generation heute von geringerer Bedeutung ist und diese Verhaltensweise weniger mit der Herkunft als mit dem Alter begründet werden kann.

Die Abgrenzung gegenüber unterschiedlichen Gruppen ist in der Diskussion mit älteren Personen türkischer Herkunft ebenso dominant, aber vielschichtiger. Kontinuierlich grenzen sich die Beteiligten sowohl von verschiedenen Gruppen als auch untereinander ab. Die Gruppenmitglieder präsentieren sich als Angehörige der deutschen und türkischen Kultur. Die türkische Ethnie grenzen sie von Kurd_innen ab, was am Ende des Gesprächs zu einer emotionsgeladenen Diskussion führt, da Kurd_innen in der Gruppe vertreten zu sein scheinen. U. a. bei den Diskussionen über Heimat oder das Einverständnis zu einer Ehe zwischen den eigenen Kindern und Personen deutscher Herkunft präsentieren die Gruppenmitglieder ein Zugehörigkeitsgefühl zu Deutschland. An anderen Stellen wird eine Abgrenzung von Deutschen sichtbar, die häufig fremdbestimmt ist, eine Reaktion auf die erlebte Ausgrenzung durch Personen deutscher Herkunft. Bei den zahlreichen Debatten um empfundene Benachteiligungen und Diskriminierungen, z. B. auf dem Arbeits- oder Wohnungsmarkt und gegenüber ihren Kindern, wird deutlich, dass eine Abgrenzung als Migrant_innen vor allem durch Deutsche vollzogen wird, die die Zugehörigkeit türkischer Migrant_innen zur deutschen Gesellschaft nur bedingt anerkennen. Mehrfach betont eine Diskussionsteilnehmerin ihr Zugehörigkeitsgefühl zu Personen deutscher Herkunft, die aus bäuerlich-ländlichen Regionen kommen. Sie glaubt bei diesen eine ähnliche Benachteiligung seitens der Mehrheitsgesellschaft wahrzunehmen wie bei sich selbst, sieht diese aber dennoch als besser gestellt aufgrund größerer finanzieller Ressourcen. Ebenso werden Ähnlichkeiten mit deutschstämmigen Rentner_innen formuliert, da diese wie türkischstämmige z. T. niedrige Renten erhielten und ihr Einkommen ebenso wenig aufbessern könnten.

Während die befragten türkischen Migrant_innen sich also einerseits als Deutsche fühlen und Gemeinsamkeiten mit bestimmten Gruppen von Personen deutscher Herkunft wahrnehmen, sehen sie sich andererseits seitens der deutschen Mehrheitsgesellschaft nur unzureichend akzeptiert eine Ambivalenz, die sich vielfach in den Aussagen der Befragten wiederfindet.

Weitere Abgrenzungen nehmen die befragten türkischen Migrant_innen gegenüber Personen ostdeutscher Herkunft vor, die wie sie in die BRD migriert seien. Sie unterstellen eine ungerechtfertigte Bevorzugung dieser Gruppe: Obwohl Ostdeutsche erst in den 1990er-Jahren in den Westen Deutschlands migriert seien, hätten sie bessere berufliche Positionen als die in den 1960er-Jahren eingewanderten Migrant_innen erhalten. Zusätzlich zu dieser Besserstellung beobachtet die Gruppe bei diesen Personen Ausländer_innenfeindlichkeit. Sie macht die Zuwanderung dieses Personenkreises für die stark zunehmende Ausländer_innenfeindlichkeit in den 1990er-Jahren verantwortlich. Mit der Migration aus Ostdeutschland ging den Befragten zufolge eine sehr negative Veränderung einher, die sich nach einer Weile relativiert habe.

Gegenüber Osteuropäer_innen findet eine weitere Abgrenzung statt. Mehrfach wird erwähnt, dass Rumän_innen oder Bulgar_innen aufgrund ihrer Zugehörigkeit zur Europäischen Union auf dem Wohnungs- und Arbeitsmarkt in der BRD bevorzugt würden.

An verschiedenen Stellen der Diskussion werden zusätzliche Abgrenzungen vorgenommen. Die Mitglieder der Gruppe nehmen Unterschiede in der Behandlung türkischer Migrant_innen im Vergleich zu Französ_innen und Niederländer_innen sowie der eigenen Kinder im Vergleich zu Kindern deutscher und anderer ausländischer Herkunft wahr. Sie positionieren unterschiedliche Gruppen ausländischer Herkunft in einem hierarchischen System, wenn sie z. B. Marokkaner_innen von Deutschen abgrenzen und mitteilen, sie würden eine Hochzeit der eigenen Kinder mit Personen marokkanischer Herkunft weniger tolerieren als mit anderen Partner_innen.

Es zeigt sich, dass die Gruppe folgende hierarchische Verortung seitens der deutschen Mehrheitsgesellschaft wahrnimmt:

- Deutsche
- Ostdeutsche
- Europäer_innen
- Nichteuropäer_innen
- Türk_innen/Muslim_innen
- Kurd_innen, Zigeuner_innen, Marokkaner_innen, Afrikaner_innen

An oberster Stelle sehen sie Personen deutscher Herkunft, denen aufgrund eines Territorialanspruchs eine Deutungshoheit zuteilwerde. Es folgen Ostdeutsche, die zwar Jahrzehnte nach den Arbeitsmigrant_innen aus Südeuropa nach Deutschland migriert seien, aber aufgrund ihrer ursprünglichen Zugehörigkeit zu Deutschland vor dem Mauerbau einen Besitzanspruch auf Deutschland hegten, der von den Westdeutschen unterstützt werde. Ihnen würden die Europäer_innen folgen, die aufgrund ihrer Zugehörigkeit zur EU Anerkennung erführen. Davon abgegrenzt würden die Nichteuropäer_innen, zu denen sie sich auch selbst zählen. Aufgrund ihres muslimischen Glaubens aber sehen sie sich in der Rangordnung noch eine weitere Stufe tiefer. Dass Kurd_innen, Zigeuner_innen und Marokkaner_innen in der Rangordnung noch tiefer stehen, ist eine Einordnung, die sie nicht als fremdbestimmt von außen wahrnehmen, sondern selbst vornehmen. Kurd_innen und

Zigeuner_innen identifizieren sie auch als Gruppierungen in der Türkei; dies geschieht u. a. in der Fallerzählung eines Teilnehmers über einen Tötungsversuch gegen ihn. Eine Abgrenzung von Marokkaner_innen findet statt, als eine Diskutantin erklärt, dass sie die Hochzeit ihres Kindes mit einer Person deutscher Herkunft respektieren, mit einer Person marokkanischer oder afrikanischer Herkunft im Allgemeinen aber ablehnen würde.

In diesem Kategoriensystem spiegelt sich die soziologische Theorie von Norbert Elias zur Beziehung von Etablierten und Außenseiter_innen wider: Personen, die schon länger an einem Ort ansässig sind und diesen zuerst okkupierten, schreiben Neuankömmlingen per se negative Eigenschaften zu, da sie sich von diesen bedroht fühlen und eine Deutungshoheit beanspruchen.

Beide Gruppen nehmen weitere Differenzierungen von Gruppen vor, die sich nicht auf die Herkunft beziehen. Die Diskutant_innen machen in ihren individuellen Erzählungen unterschiedliche Gegenhorizonte auf, z. B., wenn sie verschiedene Individuen oder Gruppen einander gegenüberstellen und ihre Erfahrungen mit diesen berichten. Manche dieser Gegenhorizonte werden von der Gruppe im Kollektiv angenommen, ausdifferenziert und immer wieder aufgegriffen.

Jüngere und Ältere

Die Befragten grenzen sich in beiden Diskussionen stark von der jüngeren Generation ab und betonen ihre Zugehörigkeit zur Generation der Älteren, da sie große Unterschiede gegenüber den Jüngeren wahrnehmen.

Die Diskutant_innen deutscher Herkunft nehmen eine ausgeprägtere Technikkompetenz bei den Jüngeren positiv wahr, ebenso eine größere Risikobereitschaft, da diese weniger berufliche Sicherheit anstrebten. Beide Faktoren werden jedoch auch mit einer negativen Komponente beschrieben. Die erhöhte Techniknutzung führe dazu, dass junge Menschen immer weniger ihre Umwelt wahrnähmen und sich Risiken aussetzten, da sie kontinuierlich ihr Smartphone nutzten. Darüber hinaus führe die Zunahme von Risiken in der Arbeitswelt zu einer vermehrten „Ellbogengesellschaft“, in der starke Konkurrenzen herrschten. Kritisiert wird, dass den Jüngeren Vorbilder in der Erziehung fehlten und sie ein geringeres „Moralgefühl“ hätten. Zudem seien sie rücksichtsloser und weniger für das Gemeinwesen engagiert.

Die befragten türkischen Migrant_innen empfinden ein großes Verantwortungsgefühl gegenüber der jüngeren Generation. Diese ist für sie schützenswert und die zentrale Aufgabe von Politik und Gesellschaft bestehe darin, der nachfolgenden Generation gute Arbeits- und Lebensbedingungen zu ermöglichen. Die Abschaffung des Leiharbeits- sowie des dreigliedrigen Schulsystems und die Zahlung adäquater Löhne, mit denen sie ihren Lebensunterhalt bestreiten könnten, seien wichtige Voraussetzungen für eine gute Zukunft ihrer Nachkommen. Vielfach formuliert die Gruppe Forderungen für eine Verbesserung der Lebensbedingungen ihrer Kinder und Enkel_innen. Sichere Arbeitsplätze, bezahlbarer Wohnraum und Anerkennung unabhängig von der Herkunft seien elementare Voraussetzungen für ein gutes Leben ihrer Nachkommen. Sorge bereitet ihnen die zunehmende Technisierung der Arbeitswelt, die Arbeitskräfte mehr und mehr überflüssig mache.

Ihr Blick auf die jüngere Generation ist insgesamt ein positiver, was sich auch zeigt, wenn sie der jungen Generation deutscher Herkunft eine größere Toleranz zuschreiben als der älteren Generation. Darüber hinaus wünschen sie sich junge Familien in ihrem Wohnumfeld.

Während ältere Personen deutscher Herkunft die jüngere Generation also tendenziell eher kritisieren und ihr zunehmende Rücksichtslosigkeit und abnehmende Moral zuschreiben, sehen die befragten türkischen Migrant_innen die jüngere Generation insgesamt sehr viel positiver und sorgen sich stark um ihre Nachkommen.

Wie bereits zuvor dargelegt, zeigt sich bei der Kritik gegenüber Personen ausländischer Herkunft in der ersten Gruppendiskussion, dass Differenzen, die kulturell begründet werden, teilweise eher generationelle Aspekte aufweisen.

Römerstadt und Nordweststadt

Ein weiterer positiver Gegenhorizont in der Diskussion ist die Römerstadt im Vergleich zur Nordweststadt. Während die Nordweststadt als größer und anonymer beschrieben wird, seien Nachbar_innen in der Römerstadt aufgrund der Häuserstruktur vertrauter miteinander und zeichneten sich durch mehr soziale Nähe aus. Die Nordweststadt dagegen wird in diesem Kontext weniger detailliert beschrieben.

Diese Differenzierung findet sich ausschließlich bei den befragten Personen deutscher Herkunft. Die Römerstadt als eigene Wohnsiedlung innerhalb der Nordweststadt findet in der Diskussion mit älteren türkischen Migrant_innen keine Erwähnung.

Häuser mit wenigen und Häuser mit vielen Mietparteien

Häuser mit wenigen und mit vielen Mietparteien werden an mehreren Stellen voneinander abgegrenzt. Häuser mit wenigen Mietparteien bilden den positiven Gegenhorizont zu Häusern mit vielen Parteien. Zu Ersteren zählen Reihenhäuser, Einfamilienhäuser und kleinere Mehrfamilienhäuser, zu Letzteren große Mehrfamilien- und Hochhäuser.

Während man in Häusern mit wenigen Mietparteien seine Nachbar_innen kenne und teilweise enge Beziehungen zueinander habe, seien große Mehrfamilienhäuser anonymer und man kenne sich häufig nicht, wenn man nicht etwa die Gelegenheit zu einer „Aufzugsnachbarschaft“ habe oder die Post füreinander annehme. Die Fluktuation sei in großen Wohnhäusern tendenziell stärker und Faktoren wie Gemeinschaftsflächen, Balkone, unsachgemäße Müllentsorgung oder das Nichteinhalten der Hausordnung begünstigten Konflikte (vgl. hierzu Gelegenheits- und Verhinderungsstrukturen zum Aufbau nachbarschaftlicher Beziehungen im weiteren Verlauf).

Auch die Häusertypen ordnen die Teilnehmenden in ein hierarchisches System ein, an dessen Spitze Reihen- und Einfamilienhäuser stehen. Deren Bewohner_innen zeichneten sich durch Freundschaften miteinander aus, die selbst über das faktische Nachbarschaftsverhältnis hinaus Bestand hätten. Die guten Beziehungen werden mit der Homogenität der Bewohner_innen begründet:

> „Also das iss, weil da irgendwie die gleichen Menschen zusammengekommen sind.“

Eine soziale Homogenität als Voraussetzung für gute nachbarschaftliche Beziehungen wird in der Diskussion mit älteren Personen deutscher Herkunft mehrfach beschrieben.

In der zweiten Gruppendiskussion unterscheiden die Diskutant_innen die Bewohner_innen unterschiedlicher Häusertypen hinsichtlich ihrer sozialen Schichtzugehörigkeit. Die Paul-Kornfeld-Siedlung wird als Wohngebiet für gebildete, wohlhabende Personen deutscher Herkunft, die der Mittel- und Oberschicht zugehörig seien, identifiziert. Migrant_innen im Allgemeinen und somit auch Personen türkischer Herkunft werden als Bewohner_innen mit geringeren finanziellen Ressourcen kategorisiert.

Städtische und ländliche Regionen

Eine ausschließlich von den Befragten türkischer Herkunft vorgenommene Differenzierung ist die zwischen städtischen und dörflich-ländlichen Regionen, wobei Letztere den positiven Horizont darstellen.

Bereits bei der Abgrenzung von der deutschen Gesellschaft suggerierte eine Diskutantin eine starke Ähnlichkeit zu Personen deutscher Herkunft in bäuerlich-ländlichen Regionen:

> „Ja, wir fühlen uns wie die Deutschen, aber mehr wie bäuerliche, ländliche Deutsche.“

Worauf sich diese unterstellten Gemeinsamkeiten beziehen, wird nicht erläutert. Bei der Unterscheidung zwischen städtischen und ländlichen Regionen werden ländliche Gebiete durch die Zuschreibung von Gastfreundschaft positiv von städtischen abgegrenzt:

> „Das stimmt, was Im[74] sagt. < Die großen Städte in der Türkei sind genauso wie hier, aber die Dörfer sind gastfreundlicher. In den Dörfern herrscht ein engeres Nachbarschaftsverhältnis in der Türkei“ (Z. 2.928ff.).

In den Dörfern der Türkei wird eine größere Gastfreundschaft wahrgenommen als in türkischen Städten. In türkischen Dörfern sei auch das Nachbarschaftsverhältnis intensiver, während die nachbarschaftlichen Beziehungen in türkischen Großstädten ähnlich anonym wie in Deutschland seien. Dörfliche deutsche Regionen werden an dieser Stelle nicht in den Vergleich einbezogen, was darauf zurückzuführen sein könnte, dass den Diskutant_innen die Beziehungen dort nicht bekannt sind, während sie durch Migrationen innerhalb der Türkei dort häufig beide Regionen kennengelernt haben (vgl. hierzu Kapitel zur Migration in Deutschland am Beispiel türkischer Migrant_innen).

Anhand einer Erzählung belegt eine Teilnehmerin die Gastfreundschaft in türkischen Dörfern:

> „Guck mal, als mein Vater damals in der Türkei im Dorf lebte, sagte er immer, wenn Reisende über Nacht eine Bleibe suchten, dann bot er denen immer ein Gästezimmer an. Sie frühstückten, verabschiedeten sich und luden meinen Vater auch mal ein, vorbeizukommen. Aber hier, die wollen nur ausnutzen.“

Sie zeigt, dass die Gastfreundschaft in dörflichen Regionen in der Türkei über die Gastfreundschaft der Dorfbewohner_innen untereinander hinausgeht und sich auf alle bezieht, die in das Dorf kommen, wie z. B. Reisende. Gleichzeitig unterstellt sie mit ihrer Aussage Menschen in Deutschland die Inanspruchnahme einseitiger Hilfeleistungen außerhalb des Prinzips der Reziprozität. Sie formuliert das Gefühl, in der BRD keine Gegenleistung für Hilfen angeboten zu bekommen.

Diese Idealisierung von Nachbarschaften in türkischen Dörfern bzw. in der Türkei im Allgemeinen findet sich an mehreren Stellen wieder. So werden Nachbarschaften in Deutschland bspw. aufgrund geschlossener Türen negiert und in der Türkei als intensiv durch das gemeinsame Beisammensein im Freien herausgestellt.

In der Diskussion mit älteren Personen deutscher Herkunft finden dörfliche Regionen keine Beachtung. Nachbarschaft wird ausschließlich in

---

74 Die Bezeichnung *Im* steht für einen männlichen Teilnehmer. Die Personen der beiden Diskussionen werden mit zwei Buchstaben benannt. Der erste Buchstabe wird anhand der Reihenfolge der ersten Redebeiträge ausgewählt, der zweite Buchstabe gibt das Geschlecht an („w“ für weiblich und „m“ für männlich). *Aw* ist demzufolge eine Frau und die erste Person, die sich in der Gruppendiskussion äußert; *Bm* ist männlich und die zweite Person, die sich an der Diskussion beteiligt.

Bezug zur Nordweststadt verhandelt. In der Diskussion mit älteren türkischen Migrant_innen dagegen werden nicht nur Nachbarschaften in städtischen und ländlichen Regionen, sondern auch in anderen Stadtteilen wie Niederrad oder in der Nachbarstadt Offenbach seitens eines Teilnehmenden beschrieben, da er in beiden Stadtteilen gewohnt hat bzw. wohnt.

10.4.4 Geselligkeit

Geselligkeit wird in beiden Gruppendiskussionen als weitere soziale Funktion von Nachbarschaften präsentiert. Gegenseitige Besuche, gemeinsames Essen und Aktivitäten wie Grillabende oder gemeinsames Ausgehen werden als gesellige Aspekte des Zusammenlebens mit Nachbar-_innen benannt. Diese finden sowohl inner- als auch außerhäuslich statt. Der Kommunikation im außerhäuslichen Bereich wie dem Garten wird eine wichtige Bedeutung zugeschrieben. In der Gruppendiskussion mit älteren Personen deutscher Herkunft wird gleich zu Beginn mit dem „Schnäpschen über den Zaun“ ein Ritual der Geselligkeit benannt, das außerhäuslich stattfindet. Das gemeinsame Essen bzw. das Teilen des Essens mit Nachbar_innen wird in beiden Diskussionen als Merkmal einer guten nachbarschaftlichen Beziehung präsentiert.

Essen wird vor allem in der Diskussion mit älteren Migrant_innen als elementar wichtig angeführt:

> „Es ist so wichtig, dass es sogar die Redewendung gibt (3): `Wenn mein Nachbar hungert, muss ich mich schämen zu essen.´ Also wenn mein Nachbar irgendein Problem hat, gehe ich zu ihm und gebe ihm bei Bedarf auch von dem ab, was ich gekocht habe.“

Der Teilnehmer betont an dieser Stelle eine soziale Verantwortung gegenüber Nachbar_innen in der türkischen Kultur, die er anhand eines türkischen Sprichworts als kulturelle Besonderheit deutlich macht. Das Teilen von Essen geht über die Funktion der Geselligkeit hinaus und wird als elementar im Fall der Not der Nachbarin bzw. des Nachbarn präsentiert. Negative Auswirkungen von Hunger präsentiert er auch an einer anderen Stelle, als er erneut ein türkisches Sprichwort zitiert – „Hungriger Hund macht den Bäcker kaputt“ – und für bessere Bedingungen für junge Menschen auf dem Arbeitsmarkt plädiert.

Die in den Diskussionen angeführten Geselligkeitsformen sind z. T. ritualisiert und weisen eine Kontinuität auf. In der Beschreibung ihrer früheren Nachbarschaftsbeziehung einer Teilnehmerin in der zweiten Gruppendiskussion stellt sie das regelmäßige gemeinsame Essen sonntags mit der Nachbarin als positiven Aspekt dar. Auch in der ersten Diskussion werden Grillabende und das „Schnäpschen übern, übern Zaun“ als wiederkehrende Geselligkeitsformen angeführt.

10.4.5 Reproduktion von sozialen Differenzen

Die Reproduktion von sozialen Differenzen zeigt sich ebenfalls als soziale Funktion von Nachbarschaften in beiden Gruppendiskussionen. Vielfach wird seitens der älteren Personen deutscher wie auch türkischer Herkunft kritisiert, dass sich soziale Differenzen in Nachbarschaften zeigten. Ein zentraler Aspekt, an dem diese exemplifiziert werden, ist die Höhe der Miete.

In der ersten Diskussion bemängeln die Anwesenden die sogenannte „Mietabgabe“, die in der Vergangenheit eine Festsetzung der Miete in Abhängigkeit vom Einkommen bedingt habe. Besserverdienende hätten eine höhere Miete gezahlt. Da dies aber dazu geführt habe, dass überwiegend Personen deutscher Herkunft weggezogen seien, die vermehrt höhere Einkommen gehabt und somit auch höhere Mieten gezahlt hätten, sei diese Praxis wieder abgeschafft worden. Ein Teilnehmer sieht durch diese Mietabgabe eine gelingende Integration gefährdet, da der Anteil der Migrant_innen dadurch stark ansteige und zu viele Migrant_innen in Quartieren nicht adäquat integriert werden könnten. Er nutzt die Mietabgabe als Argument für eine „Migration in Maßen“, für die mehrfach plädiert wird.

Diese in der ersten Diskussion kritisierte Mietabgabe wird in der Diskussion mit älteren türkischen Migrant_innen explizit gefordert:

> „< An unserem (Tisch) sollten sie diese Mieten senken (1) und nach Einkommen erhöhen.“

Ein Diskutant betont hier, dass für die Anwesenden der Gruppendiskussion, die gemeinsam am Tisch sitzen, dementsprechend die Mieten gesenkt werden müssten.

Hohe Mieten werden stark kritisiert und eine Mietstaffelung nach Einkommen gefordert. Diese Forderung macht deutlich, dass die Anwesenden als geringer Verdienende kategorisiert werden, deren Mieten gesenkt werden müssten.

Diese Betrachtungsweise beinhaltet, dass finanziell Bessergestellte durch höhere Abgaben zur Nivellierung sozialer Ungleichheiten beitragen sollten, was auch in der Politik im Zusammenhang mit einer Vermögenssteuer vielfach diskutiert wird (u. a. Handelsblatt, 2016). Diese Forderung verdeutlicht den in der Diskussion mit den älteren Personen türkischer Herkunft präsenten sozialwissenschaftlichen Diskurs, der u. a. politische Relevanzsysteme einbezieht.

Doch nicht nur die älteren Personen deutscher Herkunft gehen davon aus, z. B. im Falle einer Mietabgabe eine höhere Miete zahlen zu müssen. Auch in der Diskussion mit den Migrant_innen findet sich die Ansicht, mehr Miete zahlen zu müssen als andere. Anhand einer Erzählung versucht eine Diskutantin zu belegen, dass sie eine höhere Miete und mehr Nebenkosten zahle als ihre deutsche Nachbarin. Sie unterstellt dabei eine absichtliche Ungleichbehandlung seitens des städtischen Energieversorgers, die sie indirekt mit ihrer Herkunft begründet: Während ihre deutsche Nachbarin den ganzen Tag zu Hause sei und demzufolge Strom und Wasser verbrauche, sei ihr Verbrauch deutlich niedriger, da sie tagsüber nicht zu Hause sei. Dennoch habe sie eine höhere Nebenkostenabrechnung als die deutsche Nachbarin. Die empfundene Ungerechtigkeit einer höheren Miete im Vergleich zu ihrer Nachbarin steigert sie noch, wenn sie angibt, seit 30 Jahren in Wohnungen ihres Vermieters, einer Wohnungsbaugesellschaft, zu wohnen und trotz dieses seit mehreren Jahrzehnten bestehenden Mietverhältnisses benachteiligt zu werden.

Neben der Miethöhe gibt es weitere soziale Unterschiede, die in beiden Diskussionen reproduziert werden und z. T. in direktem Zusammenhang mit Nachbarschaft stehen. So heben die älteren Personen deutscher Herkunft soziale Differenzen zwischen sich und Personen ausländischer Herkunft hervor und generieren die kollektive Aussage, dass diese sozialen Ungleichheiten zu Konflikten führten, während soziale Homogenität sozialen Frieden erzeuge. Faktoren, auf die sie sich dabei beziehen, sind Religionszugehörigkeit, Nationalität, Familienstatus und Beruf. Eine mögliche bewusste Steuerung der Bevölkerungszusammensetzung im Quartier über das Wohnungsamt wird thematisiert. In früheren Zeiten sei die soziale Homogenität größer gewesen, während heute eine Durchmischung zunehme. Eine Teilnehmerin konnotiert diese Durchmischung durch ihre Äußerung „<Heute wird's bunt>"als positiven Prozess, der daran anschließend aber tendenziell kritisch erörtert wird. Bewusste „Experimente" werden unterstellt, in denen Personen mit niedrigerem Sozialstatus, die „ein bisschen asozial" gewesen seien, gemeinsam in Wohnhäusern mit sozial besser gestellten Personen untergebracht worden seien. Als Konsequenz solcher Unterschiede im Sozialstatus wird massive Unsauberkeit beschrieben. Eine Teilnehmerin leitet daraus einen negativen Lernprozess ab, denn obwohl sie aufgeschlossen gegenüber den Nachbar_innen gewesen sei, seien gute nachbarschaftliche Kontakte mit diesen nicht möglich gewesen. Den Nachbar_innen wird ein gescheiterter Lernprozess unterstellt, da die sozial schlechter gestellten Bewohner_innen nicht von den anderen gelernt hätten, wie ursprünglich durch die „Experimente" beabsichtigt. Als negative Konsequenz wird der Auszug der Personen mit höherem Sozialstatus beschrieben und es wird kritisiert, dass den Bewohner_innen trotz ihrer zentralen Integrationsfunktion kein Mitspracherecht eingeräumt worden sei.

Ein Zusammenhang zwischen räumlicher und sozialer Nähe in Nachbarschaften wird im weiteren Verlauf negiert; Sprachprobleme und kulturelle Unterschiede werden als Gründe für mangelnde Nähe identifiziert:

> „Im Haus selbst ist der Kontakt völlig – man duldet sich und man spricht auch mal paar Worte, aber so ein engerer Kontakt kommt nich mehr zustande. Das liegt aber eben wie gesagt an diesen Sprachproblemen teilweise ((Zustimmung)), und eben auch <kulturelle, große, große kulturelle Unterschiede, nich wahr, ( )[75] den Leuten <u>anders</u>, ich meine, ( ) aber das, das iss halt so>"

Während zuvor sozial schlechter gestellte Personen im Fokus standen, benennt ein Teilnehmer deutscher Herkunft an dieser Stelle negative Faktoren wie sprachliche und kulturelle Barrieren, die in direktem Zusammenhang zu Migration stehen. Diese hätten bei ihm dazu geführt, dass Kontakte zu räumlich entfernteren Personen im Nebenhaus oder im Haus gegenüber intensiver seien als im eigenen Wohnhaus.

Die Gruppe präsentiert die kollektive Anklage und den gemeinsamen Lernprozess, dass eine soziale Heterogenität in der Bewohner_innenstruktur nicht funktioniere, und kritisiert den Diversity-Ansatz, der in gesellschaftspolitischen Debatten vielfach als positiv und erstrebenswert propagiert wird (Deutsche Gesellschaft für Diversity Management, 2016). Die Anwesenden warnen davor, die Fehler dieses Ansatzes im Rahmen der genannten früheren „Experimente" zu wiederholen.

Darüber hinaus stellt die Gruppe einen Zusammenhang zur Architektur her und erörtert die Reproduktion sozialer Schichtungen und Beziehungen durch diese. Architektonische Vielfalt gehe mit einer Vielfalt der Bewohner_innen einher; Reihen- und Atriumhäuser[76] werden als idealtypisch für gelingende nachbarschaftliche Beziehungen präsentiert (vgl. zum hierarchischen Verhältnis der Häusertypen auch die Gegenhorizonte *Häuser mit vielen und wenigen Parteien*). Hier wird im Rahmen einer kompetenten Argumentation ein hoher Reflexionsgrad sichtbar, da diese Aspekte den Teilnehmenden auf der Ebene des Alltagswissens bewusst sind.

Türkische Migrant_innen aus finanziell schwachen Regionen in der Türkei werden als Negativbeispiel angeführt und deren zu hohe Konzentration in Wohngebieten als problematisch identifiziert.

Insgesamt werden bestimmte Personengruppen als schwierige „Konstellationen" herausgestellt. Teilweise zeigt sich aber ein Berücksicht-

---

[75] Diese Lücken in Form der Klammern „( )" signalisieren, dass bei der Transkription Wörter nicht verstanden wurden und daher nicht transkribiert werden konnten.

[76] Als Atriumhäuser werden Häuser bezeichnet, die in der Mitte einen zum Himmel geöffneten Raum besitzen. Dieser wird Atrium genannt (Deutsche Enzyklopädie, 2014).

igungszwang, Personen nicht aufgrund bestimmter sozialer oder herkunftsbezogener Faktoren oder Zugehörigkeiten zu bewerten, sondern individuelle Aspekte zu berücksichtigen. Diskutant_innen, die diese Perspektive einführen, argumentieren dennoch häufig mit derartigen Faktoren, wie z. B. ein Teilnehmer, der zunächst auf individuelle Unterschiede verweist, unmittelbar daran anschließend aber unterschiedliche Gepflogenheiten in anderen Ländern thematisiert.

Die Teilnehmenden dieser ersten Gruppendiskussion diskutieren die Reproduktion sozialer Differenzen in Nachbarschaften, indem sie voraussetzen, selbst über einen guten sozialen Status zu verfügen. Sie beanspruchen für sich, sozial und finanziell besser gestellt sowie sprachlich und kulturell der Mehrheitsgesellschaft zugehörig zu sein.

In der Diskussion mit älteren türkischen Migrant_innen werden ebenfalls vielfach soziale Differenzen thematisiert, die sich teilweise in Nachbarschaften vollziehen, häufig aber gesamtgesellschaftlich verortet werden. Sie selbst schreiben sich einen niedrigeren sozialen Status zu und machen die deutsche Politik und Gesellschaft für Missstände diesbezüglich verantwortlich. Den niedrigeren sozialen Status exemplifizieren sie durch höhere Mieten, Chancenungleichheit im Bildungs- und Ausbildungssystem sowie niedrigere Renten.

Vielfach bemängeln die Anwesenden Chancenungleichheit im Bildungs- und Ausbildungssystem sowie auf dem Arbeitsmarkt. Diskriminierung seitens der Lehrkräfte an Schulen und fehlender Zugang zur Bildung an Privatschulen aufgrund unzureichender finanzieller Ressourcen werden kritisiert. Lehrer_innen würden Kinder ausländischer Herkunft bei Störungen unmittelbar vom Unterricht ausschließen, sie auf falsche Bildungswege bzw. in weit entfernte weiterführende Schulen schicken. Bei der Berufswahl setze sich diese Benachteiligung fort, da ihre Kinder Berufe erlernten, in denen die Verdienstmöglichkeiten gering seien:

> „Die Deutschen haben uns hier als Sklaven hierher gebracht. Sie können nichts machen. Manchen geben sie eine Chance, wenn sie zu gebrauchen sind, und andere halten sie unten. Wo sind unsere Kinder? Verkäufer, wie viel Geld geben sie Verkäufern? Wie viel Geld kriegen, sagen wir, Krankenschwestern? Baustelle zum Beispiel, sind am schlechtesten gestellt, < wieder unsere Kinder >“

Sie betrachten sich als „Sklaven“ der Deutschen, die ihren Kindern Berufe zuwiesen, ohne ihnen eine Wahlfreiheit zu gewähren.

Die Schulabschlüsse türkischstämmiger Einwanderer würden nur unzureichend anerkannt, während es bei Personen aus anderen europäischen Ländern keine Schwierigkeiten bei der Anerkennung gebe.

Die niedrigen Löhne spiegelten sich schließlich auch in der Rente wider, die es kaum ermögliche, den Lebensunterhalt zu bestreiten. Damit würden psychische Probleme einhergehen. Kinder müssten ihre Eltern unterstützen, da diese keine Unterstützung erhielten, obwohl sie während ihrer Erwerbstätigkeit Steuern gezahlt hätten.

Sie beklagen, geringere Rechte zu besitzen als die deutsche Mehrheitsgesellschaft, nehmen aber eine Zunahme ihrer Rechte seit ihrer Einwanderung wahr, was sich u. a. in einem generellen Rentenanspruch zeige.

An mehreren Stellen der Diskussion mit älteren Türkischstämmigen ist die Bedeutung des sozioökonomischen Status und dessen hohe Relevanz im Alltag sichtbar. Die Anwesenden plädieren bspw. für günstige Supermarktketten im Quartier oder äußern die Sorge, bei unzureichender Rente ihre finanzielle Situation durch das Sammeln von Pfandflaschen verbessern zu müssen. Das Sammeln von Pfandflaschen schreiben sie teilweise vermehrt Personen ausländischer Herkunft zu.

Zahlreiche weitere Diskriminierungen werden benannt, die sie z. B. durch das Fernsehen erführen. Diskriminierungserlebnisse aufgrund ihrer Herkunft ziehen sich durch die gesamte Diskussion und sind ein zentraler Schwerpunkt der Debatten. Negative Erfahrungen werden vielfach mit der Herkunft begründet. Einen Zusammenhang zwischen Herkunft und Bildung stellt ein Teilnehmer gegen Ende der Diskussion her, als er die in der Nordweststadt lebenden türkischen Migrant_innen tendenziell als formal gering gebildet mit wenigen finanziellen Ressourcen und die dort lebenden Personen deutscher Herkunft als wohlhabende Angehörige der Mittel- und Oberschicht kategorisiert.

In der Diskussion mit älteren Personen deutscher Herkunft findet ebenfalls eine derartige Stigmatisierung statt, wenn sie den nach Deutschland migrierten Personen ausländischer Herkunft eine geringe Bildung unterstellen.

> „Gw: Es sind nicht die Gebildeten. Weil, wie meine Enkeltochter mir von Istanbul vorgeschwärmt hat,
> Hw: Ja, ja.
> Gw: also gebildete Leute, gell, und und wer weiß was alles.
> Fw: Die kommen ja nicht hierher.
> Gw: Die kommen net, nein, die kommen net (1). Es sind sehr viele."

In diesem Gesprächsfragment zeigt sich deutlich die soziale Differenz hinsichtlich des Bildungsstands, die türkischen Migrant_innen seitens Personen deutscher Herkunft zugeschrieben wird.

Es stellt sich die Frage, wie solche sozialen Differenzen, die (türkischen) Migrant_innen von der deutschen Mehrheitsgesellschaft zugeschrieben werden, mit dem Kontext der Nachbarschaften zusammenhängen. Der ursprünglich als Multiplikator fungierende Teilnehmer stellt sich in der zweiten Diskussion mit türkischen Migrant_innen ebenfalls diese Frage und sieht keinen Zusammenhang zwischen Diskriminierungserfahrungen und Nachbarschaften und fordert die Gruppe auf, als diese Diskriminierungserfahrungen berichten, zum eigentlichen Thema Nachbarschaften zurückzukommen. Es findet eine Debatte zwischen ihm und der Gruppe darüber statt, welche geschichtlichen Aspekte mit Nachbarschaften zusammenhängen und wo geschichtliche Aspekte in der Diskussion dominieren und kein Bezug mehr zu Nachbarschaften hergestellt werden kann.

Der Diskussionsleiter aber rechtfertigt die Erwähnung geschichtlicher Aspekte durch die Gruppe und erklärt die Sichtweise der Diskutant_innen:

> „Aber ich beantworte das so, dass sie sagen, wir können gar nicht gute Nachbarn werden. Als ob Nachbar über Länder oder über tatsächliche Nachbarn, wenn diese Probleme, die wir gerade haben, da sind. Wahrscheinlich kann man das so übersetzen. Weißt du, was ich meine?"

Er möchte den Dialog zwischen dem Multiplikator und der Gruppe fördern und wirbt bei diesem für Verständnis für die differenzierte Argumentation der Anwesenden. Darüber hinaus resümiert er schließlich:

> „[...] Am Ende ist es zurzeit unmöglich, hier mit den Deutschen ein nachbarschaftliches Verhältnis aufzubauen. Es ist unmöglich, weil wir ungerecht behandelt werden und deswegen keinen Kontakt wollen."

Der Diskussionsleiter zeigt hier zum einen, dass er sich der Gruppe der türkischen Migrant_innen zuordnet, zum anderen schreibt er den Anwesenden eine differenzierte Argumentation zu, deren Komplexität der Multiplikator nur bedingt folgen kann. Das zuvor bereits beschriebene elaborierte Verständnis von Nachbarschaften bei den Personen türkischer Herkunft, das nah am sozialwissenschaftlichen Diskurs orientiert ist, wird in dieser Argumentation sehr deutlich. Die Gruppe verdeutlicht, wie soziale Differenzen aufgrund des Status als Migrant_in Nachbarschaften erschweren bzw. verhindern.

10.5 Intensitätsstufen sozialer Beziehungen in Nachbarschaften

In beiden Diskussionen werden unterschiedliche Intensitätsstufen sozialer Beziehungen in Nachbarschaften beschrieben, die sich grafisch wie folgt darstellen lassen:

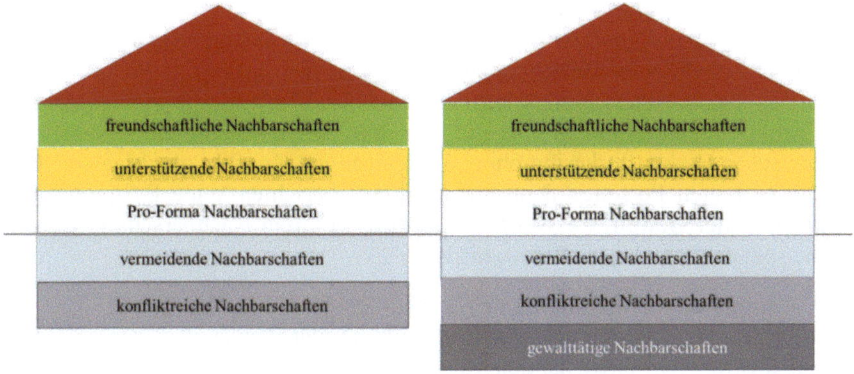

Abb. 31: Intensitätsstufen nachbarschaftlicher Beziehungen in beiden Gruppendiskussionen im Vergleich
linkes Haus: Gruppendiskussion I mit älteren Personen deutscher Herkunft; rechtes Haus: Gruppendiskussion II mit älteren Personen türkischer Herkunft

Im links stehenden Haus sind die Intensitätsstufen nachbarschaftlicher Beziehungen beschrieben, die in der ersten Diskussion mit älteren Personen deutscher Herkunft beschrieben werden. Im rechts stehenden Haus finden sich die Intensitätsstufen, die sich aus der Gruppendiskussion mit älteren Personen türkischer Herkunft ergeben. Der Strich symbolisiert das Erdgeschoss, ab dem positive Beziehungen beginnen. Unterhalb des Erdgeschosses sozusagen im Keller des Hauses sind negative nachbarschaftliche Beziehungen dargestellt, die ein Nichtvorhandensein oder Scheitern von Beziehungen beinhalten. Das höchste Stockwerk symbolisiert das Maximum funktionierender Nachbarschaften. Die Grafiken zeigen demzufolge – von oben nach unten betrachtet – eine hierarchische Anordnung von positiven bis hin zu negativen Beziehungen.

Positive nachbarschaftliche Beziehungen umfassen häufig auch die darunter liegenden Intensitätsstufen. Die Ausgestaltung mancher Nachbarschaften lässt sich nicht eindeutig einem dieser „Stockwerke" zuordnen; viele liegen zwischen zwei Stockwerken. Nachbarschaftliche Beziehungen können sich sowohl nach oben als auch nach unten entwickeln. Nachbarschaften haben Prozesscharakter: Die meisten Nachbarschaften haben im Erdgeschoss begonnen und sind nach längerer Interaktionsdauer auf ein höheres Stockwerk aufgestiegen – oder auch in ein Kellergeschoss gefallen.

Im Folgenden werden die einzelnen Intensitätsstufen beschrieben und mit Beispielen aus den Diskussionen veranschaulicht.

3. Untergeschoss: gewalttätige Nachbarschaften

Das dritte Untergeschoss steht für körperliche Gewalt als negativste Form nachbarschaftlicher Beziehungen. Ausschließlich in der Diskussion mit älteren Personen türkischer Herkunft wird diese Form der Beziehung durch einen Diskutanten beschrieben. Er berichtet von einem direkten Nachbarn deutscher Herkunft, der ihn ohne vorangegangen Konflikt geschlagen habe. Die befragten Personen deutscher Herkunft berichten keine Beispiele von körperlicher Gewalt, was verdeutlicht, dass in ihrem Nachbarschaftserleben die soziale Ordnung noch gewahrt ist.

2. Untergeschoss: konfliktreiche Nachbarschaften

In beiden Diskussionen werden konflikthafte Nachbarschaften beschrieben. Bei diesen Konflikten handelt es sich häufig um interkulturelle Nachbarschaftskonflikte, in denen der kulturellen Komponente eine zentrale Bedeutung zugeschrieben wird. Die beschriebenen Konflikte gründen sich sowohl auf eigene Erfahrungen als auch auf Erfahrungen von Dritten, die weitergetragen werden. Andere Kulturen, die nicht mit dem eigenen kulturellen Regelwerk vereinbar scheinen, werden als konfliktfördernd dargestellt.

In der ersten Gruppendiskussion identifizieren die Beteiligten äußere Merkmale wie das Kopftuch bei manchen muslimischen Frauen oder deren Kontaktvermeidung gegenüber Männern als abweichende kulturelle Normen, die Konflikte begünstigten. Die für sie zentrale bürgerliche Anstandsform des Grüßens erleben sie als gefährdet. Des Weiteren kritisieren sie das Aufhängen der Wäsche im Freien an einem Sonntag und schreiben dieses Verhalten ausschließlich Personen ausländischer Herkunft zu. Sie begründen es mit mangelndem Respekt gegenüber dem Sonntag als christlichem Feiertag.

Zahlreiche konflikthafte Situationen in Nachbarschaften werden berichtet, wie etwa das Teppichausklopfen oder Rauchen auf dem Balkon oder Verschmutzungen im unmittelbaren außerhäuslichen Wohnumfeld, die im Maximum als „Exzesse" dargestellt werden.

In beiden Diskussionen wird die Treppenhausreinigung durch die Hausbewohner_innen als großes Konfliktpotenzial herausgestellt. In der ersten Diskussion wird kritisiert, dass Mieter_innen z. T. die Treppenhausreinigung nicht angemessen durchführen würden; ein Teilnehmer berichtet, diesem Verhalten durch eigenes Engagement entgegenzuwirken, indem er jährlich den Reinigungsplan in allen Etagen aufhänge. Die Nichteinhaltung dieser Regelung wird vor allem Personen ausländischer Herkunft und der jüngeren Generation zugeschrieben.

In der Diskussion mit älteren Migrant_innen bestätigt sich das Konfliktpotenzial, das mit der Reinigung des Treppenhauses einhergeht. Hier kritisiert eine Anwesende die unzureichende Treppenhausreinigung durch ihre deutschen Nachbar_innen, während sie den Flur und jede Tür putze, und begründet das Verhalten der Nachbar_innen mit Ausländer_innenfeindlichkeit.

Weitere Konfliktsituationen werden in beiden Diskussionen beschrieben, z. B. das Nichtgrüßen am Müllcontainer in der ersten Gruppe. Eine Teilnehmerin bemängelt das Verhalten einer neu zugezogenen Nachbarin, die sie am Müllplatz nicht gegrüßt habe, mit der sie inzwischen aber eine gute Nachbarschaftsbeziehung führe, da sie den Konflikt angesprochen und damit eine positive Verhaltensänderung bei der Nachbarin erreicht habe.

Mehrfach werden Erlebnisse herausgestellt, in denen Lautstärke zu einem Konflikt geführt habe, bspw. beim Neueinzug oder beim Besuch der Enkelkinder.

Bei der Betrachtung der Beschreibungen von konfliktreichen Nachbarschaften wird deutlich, dass teilweise eine Ethnisierung von Nachbarschaftskonflikten stattfindet und diese u. a. mit generationalen Aspekten vermischt werden. Betrachtet man etwa den Konflikt um das Aufhängen der Wäsche im Freien an einem Sonntag, ist dies ggf. weniger auf kulturelle als auf generationelle Aspekte zurückzuführen. Die Zuschreibung von Konflikten an bestimmte Gruppen verhindert gute nachbarschaftliche Beziehungen und erschwert den Austausch. Existieren keine adäquaten Begegnungsmöglichkeiten, wird die Ethnisierung von Konflikten begünstigt und die Bearbeitung bestehender Konflikte erschwert.

Dem nachbarschaftlichen Regelwerk kommt bei der Entstehung von Konflikten eine zentrale Bedeutung zu. In den Diskussionen wird deutlich, dass in vielen Nachbarschaften feste, z. T. ungeschriebene, Regeln existieren, deren Unkenntnis v. a. Konflikte mit neu Zugezogenen begünstigen. In beiden Diskussionen zeigt sich, dass die beteiligten Personen häufig aufgrund langer Aufenthaltsdauer Deutungshoheit beanspruchen. Die Personen deutscher Herkunft schreiben sich diese Deutungshoheit in Nachbarschaften und im gesellschaftlichen Leben häufig schon allein aufgrund ihrer geografischen Verortung als Deutsche zu. So erwarten sie eine Unterordnung von Migrant_innen in Nachbarschaften, z. B. durch die Vermeidung des Wäscheaufhängens an einem christlichen Feiertag. Darüber hinaus erwarten sie von Personen, die neu zuziehen, dass diese sich den (ungeschriebenen) geltenden Regeln in der Nachbarschaft anpassen.

Auch die befragten älteren Personen türkischer Herkunft beanspruchen eine Deutungshoheit, die sie mit ihrer längeren Aufenthaltsdauer gegenüber Ostdeutschen oder Osteuropäer_innen begründen. Eine Diskrepanz zu den deutschstämmigen Diskutant_innen zeigt sich aber darin, dass ihnen diese Deutungshoheit seitens der Bevölkerung deutscher Herkunft nicht zugestanden wird.

Beide Gruppen präsentieren anhand von Erzählungen ihr nachbarschaftliches Regelwerk. Für die älteren Personen deutscher Herkunft verstößt bspw. das Wäscheaufhängen im Freien an einem Sonntag gegen dieses Regelwerk, während das Ausleihen von Zutaten oder Lebensmitteln dazugehört. Die Einhaltung des Reinigungsplans für das Treppenhaus sowie das Grüßen werden als nachbarschaftliche Regeln präsentiert und z. T. als konkrete Erwartungen an neu einziehende Personen formuliert. Auch, dass neue Nachbar_innen sich vorstellen oder dass mögliche Ruhestörungen etwa durch eine Feier im Vorfeld kommuniziert werden, gehört zu solchen Erwartungen, die in ein nachbarschaftliches Regelwerk münden. Grillen oder Teppichausklopfen auf dem Balkon sind Verhaltensweisen, die mit einem Verbot belegt werden; dessen Nichteinhaltung wird überwiegend Migrant_innen zugeschrieben.

In der Diskussion mit älteren Personen türkischer Herkunft werden ebenfalls Regeln in Nachbarschaften herausgestellt. Eine zentrale Rolle spielt dabei die gegenseitige Hilfsbereitschaft. Nachbarschaftliche Beziehungen präsentieren sie als ein Geben und Nehmen. Für die türkischen Migrant_innen ist es selbstverständlich, dass im Falle einer Unterstützungsleistung mindestens ein reziprokes Unterstützungsangebot erfolgen muss und Nachbarschaften nur durch gegenseitige Hilfen funktionieren. Gleichberechtigung bzw. Gleichbehandlung ist für sie elementar wichtig, was sie auch bei der Erledigung der Hausordnung einfordern. Sie präsentieren ein starkes Verantwortungsgefühl gegenüber Nachbar_innen, das sie in Form der Handlungsmaxime „Wenn mein Nachbar hungert, muss ich mich schämen zu essen“ benennen, und begründen dieses kulturell. Darüber hinaus geht für sie Hilfeleistung mit Toleranz einher und sie erwarten, dass ihnen Toleranz entgegengebracht wird, wenn sie sich hilfsbereit zeigen.

Vergleicht man das nachbarschaftliche Regelwerk beider Gruppen, ist das der türkischen Migrant_innen eines, das von Handlungsmaximen und Erwartungen geprägt ist, die aus bestimmten Unterstützungsleistungen resultieren, während das der älteren Personen deutscher Herkunft sich durch konkrete Handlungen in der Alltagspraxis auszeichnet. Insgesamt handelt es sich aber bei beiden Gruppen um zumeist ungeschriebene Regeln, die, abgesehen von der Treppenhausreinigung, nicht in einem Dokument festgeschrieben, aber dennoch nicht verhandelbar sind. Beide Gruppen schreiben die Nichteinhaltung des nachbarschaftlichen Regelwerks häufig der jeweils anderen Ethnie zu.

1. Untergeschoss: vermeidende Nachbarschaften
Es gibt Nachbar_innen, mit denen Interaktionen vermieden werden, da sie aufgrund verschiedener Merkmale oder Eigenschaften als fremd empfunden bzw. als unsozial wahrgenommen werden. Diese vermeidenden Nachbarschaften erfüllen keine unterstützenden Funktionen, aber auch keine Funktionen wie Streit oder Gewaltausübung, da Interaktionen bewusst umgangen werden. Dieses *Sich-aus-dem-Weg-Gehen* beschreibt ein Teilnehmer in der ersten Gruppendiskussion, als er die Vielfalt nachbarschaftlicher Beziehungen erörtert:

> „Ja, mansche Nachbarschaften grenzen schon fast an Freundschaften, und den andern geht man auch am liebsten aus'm Weg, ne? Also das iss'n großes – Feld."

Die aktive Vermeidung verhindert einen Beziehungsaufbau und somit eine Zunahme der Intensität der Nachbarschaftsbeziehung.

In der Diskussion mit älteren Personen türkischer Herkunft wird Personen deutscher Herkunft vermeidendes Verhalten zugeschrieben. Vielfach wird kritisiert, dass verschlossene Türen ein Entstehen nachbarschaftlicher Beziehungen verhinderten. Die Bedeutung nachbarschaftlicher Beziehungen wird kulturell begründet und eine Differenz zwischen der deutschen und türkischen Nachbarschaft hinsichtlich dieser Bedeutung suggeriert. Nachbarschaften werden als „wichtig" in der türkischen Kultur präsentiert.

Zahlreiche Bedingungen können zu einer Vermeidung führen. Sowohl negative individuelle als auch über Dritte übermittelte Erfahrungen können ein solches Verhalten bedingen. Unsicherheiten aufgrund unbekannter kultureller Regelwerke können ebenfalls zur Kontaktvermeidung beitragen, wie es bspw. eine Teilnehmerin in der ersten Diskussion mit älteren Personen deutscher Herkunft beschreibt:

> Ew: Ja, ich auch nich. Aber das iss einfach ne Fremdheit //ja//, weil ich nich weiß, was gehört sich, was gehört sich nich.
> Aw: Ja.
> Ew: was kann ich machen. Bei deutschen Nachbarn weiß ich, wenn ich kein Ei hab und dringend eins brauch, dann klingle ich mal eben //mhm//. Bei Türken würde ich das nie und nimmer machen, also das iss <u>meine eigene</u> Unsicherheit.

Die Diskutantin weiß nicht, ob es in der türkischen Kultur auf Akzeptanz stößt, sich Zutaten von Nachbar_innen zu leihen. Bevor sie gegen kulturelle Normen verstößt, meidet sie den Kontakt, um mögliche Konflikte zu umgehen und Respekt zu zeigen. Diese Form der Vermeidung aufgrund von

Unterstellungen gegenüber den Nachbar_innen erinnert an Watzlawicks Geschichte mit dem Hammer aus seinem Buch „Anleitung zum Unglücklichsein". Dort möchte ein Mann sich zum Aufhängen eines Bildes einen Hammer vom Nachbarn ausleihen, unterstellt diesem aber aufgrund seines flüchtigen Grüßens am Vortag, dass er ihm diesen nicht leihen wolle. Diese Zuschreibung, die er sich immer weiter ausmalt, führt dazu, dass er schließlich beim Nachbarn klingelt und diesen anschreit (Watzlawick, 2011, S. 37 ff.).

Einen weiteren Grund für eine Vermeidung nachbarschaftlicher Beziehungen sind Stereotypen. Diese stellen negative kollektive Annahmen über andere dar, wie sie etwa sichtbar werden, als eine Teilnehmerin in er ersten Gruppendiskussion über muslimische Frauen in ihrem Wohnhaus spricht:

> „Ja und die Frauen dürfen ja am liebsten gar nich <mit Männern sprechen und gar nicht im Aufzug alleine fahren>."

Die Stereotypisierung dieser Frauen führt voraussichtlich dazu, dass Männer deutscher Herkunft nicht das Gespräch mit ihnen suchen, da sie davon ausgehen, dass dies kulturell bedingt nicht erwünscht sei. Damit können auch unterschiedliche „Erwartungserwartungen" (Luhmann, 2001) einhergehen, da dem Gegenüber, den muslimischen Frauen, möglicherweise die Erwartung zugeschrieben wird, sie nicht anzusprechen, die muslimischen Frauen aber die Wahrung bürgerlicher Anstandsformen z. B. durch Grüßen erwarten. Diese unterschiedlichen Erwartungserwartungen können auch aus unterschiedlichen Lebenserfahrungen resultieren.

Darüber hinaus können Ängste oder eine dominierende Kultur der Distanz in einem Wohnhaus zur Kontaktvermeidung in Nachbarschaften führen.

Vermeidung äußert sich durch Aus-dem-Weg-Gehen, aber auch außerhäusliche Aktivitäten können eine Strategie der Vermeidung darstellen. Ein Teilnehmer benennt in der ersten Gruppendiskussion außerhäusliche Freizeitaktivitäten im Chor, im Tanzkreis oder in der Gemeinde als eine gute Möglichkeit, sich nicht mit den Bewohner_innen türkischer Herkunft im eigenen Wohnhaus auseinandersetzen zu müssen.

Formen der Vermeidung in Nachbarschaften begünstigen eine Abgrenzung von bestimmten Gruppen, wie sie in der Diskussion mit älteren Personen deutscher Herkunft gegenüber Menschen ausländischer Herkunft mehrfach erkennbar wird. Gleichzeitig findet dadurch eine Vergemeinschaftung mit der eigenen Gruppe statt und es folgt eine Kategorisierung in „wir" und „die anderen" (Uslucan, 2011, S. 3 f.), wie sie häufig in Integrationsdebatten als Unterscheidung vorgenommen wird.

Während in der Diskussion mit älteren Personen deutscher Herkunft zahlreiche Möglichkeiten der Vermeidung in Nachbarschaften insbesondere gegenüber Migrant_innen beschrieben werden, kritisieren die befragten älteren Personen türkischer Herkunft das Vermeidungsverhalten, das sie seitens der Deutschen wahrnehmen.

Erdgeschoss: Pro-forma-Nachbarschaften
Es gibt Nachbarschaften, die sich auf Formalien beschränken, und Nachbar_innen, zu denen keine persönlichen Beziehungen bestehen. Diese Nachbarschaften erfüllen überwiegend die Funktion der *Dienstleistung in Zeiten der eigenen Abwesenheit.* Klassische Komponenten solcher Pro-forma-Nachbarschaft sind das Blumengießen, Briefkastenleeren oder Annehmen von Post. Eine solche Nachbarschaftsbeziehung setzt Vertrauen voraus, da es z. B. beim Blumengießen des Haustürschlüssels der Nachbarin bzw. des Nachbarn bedarf.

In beiden Gruppendiskussionen wird diese Pro-forma-Nachbarschaftsbeziehung als wichtig beschrieben. Ein Teilnehmer der ersten Gruppendiskussion charakterisiert diese Beziehungsform in der Diskussion wie folgt:

> „Aber, isch muss sagen, es war ein guter Kontakt, und es hat sisch auch, möchte sagen, in unserer Gegend jetzt hier mit unseren Nachbarn, wir sind ja vier auf einem Stockwerk, ((räuspert sich)) wunderbar eingespielt, und das fängt beim Blummegieße an und hört beim Briefkasteleere auf. Also ((räuspert sich)) mir könn' uns net beklage."

Gegenseitiges Blumengießen und Annehmen der Post ist für ihn ein Indikator für ein gutes nachbarschaftliches Verhältnis, das eine gewisse Interaktionsdauer voraussetze.

Auch in der Diskussion mit älteren Migrant_innen wird das gegenseitige Vertrauensverhältnis thematisiert:

> „Damals wohnten wir mit den Deutschen in solchen kleineren Häusern und konnten untereinander die Schlüssel austauschen, wenn was anliegt."

Die türkische Migrantin berichtet von guten Nachbarschaftsbeziehungen zu Personen deutscher Herkunft in früheren Zeiten, die den gegenseitigen Schlüsseltausch beinhaltete und Dienstleistungen in Zeiten der eigenen Abwesenheit ermöglichte.

Beiden Gruppen ist ein solches Pro-forma-Verhältnis bekannt und sie schätzen es, denn es beruhigt zu wissen, dass während der eigenen Abwesenheit Nachbar_innen nach dem Rechten sehen und sich um Pflanzen und Post kümmern. Es besteht Konsens darüber, dass derartige Dienstleistungen eine wichtige Basis nachbarschaftlicher Beziehungen und eine erste Beziehungsebene darstellen, die die Grundlage für intensivere Kontakte ist.

1. Obergeschoss: unterstützende Nachbarschaften
Nachbar_innen können über Pro-forma-Beziehungen hinaus eine Unterstützungsfunktion ausüben, die für die Bewohner_innen maßgeblich zu einer besseren Wohnqualität beitragen und je nach Unterstützungsbedarf im Wohnalltag wichtig sein kann. Unterstützende Nachbarschaften erfüllen zahlreiche soziale Funktionen von *Beratung* über *Dienstleistungen in Zeiten der eigenen Abwesenheit* bis hin zu *nachbarschaftlichen Hilfen* (vgl. hierzu Abschnitt zur sozialen Funktion von Nachbarschaft). Unterstützende Nachbarschaftsbeziehungen sind gekennzeichnet durch Vertrauen und setzen kognitive Fähigkeiten oder körperliche Leistungsfähigkeit mindestens auf einer Seite in dieser Beziehung voraus, die ggf. aufgrund ihrer Kompetenzen gesellschaftlich anerkannter ist. Eine Teilnehmerin beschreibt in der Diskussion mit älteren Personen deutscher Herkunft eine solche unterstützende interkulturelle Nachbarschaftsbeziehung ihrer Freundin:

> „Also die Dame, die sich so um Ordnung kümmert, die wird von ihren Nachbarn, das iss eine Familie mit fünf Kindern, die sind jetzt fast erwachsen, schh- oft äh, angesprochen, und die erledigt alle schriftlichen Arbeiten für die Familie. Die haben Vertrauen zueinander //ja//, da da da floriert es, deutsch-türkisch."

Die deutsche Nachbarin unterstütze die türkische Familie bei der Erledigung schriftlicher Arbeiten. Sprachdefizite könnten durch diese Unterstützung ausgeglichen werden. Die Reziprozität der Hilfen wird nicht als relevant beschrieben, vielmehr sind Dank und Anerkennung für erhaltene Unterstützung in der präsentierten Beziehung elementarer.

Eine weitere Unterstützung dieser Art benennt eine andere Teilnehmerin, deren Freundin mit Kindern aus Migrant_innenfamilien Lesen übe.

Darüber hinaus werden auch Hilfen seitens der befragten Migrant_innen dargestellt, wenn ein Diskutant bspw. davon berichtet, dass die Bewohner_innen marokkanischer Herkunft seiner Frau beim Tragen helfen würden. Hierbei handelt es sich um eine spontane Hilfeleistung, die auch in der Diskussion mit älteren türkischen Migrant_innen beschrieben wird:

> „Nein, wenn zum Beispiel ein Nachbar mit Tüten nach Hause kommt, fragen wir erst gar nicht und helfen ihnen beim Hochtragen."

In der ersten Diskussion wird ein solches hilfsbereites Verhalten Nachbar_innen ausländischer Herkunft zugeschrieben und in der zweiten Diskussion bestätigt, wenn ein Diskutant eine derartige Unterstützung als unausgesprochene Selbstverständlichkeit in der Nachbarschaft charakterisiert.

Solche Hilfen setzen neben kognitiven oder physischen Kompetenzen voraus, dass ein Hilfebedarf erkannt, Hilfe angeboten und schließlich auch angenommen wird. Zudem erfordern solche Hilfen zeitliche Ressourcen, die z. B. Familien, in denen beide Elternteile berufstätig sind, seitens einer Teilnehmerin deutscher Herkunft abgesprochen werden:

> „Eins müssen wir bedenken, wir sind hier alles hoch interessierte und motivierte Leute, es gibt aber die Mehrzahl, die sind gleichgültig. Total. Auch durch ihre Berufstätigkeit, äh, Doppelberufstätigkeit, die Kinder werden untergebracht in Kitas, sind froh, wenn sie in Schulen sind, abends trifft sich die Familie, da wird alles gehetzt und und ((Gemurmel)) abgewickelt, bis – das iss alles schwierig, die können gar nich so in- interessiert an dem. Das läuft halt irgendwie, das wird schon gehen (1). So etwa."

Unterstützende Nachbarschaften werden in der Kommunikation zwischen zwei türkischen Migrantinnen darüber hinaus als wichtige Kontrollinstanz beschrieben:

> „Fw: Ich klingele, eine ältere Dame vielleicht braucht Hilfe und so. Die macht die Tür nicht auf.
> Dw: Okay.
> Fw: Manchmal ich sehe kein Licht und so. Vielleicht was passiert (1). Die macht die Tür nicht auf."

Eine Unterstützung könnte vor allem für ältere Bewohner_innen bedeutsam sein. Die befragten Migrant_innen messen der Reziprozität von Hilfeleistungen große Bedeutung bei und beschreiben gegenseitige Hilfeleistungen, bei denen jeder seine Kompetenzen einbringt und so alle voneinander profitieren. Eine solche reziproke Hilfeleistung beschreibt ein Teilnehmer in seiner Erzählung von seiner ersten Nachbarschaft in Deutschland.

2. Obergeschoss: freundschaftliche Nachbarschaften

Die Ebene der freundschaftlichen Nachbarschaften bildet das Maximum nachbarschaftlicher Beziehungen. In der ersten Gruppendiskussion werden Nachbarschaften zunächst als Beziehungen, die maximal an Freundschaften grenzen können, beschrieben; später werden Nachbar_innen auch als Freunde kategorisiert, bei denen die freundschaftliche Beziehung sogar ein Ende der Nachbarschaft überdauern kann.

In der Diskussion mit den türkischstämmigen Bewohner_innen werden Nachbar_innen aufgrund ihrer räumlichen Nähe als ggf. wichtiger als die Familie bezeichnet:

> „Bei uns sagen: „< Kaufst du keine Wohnung, kaufst du eine Nachbarn“. Nachbarn ist besser als Familie. Meine Familie in Türkei, > wenn mir was passiert, ich ich konnte wünschen, eine Nachbarin, wenn was Problem macht für mich, kann sie für mich klingeln. Ich brauch so oder so oder ich kann für sie Beispiel oder wenn Hilfe braucht, da möchte ich, möchte ich gerne helfen. Nicht allc umdrehen und gehen. Das ist nicht schön!“.

Eine Diskutantin beschreibt hier mögliche Formen der gegenseitigen Unterstützung von Nachbar_innen. Voraussetzung dafür ist ein gegenseitiges Respektieren kultureller Normen und eine gewollte Kultur der Annäherung. Zudem bedarf es einer gewissen Interaktionsdauer, die den Beziehungsaufbau ermöglicht. Sie präsentiert eine Einstellung gegenüber Nachbar_innen, die bereits in der Bibel zitiert wird, wenn es heißt: „Ein Nachbar in der Nähe ist besser als ein Bruder in der Ferne“ (Kapitel 27, Vers 10).

In freundschaftlichen nachbarschaftlichen Beziehungen stehen die Individuen im Vordergrund und nicht die möglichen Hilfeleistungen, auch wenn diese damit einhergehen können. Die Funktion der *Geselligkeit* ist zentraler Bestandteil dieser Beziehungsform. Gegenseitige Besuche, gemeinsame Aktivitäten wie Grillabende und die außerhäusliche Kommunikation z. B. im Garten prägen freundschaftliche nachbarschaftliche Beziehungen. Es handelt sich um Nachbar_innen, die häufig in Zeiten der eigenen Abwesenheit und im Bedarfsfall unterstützen, darüber hinaus aber auch wichtige soziale Kontakte im Wohnumfeld darstellen und dadurch die Identifikation mit dem Quartier stärken. In der ersten Diskussion steht das „Schnäpschen über den Zaun“ sinnbildlich für diesen Beziehungstyp. Auch die türkischen Migrant_innen benennen vielfältige Rituale der Geselligkeit von gemeinsamem Essen am Sonntag über regelmäßige Besuche zum Kaffeetrinken bis hin zur Unterstützung bei Problemen.

Im Falle eines Umzugs oder Versterbens der vertrauten Nachbar_innen, zu denen freundschaftliche Beziehungen existierten, wird ein Verlust beschrieben, der durch neue Nachbar_innen vorerst nicht ausgeglichen werden kann. Er macht den erneuten Aufbau einer Nachbarschaftsbeziehung erforderlich, mit den sozialen (z. B. Vertrauensbildung) und zeitlichen Strukturen (z. B. eine lange Interaktionsphase), die dazu nötig sind.

10.6 Gelegenheits- und Verhinderungsstrukturen beim Aufbau nachbarschaftlicher Beziehungen

In den Gruppendiskussionen wurde deutlich, dass sich beim Aufbau von Nachbarschaftsbeziehungen Gelegenheitsstrukturen bzw. beziehungsfördernde Strategien auf der einen und Verhinderungsstrukturen bzw. Konfliktauslöser auf der anderen Seite unterscheiden lassen. Die Gelegenheits- und Verhinderungsstrukturen können in soziale und räumliche Faktoren unterteilt werden und liefern interessante Erkenntnisse darüber, inwiefern bestimmte Gegebenheiten nachbarschaftliche Beziehungen beeinflussen und unterschiedlich intensive Beziehungen ermöglichen können.

Im Folgenden werden solche Gelegenheits- und Verhinderungsstrukturen beschrieben.

10.6.1 Gelegenheitsstrukturen auf sozialer Ebene

Auf der Ebene des Sozialen benennen die Diskutant_innen zwischenmenschliche Faktoren, die positiven Einfluss auf Nachbarschaften haben.

Folgende Aspekte werden in der Gruppendiskussion mit älteren Personen deutscher Herkunft als positiv für einen Beziehungsaufbau identifiziert:

Vorstellung der neuen Nachbar_innen:
Es wird explizit als Erwartung formuliert, dass Nachbar_innen, die neu zuziehen, sich bei Bewohner_innen in ihrem näheren Umfeld vorstellen, da dies von Anfang an einen guten Kontaktaufbau ermögliche.

Bereitschaft zur Kontaktaufnahme:
Für eine gelingende Beziehung ist es wichtig, dass Nachbar_innen eine grundsätzliche Bereitschaft zur Kontaktaufnahme zeigen.

Wahrung bürgerlicher Anstandsformen:
Die Wahrung bürgerlicher Anstandsformen, z. B. durch Grüßen der Nachbar_innen, wird als wichtige Grundlage in Nachbarschaften herausgestellt. Darüber hinaus ist es förderlich, wenn Nachbar_innen vorab über mögliche Unannehmlichkeiten informieren, z. B. Ruhestörungen aufgrund einer geplanten Feier, um Konflikte zu vermeiden.

Engagement:
Das Zeigen von Engagement etwa durch Aufhängen des Reinigungsplans, dadurch, dass Nachbar_innen an ihre Pflichten erinnert werden, oder durch die Pflege von Gemeinschaftsflächen bzw. das Auffordern der Nachbar_innen, solche Flächen sauber zu halten trägt nach Ansicht der

Diskutant_innen zur Harmonie bei. Gleichzeitig wird mangelndes Engagement, z. B. aufgrund unzureichender zeitlicher Ressourcen, kritisiert.

Äußern von Kritik:
Sollte es zu Unstimmigkeiten kommen, wird das Äußern von Kritik als Möglichkeit präsentiert, die zu einer Veränderung des bemängelten Verhaltens führen und die Beziehung nachhaltig positiv beeinflussen kann.

Neben solchen Gelegenheitsstrukturen auf sozialer Ebene, die individuell beeinflussbar sind und die jede Nachbar_in bzw. jeder Nachbar in seinem Verhalten berücksichtigen kann, gibt es weitere Strategien, die strukturelle Aspekte beinhalten. Diese sind zwar beeinflussbar, bedürfen aber bestimmter Voraussetzungen oder sind von individuellen Bewertungen abhängig:

Begegnungsmöglichkeiten:
Prinzipiell erhöht die Anzahl der Begegnungen die Möglichkeit guter Beziehungen: Je mehr Personen man trifft, desto höher ist die Wahrscheinlichkeit, dass positive Beziehungen zu dem einen oder anderen aufgebaut werden können.

Spontane Hilfeleistungen:
Spontane Hilfeleistungen in Nachbarschaften – etwa Hilfe beim Hochtragen von Einkäufen – ermöglichen den Aufbau einer Beziehung.

Kommunikatoren:
Es gibt „Kommunikator[en]", die die Kontaktaufnahme unter Nachbar_innen erleichtern. Als solche werden Kinder, ältere, hilfsbedürftige Personen und Hunde benannt. Wenn diese im Haus wohnten, könne das den Zugang zu Nachbar_innen erleichtern, für Gesprächsthemen sorgen oder Hilfsangebote ermöglichen.

Individuelle Menschlichkeit:
Als förderlich für das Gelingen nachbarschaftlicher Beziehungen werden individuelle Persönlichkeitsmerkmale herausgestellt. Ob gute Beziehungen möglich sind, ist dabei weniger von der Nationalität als von individuellen Merkmalen abhängig.

Gemeinsam geteilte Normen:
Dass Nachbar_innen sich an gemeinsamen Normen und Werten orientieren, wird als wichtige Grundlage für gelingende Beziehungen präsentiert. Mit der Unangemessenheit des Wäscheaufhängens im Freien an einem Sonntag wird ein Negativbeispiel unterschiedlicher Normen beschrieben.

Gemeinsam geteiltes Wissen:
Wenn Nachbar_innen über gemeinsam geteiltes Wissen verfügen, sind der Austausch über dieses Wissen und der häufig damit einhergehende Ausgleich von Wissensdefiziten eine gute Möglichkeit, miteinander in Kontakt zu kommen. Die Gruppe präsentiert das vielfach auf einer Metaebene als Verhalten während der Gruppendiskussion, wenn sie sich bspw. über die Konzeptionsidee der Nordweststadt oder geplante Bauvorhaben im Quartier austauscht.

Sympathie/Zuneigung/Zuwendung:
Sympathie, Zuneigung und Zuwendung werden als wichtige Voraussetzungen des Beziehungsaufbaus präsentiert.

Darüber hinaus wird mehrfach der Aspekt der *sozialen Homogenität* als positiv benannt, der nicht durch individuelles Verhalten beeinflussbar ist. Die Beteiligten bewerten Homogenität in Bezug auf Nationalität, Schicht, Familienstand, Beruf und Alter als Aspekte, die den Beziehungsaufbau maßgeblich fördern. Sie kritisieren die zunehmende Heterogenität und belegen durch den Hinweis auf gescheiterte „Experimente“ deren negative Auswirkungen. Für sie bedeutet soziale Homogenität sozialen Frieden. In der Diskussion mit älteren Migrant_innen türkischer Herkunft werden folgende Aspekte auf sozialer Ebene benannt, die den Beziehungsaufbau in Nachbarschaften fördern:

Bereitschaft zur Kontaktaufnahme:
Es muss eine grundsätzliche Bereitschaft zur Kontaktaufnahme bestehen, damit nachbarschaftliche Beziehungen entstehen können. Mehrfach wird kritisiert, dass diese aufgrund verschlossener Türen nicht gegeben sei.

Wahrung bürgerlicher Anstandsformen:
Grüßen als elementare Form der Respektbezeugung bei einer Begegnung mit Nachbar_innen wird als wichtig hervorgehoben, indem Nichtgrüßen kritisiert wird. Die Gruppe sieht dabei bürgerliche Anstandsformen nicht gewahrt.

Engagement:
Engagement in verschiedenen Gremien oder für den Stadtteil wird als Möglichkeit zur Verbesserung der Beziehungen zwischen Personen deutscher und ausländischer Herkunft herausgestellt.

Spontane Hilfeleistungen:
Die bereits in der ersten Gruppendiskussion benannte spontane Hilfeleistung des Tragens von Tüten für Nachbar_innen wird auch hier als beziehungsfördernd präsentiert und als „unausgesprochene[...]“Selbstverständlichkeit herausgestellt.

Kommunikatoren:
Menschen, die Hilfe benötigen, werden ebenfalls als „Kommunikatoren“ beschrieben, zu denen aufgrund ihrer Hilfsbedürftigkeit eine Beziehung aufgebaut werden kann.

Soziales Verhalten:
Einseitiges freundliches Verhalten von Migrant_innen gegenüber deutschen Nachbar_innen wird als Voraussetzung für den Beziehungsaufbau zu Personen deutscher Herkunft präsentiert.

Individuelle Menschlichkeit:
Für das Gelingen nachbarschaftlicher Beziehungen werden individuelle Persönlichkeitsmerkmale herausgestellt. Ob gute Beziehungen möglich sind, sei weniger von der Nationalität als von individuellen Merkmalen abhängig.

Zugehörigkeitsgefühl zu Deutschland:
Eine Identifikation mit Deutschland und ein Gefühl der Zugehörigkeit begünstigen den Aufbau von Kontakten zu Personen deutscher Herkunft.

Junge Menschen:
Junge Menschen werden vielfach positiv beschrieben. Sie werden tendenziell als toleranter erlebt als die ältere Generation und junge Familien als Nachbar_innen grundsätzlich als „besser“ bewertet.

Auch in der Diskussion mit den türkischen Migrant_innen zeigt sich, dass sowohl beeinflussbare als auch weniger beeinflussbare Faktoren als Gelegenheiten zum Beziehungsaufbau benannt werden.

10.6.2 Verhinderungsstrukturen auf sozialer Ebene

Die aufgeführten Gelegenheitsstrukturen könnten teilweise umgekehrt und als Verhinderungsstrukturen dargestellt werden. Im Folgenden sind aber ausschließlich Verhinderungsstrukturen auf sozialer Ebene aufgeführt, die explizit von den Gruppen benannt werden.

Die Gruppe der älteren Personen deutscher Herkunft benennt folgende Verhinderungsstrukturen zum Aufbau nachbarschaftlicher Beziehungen:

Soziale Heterogenität:
Während soziale Homogenität als Gelegenheitsstruktur für gelingende nachbarschaftliche Beziehungen präsentiert wird, wird soziale Heterogenität aufgrund derselben Faktoren, wie Nationalität, Beruf, Schicht, Familienstand und Alter, als Verhinderungsstruktur dargestellt. Zusätzlich werden die Aspekte Generation und Religion als negativ angeführt. Wenn Nachbar_innen bezüglich dieser Faktoren Unterschiede aufweisen, könne sich das negativ auf die Beziehungen auswirken. Religiöse und kulturelle Normen

bzw. Annahmen über solche Normen werden als hinderlich erlebt, da sie z. B. muslimischen Frauen untersagten, mit Männern zu sprechen oder Schwimmbäder zu besuchen. Unterschiedliche Mentalitäten und Sprachbarrieren werden ebenfalls als hinderlich empfunden und der Beziehungsaufbau zu Personen ausländischer Herkunft insbesondere mit muslimischer Religionszugehörigkeit als schwierig beschrieben.

Unsicherheit und unbekannte kulturelle Regelwerke:
Empfundene Unsicherheiten erschweren gelingende nachbarschaftliche Beziehungen, insbesondere im Umgang mit Migrant_innen. Zum einen wird Unsicherheit bezüglich unbekannter kultureller Regelwerke geäußert, zum anderen entsteht Unsicherheit bei der Begegnung mit Gruppen von Menschen ausländischer Herkunft, die als Bedrohung erlebt werden können.

Chronische „Meckerer“:
Es gebe Personen, mit denen aufgrund ihrer permanenten Unzufriedenheit keine nachbarschaftlichen Beziehungen entstehen könnten. So resümiert eine Teilnehmerin etwa ihre Begegnung mit einer älteren Dame beim Arzt: „Mit so'ner Frau <u>kann</u> mer keine Nachbarschaft ham.“

Unterschiedliche Toleranzgrenzen und Regelwerke:
Toleranzgrenzen sind individuell verschieden; wenn Nachbar_innen unterschiedliche Toleranzgrenzen aufweisen, ist es schwierig, sich auf gemeinsam geltende Regeln zu einigen. So habe die Nachbarin einer Diskutantin sich bei deren Einzug über samstägliches Renovieren beschwert, das für die Teilnehmerin selbst völlig legitim ist, solange es nicht die Abendstunden oder die Mittagsruhe stört.

Hohe Fluktuation:
Ein häufiger Mieter_innenwechsel erschwert den Kontaktaufbau. Beziehungsaufbau erfordert Zeit und bei einem ständigen Wechsel der Bewohner_innen ist ein kontinuierliches neues Kennenlernen nötig.

Insgesamt argumentieren die Teilnehmenden innerhalb eines quasi soziologischen Kategoriensystems und arbeiten soziologische Charakteristika der Gesellschaft heraus, was u. a. deutlich wird, wenn sie die zunehmende „Ellbogengesellschaft“ kritisieren.

In der Gruppendiskussion mit älteren türkischen Migrant_innen werden folgende Verhinderungsstrukturen auf sozialer Ebene benannt:

Empfundene Ungerechtigkeit und Anerkennungsdefizit:
In der Diskussion mit älteren Migrant_innen türkischer Herkunft werden multiple Benachteiligungen und Diskriminierungen aufgrund der türkischen Herkunft seitens der deutschen Gesellschaft berichtet. Diese werden als

elementare Verhinderungsstruktur beim Aufbau nachbarschaftlicher Beziehungen herausgestellt und vom Diskussionsleiter wie folgt zusammengefasst:

> „Am Ende ist es zurzeit unmöglich, hier mit den Deutschen ein nachbarschaftliches Verhältnis aufzubauen. Es ist unmöglich, weil wir ungerecht behandelt werden und deswegen keinen Kontakt wollen."

Benachteiligungen, die gesamtgesellschaftlich oder auch in der Nachbarschaft erlebt werden, z. B. in Form höherer Mieten oder als Ausländer_innenfeindlichkeit, verhindern auch positive Beziehungen in der Nachbarschaft.

Ausländer_innen würden in Deutschland „vom Inneren ausgegrenzt" und obwohl sie seit Jahrzehnten in Deutschland lebten, maßgeblich am Wiederaufbau nach dem Zweiten Weltkrieg beteiligt gewesen seien und ihre Enkelkinder z. T. deutscher Herkunft seien, würden türkische Migrant_innen nach wie vor als Ausländer_innen wahrgenommen und diskreditiert.

Unterschiedliche Toleranzgrenzen und Regelwerke:
Auch in der Diskussion mit älteren Personen türkischer Herkunft werden unterschiedliche Toleranzgrenzen und Regelwerke als hinderlich für einen Beziehungsaufbau mit Nachbar_innen erwähnt, etwa Beschwerden von Nachbar_innen über zu großen Lärm durch die Enkelkinder.

Hohe Fluktuation:
Die befragten Migrant_innen nehmen eine hohe Fluktuation in der Nordweststadt, durch die man Nachbar_innen nicht mehr kenne, ebenfalls als „Problem" wahr. Fluktuation variiere aber in unterschiedlichen Häusern. Während in einigen im Dreimonatsrhythmus die Bewohner_innen wechselten, bleibe in anderen großen Wohnhäusern die Bewohner_innenstruktur stabil.

Mangelnde finanzielle Ressourcen:
Mangelnde finanzielle Ressourcen sind ein zentrales Thema in der Diskussion. Sie wirkten sich auf Nachbarschaftsbeziehungen aus, indem sie z. B. ein gegenseitiges Einladen oder gemeinsames Kaffeetrinken verhinderten, das wiederum elementar für die „Nachbarschaftspflege" sei.

	GD I	GD II
Gelegenheitsstrukturen/Strategien zum Aufbau nachbarschaftlicher Beziehungen	Vorstellung der neuen Nachbar_innen	
	Bereitschaft zur Kontaktaufnahme	Bereitschaft zur Kontaktaufnahme
	Wahrung bürgerlicher Anstandsformen	Wahrung bürgerlicher Anstandsformen
	Engagement	Engagement
	Äußern von Kritik	
	Begegnungsmöglichkeiten	
	spontane Hilfeleistungen	spontane Hilfeleistungen
	Kommunikatoren	Kommunikatoren
	individuelle Menschlichkeit	individuelle Menschlichkeit
	gemeinsam geteilte Normen	
	gemeinsam geteiltes Wissen	
	Sympathie/ Zuneigung/ Zuwendung	
	soziale Homogenität	
		soziales Verhalten
		Zugehörigkeitsgefühl zu Deutschland
		junge Menschen
Verhinderungsstrukturen / Konfliktauslöser	soziale Heterogenität	
	Unsicherheit und unbekannte kulturelle Regelwerke	
	chronische "Meckerer"	
	unterschiedliche Toleranzgrenzen und Regelwerke	unterschiedliche Toleranzgrenzen und Regelwerke
	hohe Fluktuation	hohe Fluktuation
		empfundene Unsicherheit und Anerkennungsdefizit
		mangelnde finanzielle Ressourcen

Tab. 4: Gegenüberstellung der Gelegenheits- und Verhinderungsstrukturen beim Aufbau nachbarschaftlicher Beziehungen auf sozialer Ebene

10.6.3 Gelegenheitsstrukturen auf räumlicher Ebene

In beiden Diskussionen werden zahlreiche räumliche Aspekte, wie z. B. Orte oder Häusertypen, benannt, die den Beziehungsaufbau in Nachbarschaften fördern. Die befragten älteren Personen deutscher Herkunft identifizieren folgende räumliche Aspekte als förderlich:

Kleine Wohneinheiten:
Auch die Diskutant_innen in der zweiten Gruppendiskussion sehen den Beziehungsaufbau durch kleine Wohneinheiten begünstigt; so habe in einer früheren Nachbarschaft mit kleinen Wohneinheiten ein Vertrauen bestanden, das den gegenseitigen Schlüsseltausch und damit z. B. Hilfeleistungen in Zeiten der eigenen Abwesenheit ermöglichte.

Räumliche Nähe:
Räumliche Nähe wird mehrfach als grundlegende Voraussetzung für den Beziehungsaufbau mit Nachbar_innen präsentiert. Die Diskutant_innen pflegen ausschließlich Kontakte zu Nachbar_innen, die neben ihnen oder im selben Stockwerk wohnen.

Dörfliche Strukturen:
Als Ideal nachbarschaftlicher Beziehungen werden die Nachbarschaften in türkischen Dörfern identifiziert, in denen „Gastfreundschaft" herrsche. In dörflichen Strukturen würden sich die Bewohner_innen untereinander kennen, was den Austausch fördere.

10.6.4 Verhinderungsstrukturen auf räumlicher Ebene

In beiden Gruppen benennen die Diskutant_innen räumliche Aspekte, die sie als hinderlich für den Aufbau nachbarschaftlicher Beziehungen empfinden.

In der Diskussion mit älteren Personen deutscher Herkunft werden folgende Punkte benannt:

Große Wohneinheiten:
Die befragten Personen deutscher Herkunft bemängeln den schwierigen Kontaktaufbau in großen Wohneinheiten, der sich häufig auf das Annehmen der Post beschränke. Begegnungen seien seltener oder beschränkten sich mit bestimmten Personengruppen auf ausgewählte Orte wie z. B. die Aufzüge. Vor allem Hochhäuser werden als konfliktreich empfunden, da dort vermehrt Bewohner_innen ausländischer Herkunft mit unzureichenden finanziellen Ressourcen wohnten. Die türkische Ethnie wird in diesem Kontext negativ erwähnt.

Gemeinschaftsflächen:
Mit großen Wohnhäusern gehen häufig gemeinsam genutzte Flächen wie Waschräume oder Treppenhäuser einher. Die unterschiedliche Pflege dieser Gemeinschaftsflächen seitens der Bewohner_innen wird als konfliktreich beschrieben. Aufzüge werden im Kontext der Sauberkeit als ebenso konfliktfördernd dargestellt, da diese häufig verschmutzt würden. Bei der gemeinsamen Nutzung von Flächen bestehe die Gefahr, dass im Falle von Vandalismus Einzelner alle durch die Mietnebenkosten für die Instandsetzung aufkommen müssten.

Unsachgemäße Müllentsorgung an den gemeinsam genutzten Müllplätzen wird als konfliktbegünstigend hervorgehoben, wie auch die Ausscheidungen von Hunden in der außerhäuslichen Umwelt.

Balkone:
Balkone werden mehrfach als struktureller Aspekt präsentiert, der mit Konflikten einhergehen kann. Wenn Bewohner_innen bspw. rauchen, Teppiche auf ihren Balkonen ausklopfen oder dort grillen, kann das zur Belästigung der Mitbewohner_innen führen.

Hausordnung:
Das gemeinsame Erledigen der Hausordnung führt häufig zu negativen Empfindungen und v. a. Migrant_innen wird zugeschrieben, die Hausordnung nicht immer sachgemäß einzuhalten, während die Personen deutscher Herkunft für sich in Anspruch nehmen, Ordnung zu wahren.

Außerhäusliche Aktivitäten:
Außerhäusliche Freizeitaktivitäten wie die Teilnahme an einem Chor oder einer Tanzgruppe werden als Möglichkeiten zur Kontaktvermeidung mit Nachbar_innen ausländischer Herkunft beschrieben und können somit den Verhinderungsstrukturen zugeordnet werden. Durch die Pflege von sozialen Kontakten außerhalb der Nachbarschaft ist man weniger auf die Bewohner_innen des unmittelbaren Wohnumfelds angewiesen.

Insgesamt lässt sich hinsichtlich dieser von den deutschstämmigen Diskutant_innen beschriebenen Verhinderungsstrukturen Folgendes resümieren:

Räumliche Nähe bedeutet nicht zwangsläufig soziale Nähe:
In ihrer Argumentation zeigen die Befragten, dass räumliche Nähe förderlich für soziale Nähe sein kann und man eher die nahe wohnenden Nachbar_innen im eigenen Stockwerk kennt. Dennoch beschreiben sie, dass sie z. T. bewusst Aktivitäten außerhalb des Wohnumfelds wahrnehmen, um Kontakte im Wohnhaus zu vermeiden, und zu Personen, die weiter entfernt wohnen, manchmal mehr Kontakte bestehen. Kulturelle

und sprachliche Unterschiede werden als Gründe für mangelnde soziale Nähe trotz räumlicher Nähe angeführt.

Eine Vielfalt der Architektur geht mit einer Vielfalt der Bewohner_innenstruktur einher:
Die Konzeptionsidee der Nordweststadt wird als ein Konzept vielfältiger Gebäudeformen präsentiert. Ziel sei der Bau unterschiedlicher Häuscrtypen gewesen, was letztlich auch den Zuzug von Personen mit unterschiedlichem sozioökonomischem Status bedingt habe. Die Häusertypen werden mit bestimmten Gruppen in Verbindung gebracht. Während die Bewohner_innen in den Atrium- und Reihenhäusern als finanziell besser gestellt identifiziert werden, wird den Bewohner_innen der Hochhäuser ein schlechterer Status unterstellt. Es wird ein Zusammenhang zwischen Architektur und Bewohner_innenstruktur hergestellt.

In der Diskussion mit älteren Personen türkischer Herkunft können folgende räumliche Verhinderungsstrukturen identifiziert werden:

Große Wohneinheiten:
Die befragten türkischen Migrant_innen bemängeln ebenfalls die Anonymität in großen Wohnhäusern. Anhand des früheren Schlüsselaustauschs mit Nachbar_innen in kleinen Wohnhäusern verdeutlichen sie die Vorzüge des Vertrauensverhältnisses in Häusern mit wenigen Mietparteien. Ein negativer Veränderungsprozess aufgrund des zunehmenden Baus von Hochhäusern wird auch für die Türkei herausgestellt. Dieser verhindere den „Dialog", da die Bewohner_innen sich zunehmend fremd seien.

Hausordnung:
Die gemeinsame Verantwortung der Bewohner_innen zur Erfüllung der Hausordnung wird ebenfalls als negativ angeführt. Die von den Personen deutscher Herkunft geäußerte Kritik, Migrant_innen würden vermehrt die mit der Hausordnung verbundenen Pflichten nicht sachgemäß erledigen, findet sich bei den befragten türkischen Migrant_innen ebenfalls, in umgekehrter Richtung: Sie bemängeln, dass sie ihren Pflichten akribisch nachkämen, während die Bewohner_innen deutscher Herkunft die Flure der Migrant_innen nicht reinigten. Die Kritik wird mit Ausländer_innenfeindlichkeit begründet.

Städtische Strukturen:
Die Anonymität, die mit städtischen Strukturen einhergehe, wird als hinderlich für den Aufbau nachbarschaftlicher Beziehungen wahrgenommen. Die Diskutant_innen beschreiben negative Auswirkungen auf Nachbarschaften in der Türkei durch zunehmende Prozesse der Verstädterung.

„Verschlossene Türen“:
Mehrfach werden verschlossene Türen als zentraler Faktor dargestellt, der nachbarschaftlichen Beziehungsaufbau unmöglich mache. Die Existenz von Nachbarschaften wird aufgrund dieser Gegebenheit sogar ganz negiert.

Die älteren Personen türkischer Herkunft sind sich also ebenfalls einig, dass räumliche Nähe nicht zwangsläufig auch soziale Nähe bedingt. Sie beschreiben vielfach, dass trotz räumlicher Nähe Konflikte entstehen und sie im Wohnumfeld mit Diskriminierung aufgrund ihrer Herkunft konfrontiert sind.

Die nachfolgende Tabelle stellt die von den Diskutant_innen beider Gruppendiskussionen benannten Gelegenheits- und Verhinderungsstrukturen beim Aufbau nachbarschaftlicher Beziehungen einander gegenüber.

	GD I	GD II
Gelegenheitsstrukturen/ Strategien zum Aufbau nachbarschaftlicher Beziehungen	kleine Wohneinheiten	kleine Wohneinheiten
	Plätze in der unmittelbaren außerhäuslichen Umwelt: Aufzüge, Tiefgaragen, Müllplatz	
	Einsatz einer Vermittlerin bzw. eines Vermittlers in großen Wohnhäusern	
		räumliche Nähe
		dörfliche Strukturen
Verhinderungsstrukturen /Konfliktauslöser	große Wohneinheiten	große Wohneinheiten
	Gemeinschaftsflächen	
	Balkone	
	Hausordnung	Hausordnung
	außerhäusliche Aktivitäten	
		städtische Strukturen
		„verschlossene Türen"

Tab. 5: Gegenüberstellung der Gelegenheits- und Verhinderungsstrukturen beim Aufbau nachbarschaftlicher Beziehungen auf räumlicher Ebene

10.7 Lernprozesse in Nachbarschaften und zeitliche Aspekte

Interkulturelle und intergenerationelle Lernprozesse in Nachbarschaften sollen im Rahmen der Untersuchung analysiert werden, da davon ausgegangen wird, dass Nachbarschaften einen Lernort des sozialen Umfeldes darstellen, an dem Aneignungsprozesse stattfinden, die für das nachbarschaftliche Miteinander von Bedeutung sind. Denn *Lernen* bezieht sich nicht nur auf die Prozesse in Bildungseinrichtungen, sondern vollzieht sich auch im alltäglichen Kontext. Lernen bedeutet die Veränderung einer Person in Bezug auf Verhalten, Wissen und Fähigkeiten, Selbst- und Weltverhältnisse sowie Deutungsmuster oder Erfahrungen (Hof, 2012, S. 71). Dabei bedeutet Lernen sowohl sich zu sich selbst zu verhalten, als auch die

Auseinandersetzung mit der Umwelt, um Bestätigung zu erfahren oder Bedarfe der Veränderung aufzudecken (Maier-Gutheil, 2015, S. 2).

Die vorliegende Untersuchung geht der Frage nach, inwieweit Lernprozesse in Nachbarschaften identifiziert werden können, die auf die Zugehörigkeit zu einer bestimmten Generation zurückzuführen sind, und inwieweit solche, die mit der Zugehörigkeit zu einer bestimmten Kultur begründet werden können. Bereits Mannheim hat 1964 erklärt, dass Generation und Kultur für das, was gelernt werde, zentral seien, da die Einstellungen und das Weltbild einer Person intergenerationell und interkulturell seien (Mannheim, 1964, S. 509 ff.). Dabei ist Lernen nicht ausschließlich positiv besetzt. Es gibt positive und negative Lernprozesse.

Der Aufbau nachbarschaftlicher Beziehungen wird von beiden Gruppen als Prozess beschrieben. Kontinuität und eine lange Interaktionsdauer ermöglichen Vertrauensaufbau. Dieser Prozess ist begleitet von Lernprozessen, in denen Erfahrungen in der Nachbarschaft dazu beitragen können, Vorannahmen zu korrigieren oder bestätigt zu sehen.

Beispiele für interaktionsgeschichtliches Lernen präsentiert z. B. eine Teilnehmerin deutscher Herkunft, wenn sie erklärt, dass es in ihrem Wohnhaus mit zahlreichen Parteien mehr Kontaktmöglichkeiten gibt, als sie anfangs erwartet habe. Ein anderer Teilnehmer in der ersten Gruppendiskussion berichtet von marokkanisch stämmigen Nachbar_innen in seinem Wohnhaus, mit denen er im Gegensatz zu den Türkischstämmigen gut zurechtkomme, was ebenfalls einen Lernprozess auf interaktionsgeschichtlicher Ebene verdeutlicht. Es werden positive und negative Lernprozesse dieser Art präsentiert, die auch in der Diskussion mit türkischen Migrant_innen sichtbar werden. Dort wird ein negativer interaktionsgeschichtlicher Lernprozess mit Ostdeutschen nach der Wiedervereinigung aufgrund der bei diesen zum Ausdruck kommenden Ausländer_innenfeindlichkeit präsentiert. Ebenso interaktionsgeschichtlich bedingt sind die negativen Lernprozesse der doppelten Diskriminierung in Deutschland und der Türkei sowie die Erfahrungen, dass türkischstämmige Migrant_innen als synonym mit in Deutschland lebenden Migrant_innen gesehen werden und dass sie in der BRD als Menschen zweiter oder gar dritter Klasse behandelt werden.

Darüber hinaus beschreiben die befragten Migrant_innen aber auch positive Lernprozesse, z. B., dass das Äußern von Kritik zu einer positiven Verhaltensänderung u. a. in Bezug auf Rassismus führen kann.

Ein Ausbleiben von gewünschten Lernprozessen wird in der Diskussion mit älteren Personen deutscher Herkunft berichtet, als eine Diskutantin beschreibt, dass Personen mit schlechterem sozialen Status nicht wie politisch gewünscht von den Bewohner_innen mit besserem Status gelernt hätten. Ebenso wird hier der negative Lernprozess sichtbar, dass die Frau trotz ihrer empfundenen Aufgeschlossenheit keine Beziehung zu den schlechter gestellten Nachbar_innen aufbauen konnte.

Auf der Ebene des Äußerns von Kritik präsentieren die Diskutant_innen deutscher Herkunft sowohl positive als auch negative Lernprozesse. Eine Teilnehmerin bspw. erzählt, dass ihre Kritik an einer neuen Nachbarin, die zunächst nicht gegrüßt habe, mit dieser zu einem guten nachbarschaftlichen Verhältnis geführt habe und ihr die Möglichkeit des Scheiterns durchaus bewusst war. Eine andere Teilnehmerin allerdings berichtet von der Erfahrung, dass Kritik, die sie gegenüber ihren Nachbar_innen geäußert habe, bei diesen nicht zu einer gewünschten Verhaltensänderung geführt habe.

Interkulturelle Lernprozesse auf der Ebene des Identitätslernens werden sichtbar, wenn z. B. eine Diskutantin türkischer Herkunft beschreibt, dass türkische Migrant_innen in der BRD sich wie bäuerliche, ländliche Deutsche fühlten. Dieser Lernprozess stellt die Aneignung einer hybriden Identitätskonstruktion dar.

Einen weiteren interkulturellen Lernprozess berichtet ein Teilnehmer der zweiten Diskussion als er von seiner Nachbarschaft im Stadtteil Niederrad erzählt. Er habe die Überwindung eigener kultureller Grenzen erlernt, als die Tochter des Vermieters ihm regelmäßig die Wäsche gewaschen habe, obwohl dies in der türkischen Kultur nicht üblich sei. Obwohl nicht deutlich wird, was das Unübliche darstellt, z. B. das Wäsche waschen durch die Tochter des Vermieters oder durch ein junges Mädchen, zeigt er, dass er die Unterstützungsleistung angenommen hat.

In beiden Diskussionen werden unterschiedliche zeitliche Veränderungsprozesse benannt, die mit Lernprozessen einhergehen. Häufig werden Vergangenheit, Gegenwart und Zukunft unterschieden und mit diesen Zeiten unterschiedliche nachbarschaftliche Beziehungen und gesellschaftliche Entwicklungen verbunden.

Die türkischstämmigen Diskutant_innen betrachten die früheren Beziehungen in dörflichen Regionen in der Türkei als Ideal von Nachbarschaftsbeziehungen, die es heute aufgrund des zunehmenden Baus großer Wohnsiedlungen in der Türkei immer weniger gebe. Sie nehmen negative Veränderungen in der Türkei wahr, die sie auch auf Deutschland übertragen. Früher sei die Nordweststadt deutlich kleiner gewesen, man habe gute Nachbarschaftsbeziehungen gepflegt, auch mit Nachbar_innen deutscher Herkunft, sich gegenseitig zum Kaffee eingeladen und freundschaftliche Beziehungen gehabt. Man habe in kleinen Mehrfamilienhäusern mit wenigen Parteien gelebt und sich gegenseitig vertraut, was sich im Schlüsselaustausch widerspiegelte.

Eine starke negative Veränderung habe sich seit der deutschen Wiedervereinigung vollzogen. Ostdeutsche seien ihre Chefs geworden und mit ihnen sei ein neuer Rassismus gekommen. Der zunehmende Bau großer Wohnsiedlungen und die zunehmende Ungleichbehandlung nichteuropäischer im Vergleich zu innereuropäischen Migrant_innen würden heute gute Nachbarschaftsbeziehungen erschweren. Distanzierung in Form verschlossener Türen verhindere Kontakte. Dennoch hätten Türkischstämmige heute in der BRD mehr Rechte, z. B. durch Rentenansprüche, und die junge Generation der Deutschen werde insgesamt als toleranter erlebt.

In der Diskussion mit älteren Personen deutscher Herkunft werden gemeinsame Erinnerungen und die Zugehörigkeit zur Pioniergeneration, zu den Erstbezieher_innen nach der Entstehung der Siedlung in den 1960er-Jahren, als positiver Einfluss zum Aufbau nachbarschaftlicher Beziehungen wahrgenommen. Auch die Zugehörigkeit zu einer Generation (alle sind zwischen 1927 und 1939 geboren) wird als positiv im Sinne einer Altershomogenität hervorgehoben.

In dieser ersten Diskussion werden ebenfalls sowohl positive als auch negative zeitliche Veränderungsprozesse in Nachbarschaften thematisiert. Das anfängliche Zusammenleben in der Nordweststadt wird als positiv beschrieben, da die Bewohner_innenstruktur sozial homogen gewesen sei. Die in manchen Wohnhäusern zu Beginn durchgeführten „Experimente“ werden dagegen als negativ hervorgehoben. Die Diskutant_innen berichten dabei von sozialdemokratischen Besiedelungs-Experimenten, für die es keine Belege gibt, und es bleibt unklar, ob es sich um einen kollektiven Mythos handelt, wenn suggeriert wird, sozial Schwächere seien damals in Wohnhäusern gemeinsam mit sozial Bessergestellten untergebracht worden, damit sie von diesen lernen könnten. Die Diskutant_innen erleben die Nordweststadt seither als soziales Labor heterogener Bewohner_innenstrukturen, aus denen eine multikulturelle Quartiersgesellschaft resultiert und präsentieren den kollektiven Lernprozess des Scheiterns eines Diversity-Ansatzes. Die zunehmend multikulturelle Gesellschaft, die sich in den Nachbarschaften abbildet, wird negativ bewertet. Die Zunahme des Migrant_innenanteils bedinge Fremdheit und Unsicherheit und sprachliche sowie kulturelle Barrieren verhinderten gelingende Beziehungen.

Der Stadt Frankfurt schreiben sie den Lernprozess zu, von der damaligen Staffelung der Miete in Abhängigkeit vom Einkommen gelernt zu haben, da sie diese dann wieder abgeschafft habe.

Kritisiert werden die Beziehungen zur jüngeren Generation. Die zunehmende „Ellbogengesellschaft“ aufgrund unsicherer Beschäftigungsverhältnisse führe zu Neid gegenüber den Älteren. Zudem gebe es eine mangelhafte Erziehung ohne Vorbilder und das Engagement nehme ab. Die zunehmende Bedeutung von Technologien führe zu rücksichtslosem Verhalten seitens der Jüngeren.

Ein Teilnehmer deutscher Herkunft benennt ein Beispiel für den Lernprozess, dass man sich engagieren müsse, wenn man möchte, dass sich Gegebenheiten verändern. Er verdeutlicht dies anhand seines regelmäßigen Aufhängens des Reinigungsplans: Er habe gelernt und gleichzeitig respektiert, dass die ausländischen Bewohner_innen des Hauses durch Erinnerung an die Hausordnung diese einigermaßen regelmäßig ausführten.

Die Bedeutsamkeit von eigenem Engagement in Nachbarschaften wird auch einer Teilnehmerin bewusst, als eine andere das Engagement ihrer Freundin herausstellt, die mit Kindern von Migrant_innen regelmäßig Lesen übe.

In beiden Gruppen zeigt sich eine grundsätzlich positivere Bewertung der Vergangenheit bezüglich nachbarschaftlicher Beziehungen. Beide Gruppen geben an, in der Vergangenheit engere nachbarschaftliche Beziehungen wahrgenommen zu haben, die sie jedoch unterschiedlich begründen. Für die Befragten deutscher Herkunft sind diese vornehmlich auf frühere homogene Bewohner_innenstrukturen zurückzuführen, für die türkischen Migrant_innen auf kleinere Wohneinheiten. Erstere berichten von nach wie vor bestehenden freundschaftlichen Beziehungen, während Letztere aktuelle gelingende Beziehungen teilweise ganz negieren, aufgrund „verschlossener Türen" und einer Ungleichbehandlung türkischer Migrant_innen im Vergleich zu Personen europäischer Herkunft. Eine Teilnehmerin türkischer Herkunft deutet in diesem Zusammenhang den negativen Lernprozess an, dass ihr Angebot der nachbarschaftlichen Hilfeleistung in Form von Kontrolle durch Fürsorge nicht angenommen wurde von einer älteren Dame: Sie habe bei einer älteren Dame geklingelt, da sie sich um diese sorgte, sie habe aber die Tür nicht geöffnet.

Zukünftige Beziehungen werden seitens der Älteren deutscher Herkunft weniger thematisiert, während die befragten türkischen Migrant_innen v. a. sorgenvoll in die Zukunft schauen, wenn sie an die nachfolgende Generation denken. Sie haben Angst, dass ihren Nachkommen aufgrund zunehmender prekärer Arbeitsverhältnisse keine ausreichenden finanziellen Ressourcen zur Verfügung stehen.

10.8 Theoretisches Modell und forschungsleitende Fragestellung – eine exemplarische Darstellung

Die folgende Abbildung zeigt zentrale Ergebnisse hinsichtlich der vier forschungsleitenden Fragestellungen. Sie stellt den Versuch dar, elementare Gemeinsamkeiten und Unterschiede im Nachbarschaftserleben älterer Personen deutscher und türkischer Herkunft zu identifizieren, die maßgeblich für die vorliegende Untersuchung sind und im theoretischen Modell benannt wurden. Sie liefert Antworten auf die forschungsleitenden Fragestellungen im Rahmen der Untersuchung. Die Abbildung ist erweiterbar und erhebt nicht den Anspruch auf Vollständigkeit. Vielmehr spiegelt sie elementare Bewertungen der Diskutant_innen beider Gruppendiskussionen wieder. Die ausgewählten und darin skizzierten Ergebnisse sind maßgebliche Resultate des Nachbarschaftserlebens älterer Personen deutscher und türkischer Herkunft und sollen den Leser_innen in einer kurzen Darstellung wichtige neue Erkenntnisse aufzeigen.

Die Bedeutung von Nachbarschaften

Gemeinsamkeiten	**Unterschiede**	
Ältere Personen mit und ohne Migrationshintergrund	***Ältere Personen ohne Migrationshintergrund***	***Ältere Personen mit Migrationshintergrund***
gemeinsame Zuschreibung bestimmter sozialer Funktionen	enges Verständnis: kollektives Verständnis mit Quartiersbezug	weites Verständnis: kollektives Verständnis muss erst hergestellt werden; keine greifbare Kategorie
gemeinsame Zuschreibung elementarer Beziehungsformen	Erwartung der Anerkennung von Hilfeleistungen	Erwartung reziproker Hilfeleistungen bzw. Unterstützungsangebote
gemeinsame Zuschreibung bestimmter Gelegenheits- und Verhinderungsstrukturen	gleiche Mieten für alle	Nivellierung sozialer Ungleichheiten durch Mieten in Abhängigkeit vom Einkommen
	sozialer Friede durch soziale Homogenität	sozialer Friede durch höhere Toleranzgrenzen bei Hilfeleistungen

Tab. 6: Die Bedeutung von Nachbarschaften

Ein wichtiges Ergebnis ist, dass sowohl die älteren Personen deutscher als auch diejenigen türkischer Herkunft Nachbarschaften bestimmte – z. T. unterschiedliche – soziale Funktionen sowie elementare Beziehungsmuster zuschreiben und Gelegenheits- sowie Verhinderungsstrukturen zum Aufbau nachbarschaftlicher Beziehungen identifizieren. Der zentrale Unterschied aber in der Bedeutung von Nachbarschaften liegt im engen und weiten Nachbarschaftsverständnis: Während für die älteren Bewohner_innen deutscher Herkunft die Kategorie Nachbarschaft alltäglich und lokal verortet ist, sind die türkischen Migrant_innen zunächst um eine kollektive Orientierung bemüht und schreiben auch Staaten zu, Nachbarn zu sein.

Bei geleisteter nachbarschaftlicher Unterstützungsleistung erwarten die älteren Personen deutscher Herkunft Anerkennung, während die türkischen Migrant_innen sich zumindest das Angebot einer wechselseitigen Unterstützung erhoffen. Sie erwarten höhere Toleranzgrenzen von Personen, die sie unterstützen zur Herstellung sozialen Friedens. Die älteren Personen deutscher Herkunft sehen den sozialen Frieden aber durch homogene Bewohner_innenstrukturen gewahrt.

Eine Nivellierung sozialer Ungleichheiten durch eine Staffelung der Mieten nach Einkommen wünschen sich die türkischen Migrant_innen, während die Deutschen das grundsätzlich ablehnen und mit der Erfahrung begründen, dass dies bereits gescheitert und mit dem vermehrten Zuzug von Migrant_innen einhergegangen sei. Nachbarschaften im zeitlichen Vergleich

Gemeinsamkeiten	Unterschiede	
Ältere Personen mit und ohne Migrations-hintergrund	***Ältere Personen ohne Migrations-hintergrund***	***Ältere Personen mit Migrationshintergrund***
früher: engere, vertrautere nachbarschaftliche Beziehungen	früher: gute soziale Beziehungen aufgrund von homogenen Bewohner_innen-strukturen	früher: gute Beziehungen aufgrund von Wohnhäusern mit wenigen Parteien
heute: zunehmende Anonymität		früher: Positivbeispiel Türkei mit dörflichen Strukturen
	heute: kulturelle und sprachliche Barrieren verhindern Beziehungsaufbau	heute: bewusste Distanziertheit der Nachbar_innen verhindern Beziehungsaufbau

Tab. 7: Nachbarschaften im zeitlichen Vergleich

Beide Gruppen beschreiben engere und vertrautere Nachbarschafts-beziehungen früher im Vergleich zu heute. Für die älteren Bewohner_innen deutscher Herkunft sind der Vertrauensverlust und die zunehmende Anonymität auf ansteigende kulturelle und sprachliche Barrieren und heterogenere Bewohner_innenstrukturen zurückzuführen. Für die älteren türkischen Migrant_innen sind größere Wohneinheiten dafür verantwortlich. Sie benennen frühere Nachbarschaften in der Türkei und dörfliche Strukturen als Positivbeispiel für gute Beziehungen.

Zukunftswünsche für die Nordwststadt

Gemeinsamkeiten	Unterschiede	
Ältere Personen mit und ohne Migrations-hintergrund	***Ältere Personen ohne Migrations-hintergrund***	***Ältere Personen mit Migrationshintergrund***
Wunsch nach gemischter Altersstruktur im Quartier	Wunsch nach Sozialarbeiter_in zur Unterstützung guter Beziehungen	Wunsch nach Anerkennung und Gleichbehandlung v. a. für die nachfolgenden Generationen
	Wunsch nach guter Infrastruktur	Wunsch nach bezahlbaren Supermärkten und Mieten
	Wunsch nach sozialer Homogenität der Bewohner_innen	

Tab. 8: Zukunftswünsche für die Nordweststadt

Für die Nordweststadt wünschen sich die Befragten deutscher Herkunft künftig wieder mehr soziale Homogenität in der Bewohner_innenschaft, eine Sozialarbeiterin bzw. einen Sozialarbeiter, der Beziehungen positiv beeinflusst und eine gute Infrastruktur. Die türkischen Migrant_innen plädieren für Anerkennung und Gleichbehandlung, v. a. ihrer Nachkommen, und bezahlbare Supermärkte und Mieten. Gemeinsam ist beiden Gruppen, dass sie sich eine gemischte Altersstruktur der Bewohner_innen wünschen.

Interkulturelle und intergenerationale Lernprozesse im Kontext von Nachbarschaften

Gemeinsamkeiten	Unterschiede	
Ältere Personen mit und ohne Migrations-hintergrund	***Ältere Personen ohne Migrations-hintergrund***	***Ältere Personen mit Migrations-hintergrund***
interkulturell: Begegnung ermöglicht positive Wahrnehmung	interkulturell: gegenseitige Hilfsbereitschaft ermöglicht Beziehungsaufbau	interkulturell: kein Beziehungsaufbau möglich, solange gesellschaftliche Diskriminierung vorherrscht
intergenerationell: Jüngere müssen Unsicherheiten aushalten	intergenerationell: Jüngere formen "Ellbogengesellschaft"	intergenerationell: Jüngere sind strukturell benachteiligt

Tab. 9: Interkulturelle und intergenerationale Lernprozesse

Die älteren türkischen Migrant_innen und Bewohner_innen deutscher Herkunft haben den interkulturellen Lernprozess vollzogen, dass Begegnungen die positive Wahrnehmung von Nachbar_innen fördern. Die älteren Personen deutscher Herkunft haben gelernt, dass gegenseitige Hilfsbereitschaft den Beziehungsaufbau ermöglicht, während die älteren Migrant_innen einen Beziehungsaufbau gefährdet sehen, solange sie sich strukturell diskriminiert fühlen.

Beide Gruppen sind sich einig, dass die jüngere Generation zunehmend Unsicherheiten bezüglich ihres Arbeitsplatzes aushalten muss. Die älteren Personen deutscher Herkunft sehen dadurch negative Veränderungen und unterstellen der jüngeren Generation zu einer „Ellbogengesellschaft“ heranzuwachsen. Bei den älteren Migrant_innen dominiert ein sorgenvoller Blick aufgrund empfundener struktureller Benachteiligung ihrer Nachkommen.

11. Schlussbetrachtung und Ausblick

Migration und die damit einhergehende, fokussierte Integration kann nicht losgelöst von Nachbarschaft betrachtet werden. Integration findet auf lokaler Ebene im Quartier statt. Dort begegnen sich Migrant_innen und Personen deutscher Herkunft. Dort wird Migration real und greifbar und das nachbarschaftliche Zusammenleben bietet eine große Chance, das Kontakte entstehen und dadurch Vorurteile abgebaut werden können.

Nach der Analyse des Nachbarschaftserlebens älterer Personen deutscher und türkischer Herkunft stellt sich zum einen die Frage nach zentralen (neuen) Erkenntnissen und zum anderen nach deren möglichen Auswirkungen auf die pädagogische Praxis sowie weiteren Forschungen zum Thema. Wie können im Rahmen dieser Untersuchung generierte Ergebnisse für die Handlungspraxis nutzbar gemacht werden und was kann dazu beitragen, Nachbarschaften, auch zwischen Personen unterschiedlicher Herkunft, zu fördern? Welcher weiteren Forschung bedarf es, für eine Förderung (interkultureller) nachbarschaftlicher Beziehungen.

Im Folgenden werden zunächst die zentralen Ergebnisse der vorliegenden Untersuchung reflektiert und diese anschließend auf die Praxis nachbarschaftsorientierter Arbeit übertragen. Darüber hinaus werden sich daran anschließende Forschungsmöglichkeiten aufgezeigt.

11.1 Zentrale Ergebnisse

Auffällig ist zunächst, dass die Diskutant_innen in beiden Gruppendiskussionen Einflussfaktoren nachbarschaftlicher Beziehungen im Rahmen soziologischer Untersuchungen bestätigen. Studien kommen bereits seit den 1950er-Jahren zu dem Ergebnis, dass räumliche Nähe zwar eine notwendige, aber keine hinreichende Bedingung für soziale Nähe darstellt und es einer homogenen Sozialstruktur, einer langen Interaktionsdauer sowie kleinerer Wohneinheiten und Begegnungsmöglichkeiten im unmittelbaren außerhäuslichen Wohnumfeld für ein Gelingen nachbarschaftlicher Beziehungen bedarf. Nachbarschaften in ländlichen Regionen werden auch dort, ebenso wie hier seitens der befragten türkischen Migrant_innen, als Ideal präsentiert. Auch soziologische Untersuchungen betrachten den Diversity-Ansatz überwiegend kritisch, warnen vor heterogenen Bewohner_innenstrukturen[77] und plädieren für eine Einbeziehung alter und neuer Bewohner_innen in die Steuerung von Belegungen über das Wohnungsamt (vgl. Abschnitt zu Einflussfaktoren).

In Untersuchungen der 1990er Jahre wird konstatiert, dass moderne Nachbarschaften ein Gemeinschaftsgefühl benötigten z. B. durch die Zugehörigkeit zu einer bestimmten Ethnie oder den gemeinsamen Erstbezug eines Quartiers, da eine Abhängigkeit voneinander unter Nachbar_innen heute nicht mehr gegeben sei. Eine gewisse Distanz trotz Nähe wird als wünschenswert und die „Verbindlichkeit in der Unverbindlichkeit“ (Schilling, 1997, S. 12) als „heute vielleicht signifikanteste Formel für die soziale Relation Nachbarschaft“ (ebd.) herausgestellt. Das zeigt sich auch sehr deutlich in den beiden Gruppendiskussionen, in denen das Oszillieren zwischen Reziprozität und Flexibilität als zentrales Beziehungsmuster herausgestellt werden kann.

Eine weitere benannte Untersuchung im Abschnitt zu Einflussfaktoren aus dem Stadtteil Kranichstein in Darmstadt kam zu dem Ergebnis, dass ähnliche kulturelle Grundmuster und gleiche Umgangsformen z. B. in Bezug auf Sauberkeit oder Lautstärke gute nachbarschaftliche Beziehungen begünstigten. Kinder und Hunde wurden dort als „gutes Medium der Kontaktaufnahme“ (Gollnick in: Schilling, 1997, S. 306) benannt. Diese Aspekte finden sich ebenfalls in den Gruppendiskussionen der vorliegenden Untersuchung wieder. Sauberkeit und Lautstärke werden in beiden Diskussionen als Faktoren präsentiert, die Einfluss auf nachbarschaftliche Beziehungen nehmen. Kinder und Hunde werden seitens der älteren Personen deutscher Herkunft durch die Bezeichnung als „Kommunikatoren“ ebenfalls explizit als gute Möglichkeit zum Beziehungsaufbau hervorgehoben.

Darüber hinaus wird in beiden Gruppendiskussionen deutlich, dass Fremde im Sinne von Simmel als Gruppe und nicht als Individuen wahrgenommen werden. Die befragten älteren Personen deutscher Herkunft sprechen von Türk_innen oder Marokkaner_innen als einheitlichen Gruppen, ebenso die befragten älteren türkischen Migrant_innen von Deutschen, Rumän_innen oder Bulgar_innen.

Die befragten Personen deutscher Herkunft sehen durch den vermehrten Zuzug ihre altbewährten (ungeschriebenen) Regeln in Nachbarschaften als gefährdet und verlangen eine Anpassung seitens der Migrant_innen. Diese

[77] Bezüglich der ethnischen Mischung in Quartieren sind Untersuchungsergebnisse kontrovers. Während die hier erwähnten soziologischen Untersuchungen vor Heterogenität in der Bewohner_innenstruktur warnen und sich gegen eine zu starke Mischung aussprechen (vgl. Abschnitt zu Einflussfaktoren), hebt die Untersuchung „Zuwanderer in der Stadt“, die von 2004-2007 in acht deutschen Großstädten durchgeführt wurde, die positiven Aspekte einer ethnischen Mischung hervor, da Migrant_innen darin vermehrt soziale Netze zur Verfügung stünden, was wiederum ihre Integration fördere (vgl. Kapitel 6).

Sorge der Neuverhandlung bestehender Regeln verdeutlichen auch die Untersuchungsergebnisse von Schumacher und Stiehr aus dem Jahr 2000 (Schumacher & Stiehr, 2000, S. 58).

Im Rahmen der vorliegenden Untersuchung werden also zahlreiche Ergebnisse bisheriger, z. T. Jahrzehnte zurückliegender, Studien bestätigt. Das verdeutlicht ihre noch heute wichtige Bedeutung und identifiziert aktuell wichtige Einflussfaktoren für den nachbarschaftlichen Beziehungsaufbau. Es stellt sich nun die Frage, welche darüber hinausgehenden neuen Erkenntnisse die Untersuchung liefert.

Durch die beiden Gruppendiskussionen im Rahmen dieser Untersuchung werden kulturspezifische Besonderheiten sichtbar. Deutschen wird im Allgemeinen häufig die Tugend der Ordnung zugeschrieben, die sich in der Diskussion mit den älteren Personen deutscher Herkunft manifestiert. Menschen aus südlicheren Ländern dagegen wird zumeist eine stärkere Unverbindlichkeit zugeschrieben, die ebenfalls in der Diskussion mit den Migrant_innen sichtbar wird. Über diese kulturspezifischen Besonderheiten hinaus zeigen sich vielfältige Gemeinsamkeiten im Kontext der Bewertung nachbarschaftlicher Beziehungen. In beiden Gruppen werden ähnliche Gelingens- und Verhinderungsfaktoren präsentiert. Alle Befragten sind sich einig, dass frühere nachbarschaftliche Beziehungen besser waren als die heutigen. Beide Gruppen heben die Vertrautheit in früheren Nachbarschaften hervor, die seitens der Personen deutscher Herkunft überwiegend mit sozialer Homogenität und seitens der Migrant_innen vermehrt mit kleineren Wohneinheiten begründet wird. Was aber hat sich verändert und was müsste passieren, um aktuelle Nachbarschaftsbeziehungen zu verbessern?

Ein zentrales Ergebnis ist, dass gegenseitige Anerkennung die Voraussetzung und Begegnung der Schlüssel dafür ist, Fremdheit abzubauen. Die befragten älteren türkischen Migrant_innen kritisieren, dass kontinuierliche Diskriminierungserfahrungen den Aufbau von Beziehungen zu Personen deutscher Herkunft grundlegend erschwerten. Obwohl Deutschland für sie mittlerweile zur Heimat geworden sei und ihre Nachkommen eheliche Beziehungen zu Deutschen eingingen, seien sie dennoch auf verschiedenen Ebenen wie dem Schul- oder Ausbildungssystem, dem Arbeits- und Wohnungsmarkt mit Ressentiments konfrontiert, die sie v. a. auf die Nichtzugehörigkeit ihres Herkunftslandes Türkei zur Europäischen Union und auf ihren muslimischen Glauben zurückführen. Sie nehmen wahr, dass Deutsche Europäer_innen christlichen Glaubens bevorzugen, und sehen eine große Diskrepanz zwischen Selbst- und Fremdwahrnehmung, da sie selbst sich dennoch als Deutsche fühlen. Für sie wären Gleichbehandlung und die Auflösung von Zuschreibungen zentrale Voraussetzungen für einen Aufbau guter nachbarschaftlicher Beziehungen. Institutionen müssten sich interkulturell öffnen und bürokratische Hürden wie die komplizierte Anerkennung türkischer bzw. ausländischer Schulabschlüsse abgebaut werden. Die politischen und gesellschaftlichen Benachteiligungen verhinderten Beziehungen auf Augenhöhe und damit auch gelingende Nachbarschaftsbeziehungen; daher hat (interkulturelle) Nachbarschaft für sie keine zentrale Bedeutung. Die Basis zu einem nachbarschaftlichen Beziehungsaufbau fehlt. Dennoch wünschen sie sich eine funktionierende Nachbarschaft und diskutieren vor dem Ideal nachbarschaftlicher Beziehungen in türkischen Dörfern die vielfältigen Unterstützungsleistungen durch Nachbar_innen, die maßgeblich zur Wohnzufriedenheit beitragen können.

Betrachtet man die Argumentationen der älteren Personen deutscher Herkunft, wird deutlich, dass sie für sich eine Deutungshoheit beanspruchen und v. a. in der Beziehung zu türkischen Migrant_innen und deren muslimischem Glauben kulturelle Barrieren betonen. Die Wahrnehmung der Türkischstämmigen, die sich diskriminiert fühlen, spiegelt sich demzufolge tatsächlich in den Einstellungen der Mehrheitsgesellschaft wider. Dennoch zeigt sich eine Diskrepanz zwischen den Einstellungen und dem faktischen Verhalten. Obwohl vielfach Vorurteile reproduziert und kulturelle sowie religiöse Barrieren in den Vordergrund gestellt werden, berichten die befragten Personen deutscher Herkunft mehrfach von positiven Begegnungen mit Migrant_innen. Auf der Grundlage dieser Beobachtung stellt sich die Frage, inwiefern die Einstellungen kongruent zum faktischen Verhalten sind. Dass Einstellungen und tatsächliches Verhalten durchaus differieren können, wird im wissenschaftlichen Diskurs häufig zu wenig unterschieden und könnte im Rahmen einer ethnografischen Untersuchung bzw. einer teilnehmenden Beobachtung weiter analysiert werden.

Bereits in den quantitativen und qualitativen Daten des Forschungsprojekts BEWOHNT zeigte sich eine Unzufriedenheit älterer Personen deutscher Herkunft mit ihren Nachbarschaften. Aufgrund der im Rahmen der vorliegenden Untersuchung durchgeführten Gruppendiskussionen kann nun erörtert werden, worauf diese zurückzuführen sein könnte. Zentrale Erklärungen finden sich im Gefühl der Fremdheit sowie in allgemeinen förderlichen und hinderlichen Aspekten, die z. T. struktureller Natur sind und beim Aufbau nachbarschaftlicher Beziehungen eine Rolle spielen.

Der zunehmende Migrant_innenanteil im Quartier Nordweststadt bedingt eine Zunahme des Fremdheitsgefühls. Die Befragten fühlen sich verdrängt, sind irritiert, da sie in ihrem Wohnumfeld vermehrt andere Sprachen hören, und verunsichert, weil sie nicht wissen, welche kulturellen Gepflogenheiten sie im Umgang mit Migrant_innen beachten müssen. Sie fragen sich, ob muslimische Frauen mit Männern sprechen dürfen, ob es unhöflich ist, wenn

Männer deutscher Herkunft diese Frauen grüßen, was für sie eigentlich eine elementare bürgerliche Anstandsform darstellt. Sie vermeiden es, bei türkischen Nachbar_innen zu klingeln, um sich bspw. ein Ei auszuleihen, da dies eventuell gegen deren kulturelles Regelwerk verstoßen könnte. Muslimische Frauen, denen sie unterstellen, vielfachen Verboten ausgesetzt und in ihrem Leben eingeschränkt zu sein, da sie z. B. nicht schwimmen gehen dürften, erleben sie als rückständig. Muslimisches Leben scheint ihnen dem Leben in Deutschland vor mehreren Jahrzehnten zu ähneln. Die Unsicherheiten, die aus solchen Gefühlen und Annahmen resultieren, führen schnell zur Ethnisierung von Konflikten. Für empfundene Missstände, die möglicherweise generationell bedingt sind, wird die Herkunft der Kontrahent_innen verantwortlich gemacht und es findet häufig eine Vermischung von Kategorien wie z. B. Alter und Herkunft statt.

Es zeigt sich, dass die vorliegende Untersuchung vielschichtige Ergebnisse bezüglich des Nachbarschaftserlebens älterer Personen deutscher und türkischer Herkunft liefert, die in dieser Tiefe bisher nicht existieren. Es finden sich zum einen Anknüpfungspunkte an andere quantitative und qualitative Studien und zum anderen wird ein vielschichtiges theoretisches Modell erstellt. Durch dieses Modell werden kulturspezifische Auffälligkeiten herausgestellt, unterschiedliche Relevanzsysteme sichtbar sowie differenzierte soziale Funktionen von Nachbarschaften herausgearbeitet. Darüber hinaus werden elementare Beziehungsmuster und Intensitätsstufen sozialer Beziehungen in Nachbarschaften sichtbar. Zahlreiche Gelegenheits- und Verhinderungsstrukturen zum Aufbau nachbarschaftlicher Beziehungen und verschiedene Lernprozesse können identifiziert werden.

11.2 Praxis nachbarschaftsorientierter Arbeit mit älteren Migrant_innen und Personen deutscher Herkunft

Fragen des Nachbarschaftserlebens und der Gestaltung nachbarschaftlicher Beziehungen werden künftig bedeutsamer werden und sollten sowohl vor Ort pädagogisch begleitet und unterstützt als auch verstärkt aus wissenschaftlicher Perspektive untersucht werden.

Nach der Darstellung der zentralen Ergebnisse und Erkenntnisse stellt sich die Frage, was getan werden kann, um eine Ethnisierung von Konflikten aufzulösen und wie die Praxis nachbarschaftsorientierter Arbeit zu gestalten ist.

Es zeigt sich, dass es in Nachbarschaften Elemente gibt, die Konflikte fördern, wie etwa gemeinsam genutzte Flächen, die Einhaltung der Hausordnung oder individuelle Verhaltensweisen. Wichtig wäre es, dieses Konfliktpotenzial und damit auch die Konflikte selbst zu reduzieren. Eine

Hausmeisterin bzw. ein Hausmeister z. B., der die in der Hausordnung festgeschriebene Leistungen erbringt, in der Siedlung für Ordnung sorgt und Vandalismusschäden repariert, könnte einen wichtigen Beitrag dazu leisten, Konflikte zu verringern.

Ein weiterer Schritt wäre das Transparentmachen ungeschriebener Regeln. Vor allem in der Diskussion mit älteren Personen deutscher Herkunft wird deutlich, dass diese die Nichteinhaltung von teils ungeschriebenen Regeln und unausgesprochenen Erwartungen kritisieren, die etwa das Verhalten auf dem Balkon oder das Sich-Vorstellen neuer Nachbar_innen betreffen. Eine Transparenz dieser Regeln und Erwartungen würde das Miteinander erleichtern, könnte neu Zuziehenden eine wertvolle Orientierung bieten und den „ersten Eindruck" positiv beeinflussen.

Wie kann es gelingen, solche Regeln allen zugänglich zu machen? Wie kann vor allem ein nachbarschaftliches Regelwerk aufgestellt werden, in dem die Erwartungen und Interessen aller Beteiligten gleichermaßen vertreten sind und an dem alle mitgewirkt haben? Der Schlüssel ist auch hier wieder Begegnung und Kommunikation. Nachbar_innen müssen sich treffen, um Regeln und Normen aushandeln zu können. Regelmäßige Begegnungsmöglichkeiten sollten gefördert werden, da Begegnungen häufig zu positiven (interkulturellen) Lernprozessen führen und Fremdheit sowie Ängste abbauen helfen. Eine solche Möglichkeit könnte z. B. ein Stadtteilcafé bieten. Darüber hinaus könnten regelmäßige Feste die Kontakte untereinander intensivieren und das Kennenlernen fördern. Zudem sollten die Bewohner_innen eines Quartiers ihre Wohnumgebung aktiv mitgestalten können und ihre Belange sollten Gehör finden. Durch eine solche Beteiligung steigt auch die Identifikation mit dem Quartier.

Der Fokus bei der Betrachtung nachbarschaftlicher Beziehungen zwischen verschiedenen Gruppen sollte nicht vorrangig auf Unterschieden, sondern auf Gemeinsamkeiten liegen. Die Frage nach gegenseitigen Unterstützungsmöglichkeiten, nicht die Frage nach kulturellen Differenzen sollte im Vordergrund stehen. Personen deutscher und ausländischer Herkunft weisen viele Gemeinsamkeiten auf, wenn man sie nicht auf ihre Herkunft reduziert. Gemeinsame Erinnerungen oder Normen und Werte können den Zusammenhalt stärken. Eine Börse für Hilfeleistungen bspw. könnte Bewohner_innen unterschiedlicher Kulturen zusammenbringen und Unterstützung ermöglichen. Durch bauliche Aspekte könnten Begegnungen initiiert werden, z. B. durch Räume oder Bänke, die als Kommunikationszonen fungieren, während Räume, die Angst erzeugen, wie etwa nicht einsehbare Zonen, reduziert werden sollten. Ideal wäre der Einsatz einer Gemeinwesenarbeiterin bzw. eines Gemeinwesenarbeiters bzw. einer Quartiersmanagerin oder Quartiersmanagers, die als Berater_in und

Vermittler_in fungiert, Begegnung ermöglicht und Interaktionsanlässe schafft.

Seit 2005 existiert ein solches Quartiersmanagement in der Nordweststadt (Frankfurter Programm Aktive Nachbarschaft, 2016) und es stellt sich die Frage, warum dieses seitens der Befragten nicht thematisiert wird. Wird es unzureichend wahrgenommen? Vertritt es nicht in ausreichendem Maße die Interessen der Bewohner_innen? Ist es den Bewohner_innen möglicherweise nicht bekannt? Eine Befragung der Bewohner_innen zur Bekanntheit des Quartiersmanagements und der Nutzung von dessen Angeboten könnte darüber Aufschluss geben. Ebenso könnten durch eine aktivierende Befragung die Bedarfe der Bewohner_innen analysiert werden, um passgenauere Angebote zu konzipieren.

Die Ergebnisse einer solchen und der vorliegenden Untersuchung könnten im Rahmen einer Stadtteilkonferenz den verschiedenen Akteur_innen im Stadtteil transparent gemacht werden, um mit diesen gemeinsam zu überlegen, wie (interkulturelle) nachbarschaftliche Beziehungen für (ältere) Stadtteilbewohner_innen verbessert werden könnten. Auch Informationsbroschüren oder Stadtteilzeitungen, die an zentralen Orten im Wohnhaus und in der Nachbarschaft ausliegen, könnten über entsprechende Angebote und Institutionen im Stadtteil informieren.

Die im Rahmen der vorliegenden Untersuchung gewonnenen Erkenntnisse liefern konkrete Ansätze zur Weiterentwicklung der Gemeinwesenarbeit. Diese ist aktuell wichtiger denn je, denn durch den stark erhöhten Zuzug von Geflüchteten seit 2015 ist die Frage der Integration von Migrant_innen in das Gemeinwesen noch dringlicher geworden. Für Politik und Gesellschaft stellt dies seither ein zentrales Thema dar, mit dem u. a. Wahlkampf gemacht wird, aber auch populistische Stimmungen vorangetrieben werden. Ein großer Teil der deutschen Gesellschaft fordert – ähnlich wie hier die Diskutant_innen deutscher Herkunft bereits in der ersten Gruppendiskussion im Jahr 2013 – eine „Migration in Maßen“. Eine zentrale Frage, die Politik und Gesellschaft beschäftigt, ist die zumutbare Anzahl an Migrant_innen. Wie viel Zuwanderung kann Deutschland verkraften, welche Zuwanderergruppen sind besonders problematisch und wie können die vielen Zufluchtsuchenden möglichst schnell in Gesellschaft und Gemeinwesen integriert werden? In Hessen existiert seit 2015 ein landesweites Förderprogramm Gemeinwesenarbeit der Landesregierung zur Unterstützung von „Stadtteilen/Quartieren mit besonderen sozialen und integrationspolitischen Herausforderungen“ (Landesarbeitsgemeinschaft Soziale Brennpunkte Hessen e. V., 2018), das v. a. die Integration von Geflüchteten in die Quartiere unterstützt.

Gemeinwesenarbeit hält Ansätze bereit, um auf diese Entwicklungen reagieren und (multikulturelle) Nachbarschaften fördern zu können, denn ihr Ausgangspunkt ist das unmittelbare Wohn- und Lebensumfeld wie der Stadtteil, das Quartier oder die Nachbarschaft von Personen. Gesellschaftliche Entwicklungen werden berücksichtigt und es findet eine Orientierung an der Lebenswelt der Bewohner_innen statt. Voraussetzung ist die Aktivierung, Einbindung und Beteiligung aller Bewohner_innen- und Bevölkerungsgruppen im Gemeinwesen (Landesarbeitsgemeinschaft Soziale Brennpunkte Hessen e. V. & Hessisches Ministerium für Soziales und Integration, 2018).

Interessant ist, dass auch die Personen türkischer Herkunft in der zweiten Diskussion im Jahr 2013 bereit kritisch der vermehrten Zuwanderung von Geflüchteten nach Deutschland gegenüberstanden. Während zu diesem Zeitpunkt die Fluchtbewegungen in der Öffentlichkeit kaum debattiert wurden, kritisiert die Gruppe schon damals, dass Menschen auf dem Meer ertrinken, weil sie nach Deutschland fliehen möchten, da im Ausland suggeriert werde, in der BRD gebe es „alles geschenkt“.

Betrachtet man die Ergebnisse der vorliegenden Untersuchung, ist weniger die Anzahl der Migrant_innen entscheidend für eine gelingende Integration als vielmehr die Beachtung sozialer und räumlicher Faktoren. Die Unterbringung unterschiedlicher ethnischer Gruppen sollte primär in kleinen Wohneinheiten erfolgen, damit die Bewohner_innen sich kennenlernen können. Eine zentrale Unterbringung in Gemeinschaftsunterkünften separiert und verstärkt Ängste und Fremdheitsgefühle, da erst durch Begegnung Vorurteile abgebaut werden und interkulturelle Lernprozesse stattfinden können. Darüber hinaus ist Geduld nötig, denn der Aufbau von Beziehungen und Vertrauen braucht Zeit. Multiplikator_innen, die die Sprache der Zuwanderer sprechen und über ihre Netzwerke Zugang zu ihnen haben, sind eine wertvolle Ressource zur Förderung der Integration.

Darüber hinaus sollte nicht vergessen werden, dass Integration keine „Einbahnstraße“ (u. a. UNHCR, 2016) ist und auch die einheimische Bevölkerung aufgefordert ist, vermehrt über ihre Identität nachzudenken. Die zunehmende Migration bedingt das (erneute) Nachdenken darüber, welche Normen und Werte der Bevölkerung in Deutschland wichtig und welche nicht verhandelbar sind. Das führt bei Teilen der Bevölkerung zu Ablehnung. Sie sind nicht bereit für Veränderung und sehen ihre eigene kulturelle und finanzielle Existenz bedroht. Zunehmend werden Konflikte ethnisiert und kulturalisiert, was den Dialog verhindert. Migrant_innen werden zur Integration aufgefordert und die Einordnung in ein bestehendes System wird als oberste Priorität formuliert. Die Pluralität der gegenwärtigen Gesellschaft wird dabei nicht ausreichend berücksichtigt und ein gleichberechtigtes

Miteinander wird durch einen autoritären Blick auf das Zusammenleben – wie ihn die Diskutant_innen deutscher Herkunft in der Gruppendiskussion bei der Debatte um muslimische und christliche Feiertage präsentiert haben – erschwert.

Die vorliegende Arbeit leistet aufgrund der Befragung von Migrant_innen Pionierarbeit. Ältere (türkische) Migrant_innen zur Diskussion an einen Tisch zu bekommen, ist ein großer Wert, denn ihnen sind derartige wissenschaftliche Untersuchungen meist nicht vertraut und sie haben Ängste, die mit einer Teilnahme verbunden sind und fürchten z. B. dadurch die Kürzung ihrer Renten. Auf bewährte, funktionierende Verfahren und Erfahrungswerte zur Rekrutierung kann noch nicht zurückgegriffen werden, da diese erst entwickelt werden müssen. Die Ergebnisse aber zeigen, wie wichtig Forschung mit Migrant_innen ist und wie sehr sich vertraute Perspektiven ändern, wenn man die – zum Teil ganz anderen – Perspektiven, Wertungen und Interessen sowie Bedürfnisse, Probleme, Erwartungen und Einstellungen der Migrant_innen zur Kenntnis nimmt. Vor allem zeigt sich, wie stark vieles am Leben und Verhalten der Migrant_innen, das aus deutscher Perspektive defizitär erscheint, kulturellen Differenzen entspringt und einen großen Eigenwert hat. Betrachtet man etwa die „flexible Verbindlichkeit“ der türkischen Migrant_innen, die als Unzuverlässigkeit erscheinen kann, zeigt sich, dass dies einfach eine andere Lebenseinstellung ist, die mehr Spontaneität ermöglicht. Eine weitere Ressource stellen ihre gut funktionierenden sozialen Netzwerke dar und der damit verbundene stärkere Akzent auf gegenseitige Hilfen. Dieses Netzwerk machte es erst möglich, überhaupt Diskutant_innen rekrutieren zu können.

In der Forschung und Arbeit mit älteren (türkischen) Migrant_innen gilt es, zu berücksichtigen, dass es Multiplikator_innen für den Vertrauensaufbau und eine Ansprache in der Muttersprache braucht, da gerade ältere Migrant_innen häufig sprachliche und kulturelle Barrieren aufweisen. In diesen Herausforderungen spiegeln sich die kulturellen Differenzen und Konflikte zwischen Mehrheits- und Migrationsgesellschaft, die auch in interkulturellen Nachbarschaften von Bedeutung sind und in der vorliegenden Arbeit herausgearbeitet wurden.

Für die künftige Arbeit und Forschung mit älteren Migrant_innen muss zunächst – wie auch in Nachbarschaften – Vertrauen entstehen, damit diese sich öffnen können. Die vorliegende Untersuchung zeigt im Hinblick auf türkische Migrant_innen genau das, wenn man die Probleme deren Rekrutierung betrachtet. Im Verlauf der Gruppendiskussion ist ein erstes Vertrauen entstanden, auf dem aufgebaut werden kann, damit auch die türkischen Migrant_innen den Forschenden den „Schlüssel zu ihren

Wohnungen“ anvertrauen, wie etwa einer Nachbarin bzw. einem Nachbarn, dem man den Schlüssel zum Blumengießen anvertraut.

Literaturverzeichnis

Abadan-Unat, N. (2005): *Migration ohne Ende. Vom Gastarbeiter zum Eurotürken.* Berlin: Edition Parabolis.

Alscher, S. (2015): *Großstädte sind Zuwanderungsmagneten. Migration und Bevölkerung (4).* http://www.migration-info.de/artikel/2015-06-11/grossstaedte-sind-zuwanderungsmagneten [06.06.2016].

Alternative für Deutschland (2016): *Alternative für Deutschland (AfD).* https://www.alternativefuer.de/ [13.06.2016].

Amt für multikulturelle Angelegenheiten (2016): *Interkultureller Gesundheitstreff Nordweststadt. Gesundheitliche Informationen und Gespräche.* http://www.vielfalt-bewegt-frankfurt.de/de/angebot/interkultureller-gesundheitstreff-nordweststadt [11.07.2016].

Amt für multikulturelle Angelegenheiten, Stadt Frankfurt am Main (2016): *Amt für multikulturelle Angelegenheiten.* http://www.frankfurt.de/sixcms/detail.php?id=7017 [17.06.2016].

Amt für multikulturelle Angelegenheiten, Stadt Frankfurt am Main (2015): *Frankfurter Integrations- und Diversitätsbericht 2011-2014.* http://www.vielfalt-bewegt-frankfurt.de/sites/default/files/medien/downloads/amka-integration-v1-final-ansicht_0.pdf [10.06.2016].

Amt für Wohnungswesen Frankfurt am Main: *Amt für Wohnungswesen Frankfurt am Main.* http://www.frankfurt.de/sixcms/detail.php?id=3038 [27.06.2016].

Asbrand, B. (2011): *Dokumentarische Methode.* http://www.fallarchiv.uni-kassel.de/wpcontent/uploads/2010/07/asbrand_dokumentarische_methode.pdf [22.08.2016].

Backes, G.; Clemens, W. (2008): *Lebensphase Alter. Eine Einführung in die sozialwissenschaftliche Alternsforschung.* (3., überarb. Aufl.). Weinheim: Juventa-Verl. (Grundlagentexte Soziologie).

Backhaus, A. (2016): *Integration. „Viele Muslime wenden sich innerlich von Deutschland ab".* In: *Zeit online, 11.04.2016.* http://www.zeit.de/gesellschaft/2016-03/integration-islamophobie-deutschland [13.06.2016].

BAG Soziale Stadtteilentwicklung und Gemeinwesenarbeit (2016): *GWA-Qualitätsstandards. Eine Arbeitshilfe.* http://www.bagsozialestadtentwicklung.de/artikel/gwa-qualitaetsstandards-eine-arbeitshilfe [15.10.2016].

Battisti, M.; Felbermayr, G. (2015): *Migrant_innen im deutschen Arbeitsmarkt. Löhne, Arbeitslosigkeit, Erwerbsquoten. CES ifo.* https://www.cesifo-group.de/de/ifoHome/publications/docbase/details.html?docId=19172625 [11.06.2016].

Bax, M. (2016): *Das Schulsystem in Deutschland. Funktionen und Aufgaben. Bildungsexperten Netzwerk.* http://www.bildungsxperten.net/wissen/das-schulsystem-in-deutschland-funktionen-und-aufgaben/ [01.07.2016].

Baykara-Krumme, H.; Motel-Klingebiel, A.; Schimany, P. (Hrsg.) (2012): *Viele Welten des Alterns. Ältere Migranten im alternden Deutschland. Erklärungsmodelle zum Zusammenhang zwischen Migration und Gesundheit im Alter.* Wiesbaden: Springer VS.

Baykara-Krumme, H.; Hoff, A. (2006): *Die Lebenssituation älterer Ausländerinnen und Ausländer in Deutschland.* In: C. Tesch-Römer; H. Engstler; S. Wurm (2006): *Altwerden in Deutschland. Sozialer Wandel und individuelle Entwicklung in der zweiten Lebenshälfte* (S. 447-518). Wiesbaden: VS Verl. für Sozialwiss.

Beamtenpension (2016): *Beamtenpension. Die Altersversorgung für Beamte.* http://www.beamtenpension.de/ [05.07.2016].

Beck, S.; Perry, T. (2008): *Studie Soziale Segregation. Nebeneinander und Miteinander in der Stadtgesellschaft.* Bundesverband für Wohnen und Stadtentwicklung e.V. (Heft 3).

Becker, T. (2006): *Wohnviertel vor Generationswechsel. Projekt erwartet vor allem Zuzug von Migranten in der Nordweststadt/Verein will das Kleine Zentrum übernehmen.* In: *Frankfurter Rundschau, 23.01.2006.* http://archiv.schader-stiftung.de/docs/060124_fr_nordweststadt.pdf [16.06.2016].

Berliner Institut für empirische Integrations- und Migrationsforschung (2016): *Berliner Institut für empirische Integrations- und Migrationsforschung.* http://www.bim.hu-berlin.de/ [03.06.2016].

Bernsdorf, W. (Hrsg.) (1972): *Wörterbuch der Soziologie.* Frankfurt am Main: Fischer-Taschenbuch-Verl. (Fischer-Taschenbücher, 2).

Bertelsmann Stiftung (2015): *Muslime in Deutschland mit Staat und Gesellschaft eng verbunden.* https://www.bertelsmann-stiftung.de/de/themen/aktuelle-meldungen/2015/januar/religionsmonitor/ [13.06.2016].

Bettinaschule Frankfurt: *Bettinaschule Frankfurt.* http://www.bettinaschule-frankfurt.de/ [15.07.2016].

Bleek, W. (2009): *Die Geschichte der DDR.* Bundeszentrale für politische Bildung. http://www.bpb.de/geschichte/deutsche-einheit/deutsche-teilung-deutsche-einheit/43650/ddr-geschichte?p=1 [15.07.2016].

Bohnsack, R. (2003): *Rekonstruktive Sozialforschung. Einführung in qualitative Methoden.* (5. Aufl.). Opladen: Leske + Budrich.

Bohnsack, R.; Nentwig-Gesemann, I.; Nohl, A.-M. (2001): *Die dokumentarische Methode und ihre Forschungspraxis. Grundlagen qualitativer Sozialforschung.* Opladen: Leske + Budrich.

Bohnsack, R. (2000): *Gruppendiskussion.* In: U. Flick; E. von Kardorff; I. Steinke (Hrsg.): *Qualitative Forschung. Ein Handbuch.* Reinbek bei Hamburg: rowohlts enzyklopädie im Rowohlt Taschenbuch Verlag.

Bohnsack, R. (1997): *Gruppendiskussionsverfahren und Milieuforschung.* In: B. Friebertshäuser; A. Prengel (Hrsg.): *Handbuch qualitative Forschungsmethoden in der Erziehungswissenschaft.* (S. 492-501). Weinheim, München: Juventa-Verl.

Boos-Nünning, U. (2000): *Familien in der Migration – Soziale Lage, Entwicklung und Auswirkungen für soziale Versorgungsstrukturen.* In: E. Koch; R. Schepker; S. Taneli (Hrsg.): *Psychosoziale Versorgung in der Migrationsgesellschaft.* Freiburg im Breisgau: Lambertus (Schriftenreihe der Deutsch-Türkischen Gesellschaft für Psychiatrie, Psychotherapie und Psychosoziale Gesundheit e.V, 3).

Bornschier, V. (2005): *Institutionelle Ordnungen. Markt, Staat, Unternehmung, Schule und soziale Ungleichheit*. Zürich: Loreto Verl. VB.

Bulgrin, M. (2010): *Das langsame Sterben.* In: *Frankfurter Rundschau, 20.08.2010.* http://www.fr-online.de/frankfurt/nordweststadt-das-langsame-sterben,1472798,4577176.html [24.06.2016].

Bundesagentur für Arbeit (2016): *Vorarbeiter/in.* https://berufenet.arbeitsagentur.de/berufenet/faces/index?path=null/kurzbeschreibung&dkz=59003 [23.07.2016].

Bundesagentur für Arbeit Statistik/Arbeitsmarktberichterstattung (2016): *Der Arbeitsmarkt in Deutschland. Zeitarbeit -Aktuelle Entwicklungen.* http://statistik.arbeitsagentur.de/Statischer-Content/Arbeitsmarktberichte/Branchen-Berufe/generische-Publikationen/Arbeitsmarkt-Deutschland-Zeitarbeit-Aktuelle-Entwicklung.pdf [01.07.2016].

Bundesakademie für Diakonie und Kirche (2016): *17. Werkstatt für Gemeinwesenarbeit (Nr. 452203).* http://www.bundesakademie-kd.de/programme/?lnk_code=27293 [15.06.2016].

Bundesamt für Migration und Flüchtlinge (2016): *Bundesweites Integrationsprogramm. Angebote der Integrationsförderung in*

Deutschland – Empfehlungen zu ihrer Weiterentwicklung. http://www.bamf.de/SharedDocs/Anlagen/DE/Downloads/Infothek/Integrationsprogramm/bundesweitesintegrationsprogramm.pdf?__blob=publicationFile [06.06.2016].

Bundesamt für Migration und Flüchtlinge (2016): *Migrationshintergrund (Definition).* https://www.bamf.de/DE/Service/Left/Glossary/_function/glossar.html?lv3=3198544 [10.06.2016].

Bundesamt für Migration und Flüchtlinge (2016): *Integrationsprojekte vor Ort.* http://www.bamf.de/DE/Willkommen/Integrationsprojekte/integrationsprojekte-node.html [11.06.2016].

Bundesfinanzministerium: *Umrechnung DM/Euro.* http://www.bundesfinanzministerium.de/Content/DE/Downloads/Europa/uebersicht-euro-umrechnung.pdf?__blob=publicationFile&v=3 [17.07.2016].

Bundesministerium der Finanzen (2015): *Europäische Finanzhilfen im Überblick.* https://www.bundesfinanzministerium.de/Content/DE/Standardartikel/Themen/Europa/Stabilisierung_des_Euro/europaeische-finanzhilfen-im-ueberblick-pdf.html [29.07.2016].

Bundesministerium des Inneren (2016): *Polizeiliche Kriminalstatistik 2015.* https://www.bmi.bund.de/SharedDocs/Downloads/DE/Broschueren/2016/pks-2015.pdf?__blob=publicationFile [24.12.2016].

Bundesministerium für Familie, Frauen, Senioren und Jugend (2008): *Altern im Wandel. Zentrale Ergebnisse des Deutschen Alterssurveys (DEAS).* http://www.bmfsfj.de/RedaktionBMFSFJ/Broschuerenstelle/Pdf-Anlagen/Altern-im-Wandel,property=pdf,bereich=bmfsfj,sprache=de,rwb=true.pdf [07.06.2016].

Bundesministerium für Familie, Frauen, Senioren und Jugend (2016): *Demografischer Wandel.* http://www.bmfsfj.de/BMFSFJ/Familie/demografischer-wandel.html [04.06.2016].

Bundesministerium für Familie, Frauen, Senioren und Jugend (2016): *Zuhause im Alter. Wohnen im Alter.* http://www.bmfsfj.de/BMFSFJ/Aeltere-Menschen/zuhause-im-alter.html [08.06.2016].

Bundesministerium für Familien, Senioren, Frauen und Jugend (2010): *Altern im Wandel. Zentrale Ergebnisse des Deutschen Alterssurveys*

(DEAS). https://www.bmfsfj.de/RedaktionBMFSFJ/Broschuerenstelle/Pdf-Anlagen/Altern-im-Wandel,property=pdf,bereich=bmfsfj,sprache=de,rwb=true.pdf [08.06.2016].

Bundeszentrale für politische Bildung (2014): *Religionszugehörigkeit in der Türkei.* http://www.bpb.de/internationales/europa/tuerkei/187253/religionszugehoerigkeit [13.06.2016].

Bundeszentrale für politische Bildung (2015): *Zahlen und Fakten- Die soziale Situation in Deutschland. Bevölkerung mit Migrationshintergrund I. In absoluten Zahlen, Anteile an der Gesamtbevölkerung in Prozent.* http://www.bpb.de/wissen/NY3SWU,0,0,Bev%F6lkerung_mit_Migrationshintergrund_I.html [10.06.2016].

Bundeszentrale für politische Bildung (2016): *Lebensstandard.* http://www.bpb.de/nachschlagen/lexika/lexikon-der-wirtschaft/20037/lebensstandard [04.07.2016].

Claßen, K.; Oswald, F.; Doh, M.; Kleinemas, U.; Wahl, H.; Tesch-Römer, C. (2014): *Umwelten des Alterns. Wohnen, Mobilität, Technik und Medien.* Stuttgart: Kohlhammer Verlag (Band 10).

Cordes, S. (2016): *Sprachförderung in Kindertagesstätten.* Hg. v. Martin Textor. Das Kita-Handbuch. http://www.kindergartenpaedagogik.de/2183.html [03.01.2017].

Deutsche Enzyklopädie (2014): *Atriumhaus.* http://www.enzyklo.de/Begriff/Atriumhaus [25.06.2016].

Deutsches Institut für Pädagogische Forschung (DIPF): *Forschungsfelder.* http://www.fachportal-paedagogik.de/guide-bildungsforschung/themen.html [04.01.2017].

Deutsches Institut für Urbanistik (2011): *Difu-Berichte 4/2011. Was ist eigentlich Gentrifizierung?* http://www.difu.de/publikationen/difu-berichte-42011/was-ist-eigentlich-gentrifizierung.html [30.07.2016].

Deutsches Zentrum für Altersfragen (DZA) (2014): *Deutscher Alterssurvey 2014. Zentrale Befunde.* http://www.bmfsfj.de/RedaktionBMFSFJ/Abteilung3/Pdf-Anlagen/deutscher-alterssurvey-2014-vielfalt-und-wandel-des-alters-zentrale-befunde,property=pdf,bereich=bmfsfj,sprache=de,rwb=true.pdf [07.06.2016].

Diakonie Frankfurt am Main (2009): *Ein Stadtteil verändert sich... 5 Jahre Frankfurter Programm-Aktive Nachbarschaft in der Nordweststadt – Rückblick und Ausblick.*

Diakonie Frankfurt am Main (2013): *Diakonie Frankfurt am Main.* http://www.diakonischeswerk-frankfurt.de/rat-hilfe/soziale-stadt/nachbarschaftsbuero-nordweststadt/ [17.06.2016].

Diakonisches Werk für Frankfurt am Main des Evangelischen Regionalverbandes Frankfurt am Main (2016): *Stadtteilatlas Nordweststadt.* http://www.frankfurt-sozialestadt.de/Aktivitaeten%20in%20Nordweststadt/2009_Stadtteilatlas_final.pdf [17.06.2016].

Die Bundesregierung (2014): *Zuwanderung. Freizügigkeit bringt Wohlstand für alle.* https://www.bundesregierung.de/Content/DE/Artikel/2014/02/2014-02-14-freizuegigkeit-ministertreffen.html [10.06.2016].

Die Bundesregierung (2016): *Im Bundestag beraten. Integration durch Fördern und Fordern.* https://www.bundesregierung.de/Content/DE/Artikel/2016/05/2016-05-25-integrationsgesetz-beschlossen.html [06.06.2016].

Dietzel-Papakyriakou, M. (1992): *Alt werden in Deutschland – Sozialpolitik für Nicht-Deutsche. Prämissen einer sozialgerontologischen Arbeit mit alten Migranten.*

Dingeldey, P.: *Stadtteil-Porträts. Von der guten zur schlechten Herberge.* In: *Frankfurter Rundschau, 06.01.2016.* http://www.fr-online.de/stadtteil-portraets/8430636,8430636.html [31.07.2016].

Dreßler, M. (2014): *Gesellschaft und Zusammenleben. Die Aleviten- Eine Religionsgemeinschaft im Spannungsfeld türkischer Politik.* Bundeszentrale für politische Bildung. http://www.bpb.de/internationales/europa/tuerkei/184986/die-aleviten [15.07.2016].

Drobinski, M.; Käppner, J.; Fried, N.; Blechschmidt, P. (2010): *Die unbeliebten Türken.* In: *Süddeutsche Zeitung, 12.10.2010.* http://www.sueddeutsche.de/politik/kriminologisches-forschungsinstitut-legt-studie-vor-tuerken-bei-deutschen-jugendlichen-unbeliebt-1.1010867 [13.06.2016].

Duden (2016): *aushalten.* http://www.duden.de/rechtschreibung/aushalten [27.06.2016].

Duden (2016): *Enklave.* http://www.duden.de/rechtschreibung/Enklave [04.07.2016].

Duden (2016): *Eselsbrücke.* http://www.duden.de/rechtschreibung/Eselsbrueck [03.07.2016].

Duden (2016): *fremd.* http://www.duden.de/rechtschreibung/fremd [29.06.2016].

Duden (2016): *gehässig.* http://www.duden.de/rechtschreibung/gehaessig [30.06.2016].
Duden (2016): *Heimat.* http://www.duden.de/rechtschreibung/Heimat [24.06.2016].
Duden (2016): *Kapitalist.* http://www.duden.de/rechtschreibung/Kapitalist [23.07.2016].
Duden (2016): *knacken.* http://www.duden.de/rechtschreibung/knacken [27.06.2016].
Duden (2016): *Konstellation.* http://www.duden.de/rechtschreibung/Konstellation [03.07.2016].
Duden (2016): *munter.* http://www.duden.de/rechtschreibung/munter, [04.07.2016].
Duden (2016): *Prekariat.* http://www.duden.de/rechtschreibung/Prekariat [27.06.2016].
Duden (2016): *Sklave.* http://www.duden.de/rechtschreibung/Sklave [17.07.2016].
Duden (2016): *Teehaus.* http://www.duden.de/rechtschreibung/Teehaus [22.06.2016].
Duden (2016): *tratschen.* http://www.duden.de/rechtschreibung/tratschen [28.07.2016].
Duden (2016): *Tribut.* http://www.duden.de/rechtschreibung/Tribut [05.07.2016].
Duden (2016): *verwöhnen.* http://www.duden.de/rechtschreibung/verwoehnen [01.07.2016].
Duden (2016): *Volksschule.* http://www.duden.de/rechtschreibung/Volksschule [19.06.2016].
Duden (2016): *Vorarbeiter.* http://www.duden.de/rechtschreibung/Vorarbeiter [23.07.2016].
Duden. Wirtschaft von A bis Z (2013): *Grundlagenwissen für Schule und Studium, Beruf und Alltag. Lebensstandard..* (5. Aufl.). Mannheim: Bibliographisches Institut.
Durkheim, E. (Hrsg.) (1987): *Schriften zur Soziologie der Erkenntnis.* Frankfurt am Main: Suhrkamp.
Elias, N.; Scotson, J. L. (2002): *Etablierte und Außenseiter.* Frankfurt am Main: Suhrkamp.
Ernst May Gesellschaft (2016): *Ernst May Gesellschaft.* http://ernst-may-gesellschaft.de/home.html [30.07.2016].
Europäische Zentralbank (2016): *Was ist Inflation?* https://www.ecb.europa.eu/ecb/educational/hicp/html/index.de.html [29.07.2016].

Evans, S.; Schahadat, S. (2012): *Nachbarschaft, Räume, Emotionen. Interdisziplinäre Beiträge zu einer sozialen Lebensform.* Bielefeld: transcript (Stadt- und Raumsoziologie).

Felden, H. von; Hof, C.; Schmidt-Lauff, S. (Hrsg.) (2012): *Erwachsenenbildung und Lernen. Dokumentation der Jahrestagung der Sektion Erwachsenenbildung der Deutschen Gesellschaft für Erziehungswissenschaft vom 22. - 24. September 2011 an der Universität Hamburg. Vom Lebenslangen Lernen zum Lernen im Lebenslauf. Auf der Suche nach einer prozessorientierten Theorie des Lernens.* Deutsche Gesellschaft für Erziehungswissenschaft; DGfE-Jahrestagung. Baltmannsweiler: Schneider Verl. Hohengehren.

Finanztip (2012): *Grundsicherung im Alter und bei Erwerbsminderung.* http://www.finanztip.de/grundsicherung-alter/ [20.07.2016].

Flick, U. (1995): *Qualitative Forschung. Theorie, Methoden, Anwendung in Psychologie und Sozialwissenschaften.* Reinbek bei Hamburg: Rowohlt-Taschenbuch-Verl.

Foroutan, N. (2015): *Die postmigrantische Gesellschaft.* Bundeszentrale für politische Bildung. http://www.bpb.de/gesellschaft/migration/kurzdossiers/205190/die-postmigrantische-gesellschaft [06.06.2016].

Frankfurt: *Statistisches Jahrbuch Frankfurt 2016. Bauen und Wohnen.* https://www.frankfurt.de/sixcms/media.php/678/J2016K07x.pdf [29.12.2016].

Frankfurt: *Statistisches Jahrbuch Frankfurt 2016. Bevölkerung.* https://www.frankfurt.de/sixcms/media.php/678/J2016K02x.pdf [24.12.2016].

Frankfurt: *Statistisches Jahrbuch Frankfurt am Main 2016. Statistisches Portrait / Statistical portrait Frankfurt am Main 2015.* https://www.frankfurt.de/sixcms/media.php/678/J2016K00_Statistisches_Portrait_2015x.pdf [24.12.2016].

Frankfurter Rundschau (2016): *Gentrifizierung in Frankfurt*. In: *Frankfurter Rundschau, 2016.* http://www.fr-online.de/frankfurt/gentrifizierung-in-frankfurt,1472798,17253162.html [16.06.2016].

Frankfurter Verband (2016): *Begegnungs- und Servicezentren. Begegnungs- und Servicezentrum. Nordweststadt.* http://aktiv.frankfurter-verband.de/nordweststadt.html [24.06.2016].

Frankfurter Verband (2016): *Wer wir sind.* http://www.frankfurter-verband.de/wer-wir-sind.html [24.06.2016].

Frankfurter Zentrum für Migrationsforschung e.V. (2016): *Frankfurter Zentrum für Migrationsforschung e.V.*

http://branchenbuch.meinestadt.de/frankfurt-am-main/company/9592314 [03.06.2016].
Friedrich-Alexander-Universität Erlangen-Nürnberg (2016): *Masterstudiengang Gerontologie.* http://studieren.de/suche.0.html?&lt=course&term=14769:term:gerontologie [04.01.2017].
Geißler, R.; Meyer, T. (2006): *Die Sozialstruktur Deutschlands. Zur gesellschaftlichen Entwicklung mit einer Bilanz zur Vereinigung.* (4. überarb. und aktualisierte Aufl.). Wiesbaden: VS Verl. für Sozialwissenschaften.
Geißler, R. (2011): *"Wir haben Angst um unser Leben". Deutschlandradio Kultur, 17.09.2011.* http://www.deutschlandradiokultur.de/wir-haben-angst-um-unser-leben.932.de.html?dram:article_id=131297 [29.07.2016].
Gelbe Seiten (Hrsg.) (2016): *Ärzte in Frankfurt-Schwanheim.* http://www.gelbeseiten.de/arzt/frankfurt.schwanheim [18.06.2016].
Geleitwort der Generali Deutschland Holdig AG zur Generali Altersstudie 2013 (2013). Unter Mitarbeit von Dieter Meister. Frankfurt am Main: Fischer Taschenbuch Verl.
Gesetzte im Internet (2016): *Gesetz über den Aufenthalt, die Erwerbstätigkeit und die Integration von Ausländern im Bundesgebiet.* https://www.gesetze-im-internet.de/aufenthg_2004 [22.12.2016].
Goethe Universität Frankfurt am Main (2016): *Institut für Interdisziplinäre Alternswissenschaft.* http://www.uni-frankfurt.de/fb/fb04/we5/alternswissenschaft/index.htm [04.06.2016].
Goethe Universität Frankfurt am Main (2012): *Hier will ich wohnen bleiben. Zur Bedeutung des Wohnens in der Nachbarschaft für gesundes Altern (BEWOHNT). Zwischenbericht.*
Goethe-Universität Frankfurt am Main, Fachbereich Erziehungswissenschaften, Interdisziplinäre Alternswissenschaft: *Umweltbegehung T1 (Stand 06/2011). Forschungsprojekt Bewohnt.* Unveröffentlichtes Dokument.
Google: *Integration Nordafrikaner.* https://www.google.de/webhp?sourceid=chrome-instant&ion=1&espv=2&ie=UTF-8#q=integration%20nordafrikaner [11.06.2016].
Google: *Schulen in der Nordweststadt in Frankfurt am Main.* https://www.google.de/webhp?sourceid=chrome-instant&ion=1&espv=2&ie=UTF-8#q=schulen+in+der+nordweststadt+in+Frankfurt+am+Main&rflfq=1&rlha=0&tbm=lcl&tbs=lf:1,lf_ui:2&oll=50.15616249676959,8.63120670

0000007&ospn=0.016030020277796098,0.0405979156494 1406&oz=15&fll=50.16531770368285,8.621035763415552&fspn=0.016026950548443608,0.04059791564941406&fz=15&qop=1&rlfi=hd:;si: [15.07.2016].

Google Maps: *Offenbach am Main.* https://www.google.de/maps/place/Offenbach+am+Main/@50.0921162,8.7125199,12z/data=!3m1!4b1!4m2!3m1!1s0x47bd121b354b47fd:0x422435029b0c610 [15.07.2016].

Google Maps: *Paul-Kornfeld-Weg, 60439 Frankfurt am Main* https://www.google.de/maps/place/Paul-Kornfeld-Weg,+60439+Frankfurt+am+Main/@50.1603794,8.6127645,17z/data=!4m7!1m4!3m3!1s0x47bd084e3520f5a9:0xa3671968e5b8559e!2sPaul-Kornfeld-Weg,+60439+Frankfurt+am+Main!3b1!3m1!1s0x47bd084e3520f5a9:0xa3671968e5b8559e [31.07.2016].

Google Maps: *Routenplaner Frankfurt am Main Nordweststadt nach Frankfurt am Main Höchst.* https://www.google.de/maps/dir/Nordweststadt,+Frankfurt/H%C3%B6chst,+Frankfurt+am+Main/@50.1294939,8.5589338,13z/data=!3m1!4b1!4m13!4m12!1m5!1m1!1s0x47bd084f38f4cc61:0xb1defe9c2020a510!2m2!1d8.6252731!2d50.1558901!1m5!1m1!1s0x47bda0bdbab77173:0x522435029b39b00!2m2!1d8.5474571!2d50.102482 [15.07.2016].

Google Maps: *Routenplaner Frankfurt am Main Nordweststadt nach Frankfurt am Main Innenstadt.* https://www.google.de/maps/dir/Nordweststadt,+Frankfurt+am+Main/Innenstadt,+Frankfurt+am+Main/@50.1349504,8.6176328,13z/data=!3m1!4b1!4m14!4m13!1m5!1m1!1s0x47bd084f38f4cc61:0xb1defe9c2020a510!2m2!1d8.6252731!2d50.1558901!1m5!1m1!1s0x47bd0eb27cc67ea3:0xa6fdb1ad873957fc!2m2!1d8.6800314!2d50.1154396!3e0 [15.07.2016].

Google Maps: *Routenplaner von Nordweststadt-Frankfurt am Main nach Eschborn.* https://www.google.de/maps/dir/Nordweststadt,+Frankfurt+am+Main/Eschborn/@50.1437398,8.5720197,13z/data=!3m1!4b1!4m13!4m12!1m5!1m1!1s0x47bd084f38f4cc61:0xb1defe9c2020a510!2m2!1d8.6252731!2d50.1558901!1m5!1m1!1s0x47bd09d83903be7b:0x5e2749c34b8815ce!2m2!1d8.5614555!2d50.1467469 [05.07.2016].

Göpfert, C.-J. (2013): *Mietpreise Frankfurt. Frankfurt wird unbezahlbar.* In: *Frankfurter Rundschau, 26.07.2013.* http://www.fr-online.de/frankfurt/mietpreise-frankfurt-frankfurt-wird-unbezahlbar,1472798,23827802.html [16.06.2016].

Göroğlu, R. (2013): *Ein Kommen und Gehen. Mediendienst Integration.* http://mediendienst-integration.de/artikel/das-konzept-der-zukunft.html [22.12.2016].

Grannemann, P. (2004): *Sprachförderung in der Kita. Integration und Chancengleichheit für ausländische Kinder.* In: *KiTa aktuell (7/8),* S. 164–165.

Grimm, J. (2014): *Goldstein: ein Stadtbezirk der Gegensätze steht auf.* In: *Frankfurter Allgemeine, 11.07.2014.* http://www.faz.net/aktuell/rhein-main/frankfurt/stadtentwicklung-goldstein-ein-stadtbezirk-der-gegensaetze-steht-auf-1174686.html [19.06.2016].

Gründerlexikon (2016): *Subunternehmer.* http://www.gruenderlexikon.de/lexikon/subunternehmer/ [21.07.2016].

Günes, N. (2007): *Die Entwicklung der Wohnformen türkischer Migranten in Deutschland. Am Beispiel von Fallstudien in Kassel.* Dissertation. TU Berlin, Berlin. Fakultät VI- Planen Bauen Umwelt. https://www.baufachinformation.de/dissertation/Die-Entwicklung-der-Wohnformen-t%C3%BCrkischer-Migrant_innen-in-Deutschland-am-Beispiel-von-Fallstudien-in-Kassel-PDF-Format-ca/200706901815 [11.06.2016].

Halm, D.; Sauer, M. (2006): *Parallelgesellschaft? Parallelgesellschaft und ethnische Schichtung.* In: *Aus Politik und Zeitgeschichte* (1-2), S. 18–24.

Han, P. (2004): *Soziologie der Migration.* (2. Aufl.). Stuttgart: Lucius & Lucius.

Hanrath, J. (2011): *50 Jahre Anwerbeabkommen mit der Türkei. Vielfalt in der türkeistämmigen Bevölkerung.* In: *Aus Politik und Zeitgeschichte 61* (43/2011). S. 15–21.

Hansen, G.; Spetsmann-Kunkel, M. (2008): *Integration und Segregation. Ein Spannungsverhältnis.* Münster: Waxmann.

Hassenkamp, M. (2015): *Ehrenamtliches Engagement. Wie Sie Flüchtlingen helfen können.* In: *Zeit online, 27.08.2015.* http://www.zeit.de/politik/2015-08/ehrenamtliches-engagement-fluechtlinge [03.06.2016].

Haug, S. (2010*): Interethnische Kontakte, Freundschaften, Partnerschaften und Ehen von Migrant_innen in Deutschland.* Working Paper 33 der Forschungsgruppe des Bundesamtes aus der Reihe „Integrationsreport". Bundesamt für Migration und Flüchtlinge Referat 220 - Grundsatzfragen der Migration, Projektmanagement, Finanzen, Geschäftsstelle Wissenschaftlicher Beirat (Integrationsreport, 7). http://www.bamf.de/SharedDocs/Anlagen/DE/Publikationen/WorkingPapers/wp33-interethnische-kontakte.pdf?__blob=publicationFile, [12.06.2016].

Häußermann, H. (2007): *Effekte der Segregation.* Vhw-Verbandtag 2007. http://www.vhw.de/fileadmin/user_upload/Download-Dokumente/Forschung/Segregation/Effekte_der_Segregation_FW0507.pdf [03.04.2014].

Häußermann, H.; Siebel, W. (1996): *Soziologie des Wohnens. Eine Einführung in Wandel und Ausdifferenzierung des Wohnens.* Weinheim: Juventa-Verl.

Hessische Gemeinschaftsinitiative Soziale Stadt e.V. (2016): *Hessische Gemeinschaftsinitiative Soziale Stadt e.V.* http://www.hegiss.de/ziele-des-programms [16.06.2016].

Hessisches Ministerium für Umwelt, Klimaschutz, Landwirtschaft und Verbraucherschutz (2016): *Stadtentwicklung. Soziale Stadt.* https://umweltministerium.hessen.de/klima-stadt/staedtebau/soziale-stadt [16.06.2016].

Hessische Seniorenblätter (2012). In: Hessisches Sozialministerium (105).

Hirsch, R. D. (2006): *Die Wohn- und Lebenssituation alter Migranten. Aspekte zur Gesundheit und Gewalt.* http://www.hsm-bonn.de/download/08_migr.pdf [10.05.2015].

Hof, C. (2009): *Lebenslanges Lernen. Eine Einführung.* Stuttgart: Kohlhammer.

Höpflinger, F. (2009): *Konzeptuelle Grundsätze und essentielle Elemente einer modernen Alternsforschung.* http://www.hoepflinger.com/fhtop/fhalter1I.html [14.09.2012].

Hubert, S.; Althammer, J.; Korucu-Rieger, C. (2009): *Soziodemographische Merkmale und psychophysisches Befinden älterer türkischer Migrantinnen und Migranten in Deutschland. Eine Untersuchung auf Basis der Haupt- und Zusatzbefragung des Generations and Gender Survey der ersten Welle.* (1. Aufl.). Berlin: Pro Business (Schriftenreihe des Bundesinstituts für Bevölkerungsforschung, 39).

Immobilienscout 24: *Sozialwohnung.* https://www.immobilienscout24.de/umzug/ratgeber/hartz4/sozialwohnung.htm [31.07.2016].

Initiative-Dialog.de (2016): *Strafgesetzbuch (StGB, § 111). öffentliche Aufforderung zu Straftaten.* http://unsere.de/stgb_111_oeffentliche_aufforderung_zu_straftaten.htm [29.06.2016].

Institut für Demoskopie Allensbach (2013): *Hohes Ansehen für Ärzte und Lehrer - Reputation von Hochschulprofessoren und Rechtsanwälten rückläufig. Allensbacher Berufsprestige-Skala 2013.* http://www.ifd-allensbach.de/uploads/tx_reportsndocs/PD_2013_05.pdf [12.07.2016].

Institut für Migrationsforschung und Interkulturelle Studien der Universität Osnabrück (2016): *Institut für Migrationsforschung und Interkulturelle Studien der Universität Osnabrück.* https://www.imis.uni-osnabrueck.de/startseite.html [03.06.2016].

Janßen, A.; Polat, A. (2005): *Zwischen Integration und Ausgrenzung – Lebensverhältnisse türkischer Migranten der zweiten Generation.* Dissertation. Carl von Ossietzky Universität, Oldenburg. Fakultät IV Human und Gesellschaftswissenschaften. http://oops.uni-oldenburg.de/126/1/janzwi05.pdf [11.06.2016].

Kaputanoğlu, A.: *Diversity –Begriff, Kriterien, Dimensionen, Maßnahmen.* LAG Migration und Flucht. https://hamburg.gruene.de/sites/default/files/dokument/19-12-2012/diversitybegriffkriterienmassnahmen.pdf [28.06.2016].

Kilb, R. (2014): *„Es braucht Begegnungsorte“. Erziehungswissenschaftler Rainer Kilb über die sozialen Folgen einer polarisierten Stadt.* In: *Frankfurter Rundschau, 19.02.2014.* http://static.twoday.net/kilbr/files/lok-wohnserie-kilb-interview.pdf [16.06.2016].

Kimmich, D. (2012): *Gefährliche Nachbarschaften. Bürgerliche Grenzwüsten bei Stifter und Keller.* In: S. Evans; S. Schahadat (Hrsg.): *Nachbarschaft, Räume, Emotionen. Interdisziplinäre Beiträge zu einer sozialen Lebensform.* Bielefeld: transcript (Stadt- und Raumsoziologie).

Kirchhoff, P. (2014): *Sorge und Zuversicht an der Berger Straße.* In: *Frankfurter Allgemeine, 15.01.2014.* http://www.faz.net/aktuell/rhein-main/leerstaende-an-einkaufsstrasse-sorge-und-zuversicht-an-der-berger-strasse-12752460.html [29.06.2016].

Klie, T. (2014): *ISS im Dialog. Sorgende Gemeinschaften - Vom Leitbild zu Handlungsansätzen. Caring Community - leitbildfähiger Begriff für eine generationenübergreifende Sorgekultur?* Institut für Sozialarbeit und Sozialpädagogik e.V. (03/14). http://www.iss-ffm.de/lebenswelten/zusammenhalt/m_379 [24.11.2016].

Köcher, R.; Bruttel, O. (2012): *Generali Altersstudie 2013. Wie ältere Menschen leben, denken und sich engagieren.* Orig.-Ausg. Frankfurt am Main: Fischer Taschenbuch-Verl.

Kochskämper, S. (2016): *Gesetzliche Rentenversicherung. Wie lange arbeiten für ein stabiles Rentenniveau?* Institut der deutschen Wirtschaft Köln (27). http://www.iwkoeln.de/studien/iw-kurzberichte/beitrag/gesetzliche-rentenversicherung-wie-lange-arbeiten-fuer-ein-stabiles-rentenniveau-285314 [07.06.2016].

Kosan, Ü. (2015): *Interkulturelle Kommunikation in der Nachbarschaft. Zur Analyse der Kommunikation zwischen den Nachbarn mit türkischem und deutschem Hintergrund in der Dortmunder Nordstadt.* (1. Aufl.). Freiburg im Breisgau: Centaurus Verlag Media.

Krankenhaus Nordweststadt (2016): *Krankenhaus Nordwest.* http://www.krankenhaus-nordwest.de/ [17.07.2016].

Kricheldorff, C.; Oswald, F. (2015): *Gelingendes Altern in Sozialraum und Quartier.* In: *Zeitschrift für Gerontologie und Geriatrie 48* (5), S. 399–400.

Krüger-Potratz, M. (2005): *Interkulturelle Bildung. Eine Einführung.* Münster: Waxmann (Lernen für Europa, 10).

Kulturnetz Frankfurt e.V. (2016): *Kulturnetz Frankfurt e.V. Wer wir sind…und was wir wollen.* https://www.kulturnetz-frankfurt.de/wer-wir-sind [03.01.2017].

Kuratorium Deutsche Altershilfe (2016): *Kuratorium Deutsche Altershilfe.* www.kda.de [04.01.2017].

Lamnek, S. (1995): *Methoden und Techniken.* Weinheim: Psychologie Verlags Union, Beltz (Qualitative Sozialforschung, 2).

Lamnek, S. (1998): *Gruppendiskussion. Theorie und Praxis.* Weinheim: Beltz.

Landesarbeitsgemeinschaft Soziale Brennpunkte Hessen e. V. (2018): *Förderprogramm GWA.* http://www.lagsbh.de/seiten/lag/foerderprogramm-gwa.php [03.01.2017].

Landesarbeitsgemeinschaft Soziale Brennpunkte Hessen e. V.; Hessisches Ministerium für Soziales und Integration (2018): *Förderung von Gemeinwesenarbeit in Hessen.* http://www.gemeinwesenarbeit-hessen.de [03.03.2018].

Leben im Optimum (2008): *Was ist Altern? Alterungsprozess und moderne Medizin.* http://www.lebenimoptimum.info/human/was_ist_altern.html [04.01.2017].

Lexikon der Geographie (2016): *Trabantenstadt.* http://www.spektrum.de/lexikon/geographie/trabantenstadt/8202 [30.07.2016].

Lexikon der Psychologie (2016): *Emergenz.* http://www.spektrum.de/lexikon/psychologie/emergenz/4021 [30.07.2016].

Liederbach, K.; Oswald, F. (2016): *Pädagogische Handlungsfelder im Kontext urbanen Alterns am Beispiel multikultureller Nachbarschaften.* In: *Zeitschrift für Wissenschaft und Praxis in pädagogischen Berufen, Pädagogischer Blick,* 23 (4).

Lindhoff, A. (2013): *„Jede Einkaufsstraße braucht Kundenmagneten“.* In: *Frankfurter Rundschau, 25.01.2013.* http://www.fr-online.de/frankfurt/leipziger-strasse--jede-einkaufsstrasse-braucht-kundenmagneten-,1472798,21550128.html [29.06.2016].

Loos, P.; Schäffer, B. (2001): *Das Gruppendiskussionsverfahren.* Opladen: Leske + Budrich.

Luhmann, N. (2001): *Soziale Systeme.* (11. Auflage). Berlin: Suhrkamp.

Luke, C. (2006): *Das Frauenbild der 50er Jahre. Im Petticoat am Nierentisch.* http://www.durchblick-siegen.de/themes/ds/pdf/04_06/seite46.pdf [06.02.2014].

Lüken-Klaßen, D. (2007): *Wohnpolitik zur Integration von Migranten in Frankfurt am Main.* Hg. v. Amt für multikulturelle Angelegenheiten.

Lüttringshaus, M. (2011): *Zusammenfassender Überblick: Leitstandards und Gemeinwesenarbeit.* In: W. Hinte; M. Lüttringhaus; D. Oelschlägel (Hrsg.): *Grundlagen und Standards der Gemeinwesenarbeit. Ein Reader zu Entwicklungslinien und Perspektiven.* (S 277 – 282). Weinheim: Juventa-Verl.

Mahne, K.; Wolff, J. K.; Simonson, J.; Tesch-Römer, C. (2016): *Altern im Wandel: Zwei Jahrzehnte Deutscher Alterssurvey (DEAS).* Deutsches Zentrum für Altersfragen. https://www.dza.de/fileadmin/dza/pdf/DEAS2014_Langfassung.pdf, [07.06.2016].

Maier-Gutheil, C. (2015): *Lern- und Bildungsprozesse im Lebenslauf – Befunde empirischer Forschung und Perspektiven der Theorieentwicklung.* In: *ZfW* 38 (1), S. 7–22. https://www.die-bonn.de/doks/zfw/2015-lerntheorie-01.pdf [15.09.2016].

Mannheim, K. (Hrsg.) (1964): *Wissenssoziologie.* Berlin: Luchterhand.

Marcuse, H. (2012): *Repressive Toleranz.* http://www.marcuse.org/herbert/pubs/60spubs/65reprtoleranzdt.htm [05.07.2016].

Mathias, K (2012): *Nordweststadt. Hohe Zufriedenheit mit Wohnquartier.* In: *Senioren Zeitschrift Frankfurt (1)*, S. 58–60. http://senioren-zeitschrift-frankfurt.de/wp-content/uploads/2016/10/1_2012.pdf [16.06.2016].

Mead, G. H. (1934): *Mind, Self & Society.* Chicago.

Mecheril, P. (2011): *50 Jahre Anwerbeabkommen mit der Türkei. Wirklichkeit schaffen: Integration als Dispositiv.* In: *Aus Politik und Zeitgeschichte 61* (43), S. 49–54.

Mediendienst Integration (2016): *Zahl der Flüchtlinge.* https://mediendienst-integration.de/migration/flucht-asyl/zahl-der-fluechtlinge.html [03.06.2016].

MedizInfo (2016): *Biographisches und biologisches Alter.* http://www.medizinfo.de/geriatrie/alter/biologisches_alter.shtml [06.06.2016].

Menning, S. (2005): *Außerhäusliche Aktivität im Alter.* In: *Informationsdienst Altersfragen (1).*

Menning, S. (2007): *Report Altersdaten. Haushalte, familiale Lebensformen und Wohnsituation älterer Menschen.* GeroStat Statistisches Informationssystem 02/2007. Deutsches Zentrum für Altersfragen (DZA). Berlin (2).

Meuth, M. (Hrsg.) (2017): *Wohn-Räume und pädagogische Orte: Erziehungswissenschaftliche Zugänge zum Wohnen.* Wiesbaden: Springer VS (Sozialraumforschung und Sozialraumarbeit).

Moser, J.; Greverus, I.-M.; Salein, K. (1994): *Stadtgedanken: Aus und über Frankfurt am Main.* Frankfurt am Main.

Motel-Klingebiel, A.; Wurm, S.; Tesch-Römer, C. (2010): *Altern im Wandel. Befunde des Deutschen Alterssurveys (DEAS).* Stuttgart: W. Kohlhammer.

Nachbar Türke (2011). *NDR, 24.10.2011.* http://programm.ard.de/TV/ndrfernsehen/45-min---nachbar-tuerke/eid_282266971963003 [13.06.2016].

Netzwerk Neue Nachbarschaften (2016): *Netzwerk Neue Nachbarschaften.* https://neue-nachbarschaften-ffm.de/course/view.php?id=15 [29.12.2016].

Neue deutsche Medienmacher: *Dokumentation des Workshops »Neue Begriffe für die Einwanderungsgesellschaft« am 29. und 30. April 2013 in Nürnberg.* http://www.neuemedienmacher.de/wp-content/uploads/2014/04/Tagungsdokumentation-NDM-Begriffe-2013.pdf [22.12.2016].

Nowossadeck, S.: *report altersdaten. Die Herkunftsfamilien der Babyboomer.* Deutsches Zentrum für Altersfragen (DZA) (03/2010). https://www.dza.de/fileadmin/dza/pdf/GeroStat_Report_Altersdaten_Heft_3_2010_PW.pdf [04.06.2016].

Nünning, A. (2009): *Vielfalt der Kulturbegriffe.* Bundeszentrale für politische Bildung. http://www.bpb.de/gesellschaft/kultur/kulturelle-bildung/59917/kulturbegriffe?p=all [25.08.2016].

Oelschlägel, D. (2007): *Sozialraumorientierung – Gemeinwesenarbeit. Eine Erweiterung von Handlungsmöglichkeiten für die soziale Arbeit.* http://www.fhv.at/media/pdf/veranstaltungen-vortraege/veranstaltungen/vortragsunterlagen/vortrag-gemeinwesenarbeit-7.-april-2010-oelschlaegel [14.06.2016].

Olbermann, E. (2003): *Soziale Netzwerke, Alter und Migration: Theoretische und empirische Explorationen zur sozialen Unterstützung älterer Migranten.* Dissertation. Universität Dortmund, Dortmund. Fachbereich 14. https://eldorado.tu-dortmund.de/bitstream/2003/2914/1/olbermannunt.pdf [06.02.2014].

Olbermann, E. (2012): *Gemeinwesenorientierte Seniorenarbeit und soziale Ungleichheit im Alter.* In: *Im Fokus (01),* S. 13–17. http://forum-seniorenarbeit.de/wp-content/uploads/2014/07/2012-07-Im-Fokus.pdf [06.06.2016].

Online-Enzyklopädie für Psychologie und Pädagogik (2016): *Lernen.* http://lexikon.stangl.eu/551/lernen/ [15.06.2016].

Online-Enzyklopädie für Psychologie und Pädagogik (2016): *signifikante Andere.* http://lexikon.stangl.eu/14745/signifikante-andere/ [28.12.2016].

Osmanisches Reich (2016): *Osmanisches Reich.* http://www.osmanischesreich.de/ [26.07.2016].

Ostler, V. (2016): *Managing Diversity.* Deutsche Gesellschaft für Diversity Management. http://www.diversity-gesellschaft.de/monat01.html [13.09.2016].

Oswald, F. (2013): *Wohnen und Mobilität im Alter. Wenn das Quartier wichtiger wird.* In: *Forschung Frankfurt (2),* S. 127–130. http://www.forschung-frankfurt.uni-frankfurt.de/48870378/mobilegesellschaft_alter_fofra_2-13_127-130.pdf [08.06.2016].

Oswald, F.; Kaspar, R. (2014): *Differenzielle Effekte von außerhäuslicher Aktivität und Mobilität älterer Menschen auf ihre Verbundenheit mit der städtischen Wohnumwelt.* Handout im Rahmen der DGGG Tagung vom 24.-27.09.2014 in Halle.

Oswald, F.; Kaspar, R.; Frenzel-Erkert, U.; Konopik, N. (2013): "*Hier will ich wohnen bleiben!". Ergebnisse eines Frankfurter Forschungsprojekts zur Bedeutung des Wohnens in der Nachbarschaft für gesundes Altern.* Goethe Universität Frankfurt am Main; BHF-BANK-Stiftung.

Oswald, F.; Konopik, N. (2015): *Bedeutung von außerhäuslichen Aktivitäten, Nachbarschaft und Stadtteilidentifikation für das Wohlbefinden im Alter.* In: *Zeitschrift für Gerontologie und Geriatrie (5)*, S. 401–407.

Oswald, F.; Konopik, N.; Rösel, R. (2013 - 2014): *Projekt GAIS 1. „Gesund Altern in der Stadt: Wissenschaftliche Begleitung ausgewählter Stadtteilspezifischer Maßnahmen".* Goethe Universität Frankfurt am Main. https://www.uni-frankfurt.de/53969251/GAIS-1 [24.06.2016].

Oswald, F.; Lehr, U.; Sieber, C.; Kornhuber, J. (2006): *Gerontologie. Medizinische, psychologische und sozialwissenschaftliche Grundbegriffe.* (3. Aufl.). Stuttgart: Kohlhammer Verlag.

Özcan, V.; Seifert, W. (2005): *Gutachten für den 5. Altenbericht der Bundesregierung im Auftrag des Deutschen Zentrums für Altersfragen zur Lebenslage älterer Migrantinnen und Migranten in Deutschland.* Bundesministerium für Familie, Frauen, Senioren und Jugend (BMFSFJ). http://www.familien-wegweiser.de/RedaktionBMFSFJ/Abteilung3/Pdf-Anlagen/oezcan-lebenslage-aelterer-migrantinnen-Migrant_innen,property%3Dpdf,bereich%3D,sprache%3Dde,rwb%3Dtrue.pdf [11.06.2016].

Öztürk, A. (2011): *50 Jahre Anwerbeabkommen mit der Türkei.* Editorial. In: *Aus Politik und Zeitgeschichte 61* (43).

Oswald, F. (2013): *Gesundes und krankhaftes Altern.* In: J. Pantel; J. Schröder; C. Bollheimer; C. Sieber; A. Kruse (Hrsg.): *Praxishandbuch Altersmedizin. Geriatrie ; Gerontopsychiatrie ; Gerontologie.* (S. 76-83). Stuttgart: Kohlhammer Verlag.

PEGIDA: *PEGIDA.* https://pegidaoffiziell.wordpress.com/ [03.06.2016].

Presse- und Informationsamt der Bundesregierung (2007): *Der Nationale Integrationsplan. Neue Wege – Neue Chancen.* https://mifkjf.rlp.de/fileadmin/mifkjf/Integration/Nationaler_Integrationsplan_2007__NIP_.pdf [11.06.2016].

Przyborski, A. (2004): *Gesprächsanalyse und dokumentarische Methode. Qualitative Auswertung von Gesprächen, Gruppendiskussionen und anderen Diskursen.* Wiesbaden: VS Verlag für Sozialwissenschaften.

Przyborski, A.; Wohlrab-Sahr, M. (2008): *Qualitative Sozialforschung. Ein Arbeitsbuch.* (1. Aufl.). München: Oldenbourg.

Redensarten-Index (2016): *Am Hungertuch nagen.* http://www.redensarten-index.de/suche.php?suchbegriff=am+hungertuch+nagen&bool=relevanz&gawoe=an&suchspalte%5B%5D=rart_ou&suchspalte%5B%5D=rart_varianten_ou [01.07.2016].

Redensarten-Index (2016): *Schwamm drueber.* http://www.redensarten-index.de/suche.php?suchbegriff=~~Schwamm%20drueber!&suchspalte%5B%5D=rart_ou [24.07.2016].

Redensarten-Index (2016): *Wie man in den Wald hineinruft, so schallt es heraus.* http://www.redensarten-index.de/suche.php?suchbegriff=~~Wie%20man%20in%20den%20Wald%20hineinruft%2C%20so%20schallt%20es%20heraus&suchspalte%5B%5D=rart_ou [05.07.2016].

Reinprecht, C. (2011): *50 Jahre Anwerbeabkommen mit der Türkei. Verwundbarkeit des Alterns in der Migration.* In: *Aus Politik und Zeitgeschichte 61* (43), S. 35–41.

Religionen-entdecken.de (2016): *Dürfen Muslime ins Schwimmbad gehen.* http://www.religionen-entdecken.de/eure_fragen/duerfen-muslime-ins-schwimmbad-gehen [03.07.2016].

Rente.net (2009): *Rente.* www.rente.net [06.06.2016].

Reutlinger, C.; Ling, E.; Sommer, A.; Stiehler, S. (2011): *Neue Nachbarschaften in der S5-Stadt. Von der Metamorphose der nachbarschaftlichen Beziehungen im Quartier.* FHO Fachhochschule Ostschweiz, FHS St. Gallen Hochschule für angewandte Wissenschaften, Kompetenzzentrum Soziale Räume. http://www.s5-stadt.ch/fileadmin/ebook/s5-stadt_ebook_206-232.pdf [09.06.2016].

Rhein-Main-Verkehrsverbund (2016): *Rhein-Main-Verkehrsverbund (RMV).* www.rmv.de [29.07.2016].

Riebsamen, H. (2005): *Die Nordweststadt auf dem Weg zum türkischen Viertel. Schader-Stiftung sagt Wandel voraus und gibt Empfehlungen.* In*: Frankfurter Rundschau, 06.10.2005.* http://archiv.schader-stiftung.de/docs/faz061005.pdf [18.02.2014].

Rosa, H. (2002): *Vier soziologische Theorieansätze im Überblick.* Friedrich-Schiller-Universität Jena. http://www.personal.uni-jena.de/~s2roha/Lehre/Winter_02_03/WEMADUSITabelle.pdf [24.12.2016].

Rundfunkbeitrag (2016): *Der Rundfunkbeitrag.* http://www.rundfunkbeitrag.de/informationen/buergerinnen_und_buerger/index_ger.html [21.07.2016].

Sauer, M. (2011): *Stiftung Zentrum für Türkeistudien und Integrationsforschung Partizipation und Engagement türkeistämmiger Migrantinnen und Migranten in Nordrhein-Westfalen. Ergebnisse der elften Mehrthemenbefragung 2010. Eine Analyse im Auftrag des Ministeriums für Arbeit, Integration und Soziales des Landes Nordrhein-Westfalen. Stiftung Zentrum für Türkeistudien und Integrationsforschung*. Essen. http://www.zfti.de/downloads/down_mehrthemenbefragung-2010_langfassung.pdf [13.06.2016].

Sauer, M. (2014): *Integrationsprozesse, wirtschaftliche Lage und Zufriedenheit türkeistämmiger Zuwanderer in Nordrhein-Westfalen. Ergebnisse der Mehrthemenbefragung 2013. Eine Analyse in Kooperation mit dem Ministerium für Arbeit, Integration und Soziales des Landes Nordrhein-Westfalen. Stiftung Zentrum für Türkeistudien und Integrationsforschung. Essen.* http://zfti.de/downloads/bericht-nrw-2013_end.pdf [13.06.2016].

Schader Stiftung (1998): *Datenreport Nordweststadt. Einwohner und Wohnungsbestand.* http://archiv.schader-stiftung.de/docs/wb_datenreport1_ok.pdf [16.06.2016].

Schader Stiftung (1999): *Wohnwünsche und Wohnbedürfnisse älterer Menschen in der Nordweststadt.* Ergebnisbericht der qualitativen Untersuchung. http://archiv.schader-stiftung.de/docs/wb_wohnwuensche_und_wohnbeduerfnisse_ok.pdf [24.06.2016].

Schader Stiftung (2003): *Verbundvorhaben. Vorhabenbeschreibung Verbundvorhaben Sozialräumliche Integration von Zuwanderern: Netzwerk Forschung & Praxis.* http://archiv.schader-stiftung.de/docs/vorhabenbeschreibung_gekuerzte_fsg.pdf [29.12.2016].

Schader Stiftung (2005): *Zuwanderer in der Stadt. Empfehlungen zur stadträumlichen Integrationspolitik.* http://docplayer.org/8430650-Empfehlungen-zur-stadtraeumlichen-integrationspolitik-zuwanderer-in-der-stadt-herausgegeben-von-den-verbundpartnern-zuwanderer-in-der-stadt.html [13.06.2016].

Schader Stiftung (2008): *Schader Stiftung.* https://www.schader-stiftung.de/uploads/tx_schaderstiftung/Empfehlungen_zur_stadtraeumlichen_Integrationspolitik.pdf [16.06.2016].

Schader Stiftung (2013): *Verbundprojekt: „Zuwanderer in der Stadt.* http://archiv.schader-stiftung.de/schader_stiftung/1221.php [17.06.2016].

Schaefer, J.-E. (Hrsg.) (2009): *Alter und Migration.* Tagungsband der 15. Gerontopsychiatrischen Arbeitstagung des Geriatrischen Zentrums an der Universitätsklinik Tübingen. Gerontopsychiatrische Arbeitstagung; Geriatrisches Zentrum; Gerontopsychiatrische Arbeitstagung des Geriatrischen Zentrums an der Universitätsklinik Tübingen. Frankfurt am Main: Mabuse-Verl.

Schiller, T. (1997): *NS-Propaganda für den Arbeitseinsatz.* Hamburg: LIT Verlag.

Schilling, H. (Hrsg.) (1997): *Nebenan und gegenüber. Nachbarn und Nachbarschaften heute.* Frankfurt am Main: Inst. für Kulturanthropologie und Europäische Ethnologie.

Schnee, R. (2004): *Vorlesungsbegleitendes Skriptum Gemeinwesenarbeit.* https://www.yumpu.com/de/document/view/4930103/renate-schnee-skriptum-gemeinwesenarbeit-telesozial [14.06.2016].

Schnee, R.; Stoik, C.: *Gemeinwesenarbeit – Definitionen und Begriffe. Gemeinwesenarbeit.*

https://www.yumpu.com/de/document/view/8795827/gemeinwesenarbeit-definitionen-und-begriffe-telesozial/7 [14.06.2016].

Schnur, O. (2008): *Quartiersforschung. Zwischen Theorie und Praxis.* Wiesbaden: VS Verlag für Sozialwissenschaften / GWV Fachverlage GmbH Wiesbaden.

Schubert, H.-J. (2007): *The Chicago School of Sociology. Theorie, Empirie und Methode.* In: C. Klingemann (Hrsg.): *Soziologisches Erbe. Georg Simmel - Max Weber - Soziologie und Religion - Chicagoer Schule der Soziologie.* (S. 119-164). Wiesbaden: VS Verl. für Sozialwiss (Jahrbuch für Soziologiegeschichte).

Schubert, K.; Klein, M. (Hrsg.) (2016): *Das Politiklexikon. Generationenvertrag.* Bundeszentrale für politische Bildung. (6., aktual. u. erw. Aufl.). Bonn: Dietz. http://www.bpb.de/nachschlagen/lexika/politiklexikon/17543/generationenvertrag [22.07.2016].

Schubert, K.; Klein, M. (2016): *Das Politiklexikon. Integration.* Bundeszentrale für politische Bildung. Bonn. http://www.bpb.de/nachschlagen/lexika/politiklexikon/17643/integration [13.06.2016].

SCHUFA (2016): *Die SCHUFA.* https://www.schufa.de/de/ueber-uns/unternehmen/schufa/ [15.07.2016].

Schüller, E. (2008): *Frauen und Männer sind gleichberechtigt. Die Frauenbewegung in der BRD.* Bundeszentrale für politische Bildung. http://www.bpb.de/gesellschaft/gender/frauenbewegung/35275/neuanfang-im-westen [03.07.2016].

Schumacher, J.; Stiehr, K. (2000): *Wohnen älterer Menschen in Frankfurt am Main. Bestandsaufnahme und Diskussion von Zukunftsperspektiven.*

Schütze, F. (1983): *Biographieforschung und narratives Interview.* In: *Neue Praxis.*

Sen, F. (2002): *Türkische Minderheit in Deutschland. Türkei.* Bundeszentrale für politische Bildung (4. Quartal).

Sen, M. (2011): *Altern in der Migration. Eine empirische Untersuchung zur Lebenssituation und Perspektive der ersten türkischstämmigen Gastarbeiter in der Bundesrepublik Deutschland.* Unveröffentlichte Diplomarbeit. Goethe Universität Frankfurt am Main, Frankfurt am Main.

Siebel, W. (2009): *Ist Nachbarschaft heute noch möglich?* Ein Essay von Soziologe Prof. Walter Siebel.

Simmel, G. (1908): *Soziologie.* Untersuchungen über die Formen der Vergesellschaftung. Berlin: Duncker & Humboldt.

Sittmann, T. (2013): *Schöpfer der „Raumstadt".* In: *Frankfurter Neue Presse, 16.02.2013*, nach Katja Gußmann.

Sozialeistungen.info (2016): *Hartz IV – ALG II.* http://www.sozialleistungen.info/hartz-iv-4-alg-ii-2/ [01.07.2016].

Spiegel online (2016): *Bürgerwehr geht auf kranken Flüchtling los.* Sachsen (2016). In: *Spiegel online, 02.06.2016.* http://www.spiegel.de/panorama/justiz/arnsdorf-in-sachsen-buergerwehr-geht-auf-kranken-fluechtling-los-a-1095388.html [03.06.2016].

SprichWort-Plattform (2008-2010): *Geld allein macht nicht glücklich.* http://www.sprichwort-plattform.org/sp/Geld%20allein%20macht%20nicht%20gl%C3%BCcklich [20.07.2016].

SprichWort-Plattform (2008-2010): *Andere Länder, andere Sitten.* http://www.sprichwort-plattform.org/sp/Andere%20L%C3%A4nder,%20andere%20Sitten, [03.07.2016].

Springer Gabler Verlag (Hrsg.) (2016): *Gabler Wirtschaftslexikon. Urbanisierung.* http://wirtschaftslexikon.gabler.de/Archiv/15708/urbanisierung-v7.html [30.07.2016].

Springer Gabler Verlag (Hrsg.) (2016): *Gabler Wirtschaftslexikon. Arbeitnehmerüberlassung.* http://wirtschaftslexikon.gabler.de/Archiv/54370/arbeitnehmerueberlassung-v13.html [15.07.2016].

Stadt Frankfurt am Main (2016): *Fechenheim: Viel Engagement – aber wie weiter?* https://www.frankfurt.de/sixcms/detail.php?id=7017&_ffmpar%5B_id_inhalt%5D=24191177 [17.06.2016].

Stadt Frankfurt am Main (2016): *Römer.* http://www.frankfurt.de/sixcms/detail.php?id=3828&_ffmpar%5B_id_inhalt%5D=54351 [07.07.2016].

Stadt Frankfurt am Main (2016): *Siedlung Römerstadt.* http://www.frankfurt.de/sixcms/detail.php?id=3866&_ffmpar[_id_inhalt]=32818 [24.06.2016].

Stadt Frankfurt am Main (2015): *Bevölkerung.* http://www.frankfurt.de/sixcms/detail.php?id=2811&_ffmpar[_id_inhalt]=7524 [16.06.2016].

Stadt Frankfurt am Main- Bürgeramt, Statistik und Wahlen (2016): *Statistik Aktuell. Ausländische Einwohnerinnen und Einwohner in Frankfurt am Main am 31.12.2015.* 09/2016.

http://www.frankfurt.de/sixcms/media.php/678/09_Ausl%C3%A4ndische_Einwohner2015.pdf [22.12.2016].

Stadt Frankfurt am Main, der Magistrat (2016): *Frankfurter Programm-Aktive Nachbarschaft.* http://www.frankfurt-sozialestadt.de/Default.ht [16.06.2016].

Stadt Frankfurt am Main, der Magistrat (2010): *Vielfalt bewegt Frankfurt. Integrations- und Diversitätskonzept für Stadt, Politik und Verwaltung. Grundsätze, Ziele, Handlungsfelder.* http://www.frankfurt.de/sixcms/media.php/738/Integrationskonzept_Magistrat_06_10.1557580.pdf [02.06.2016].

Stadt Frankfurt am Main, der Magistrat Dezernat II, Planen und Bauen-Amt für Wohnungswesen (2015): *Wohnungsmarkt Bericht 2014.* http://www.frankfurt.de/sixcms/media.php/738/wmb_2014_internet.pdf [16.06.2016].

Stadt Frankfurt am Main, der Magistrat-Amt für Wohnungswesen (2013): *Tätigkeitsbericht 2012.* https://www.frankfurt.de/sixcms/media.php/738/t%C3%A4tigkeitsbericht2012_Internet.pdf [24.06.2016].

Stadtplanungsamt Frankfurt am Main (2016): *Wettbewerb Nordweststadt.* http://www.stadtplanungsamt-frankfurt.de/wettbewerb_nordweststadt_9061.html?psid=odstfbngjur053dj3ku1392376 [16.06.2016].

Statista (2016): *Definition Regression.* http://de.statista.com/statistik/lexikon/definition/112/regression/ [20.06.2016].

Statista (2014): *Anzahl der Ausländer in Deutschland nach Herkunftsland.* http://de.statista.com/statistik/daten/studie/1221/umfrage/anzahl-der-auslaender-in-deutschland-nach-herkunftsland/ [10.06.2016].

Statista (2015): *Anzahl der Ausländer in Deutschland nach Herkunftsland in den Jahren 2014 und 2015.* http://de.statista.com/statistik/daten/studie/1221/umfrage/anzahl-der-auslaender-in-deutschland-nach-herkunftsland/ [04.06.2016].

Statista (2015): *Anzahl der Muslime in Deutschland nach Glaubensrichtung 2015.* http://de.statista.com/statistik/daten/studie/76744/umfrage/anzahl-der-muslime-in-deutschland-nach-glaubensrichtung/ [13.06.2016].

Statista (2015): *Europäische Union: Gesamtbevölkerung in den Mitgliedsstaaten im Jahr 2015 und Prognosen für 2030 und 2050 (in Millionen Einwohner).* http://de.statista.com/statistik/daten/studie/164004/umfrage/prognostizierte-bevoelkerungsentwicklung-in-den-laendern-der-eu [04.06.2015].

Statista (2016): *Entwicklung der Lebenserwartung bei Geburt in Deutschland nach Geschlecht in den Jahren von 1950 bis 2060 (in Jahren).* https://de.statista.com/statistik/daten/studie/273406/umfrage/entwicklung-der-lebenserwartung-bei-geburt--in-deutschland-nach-geschlecht/ [22.12.2016].

Statista (2016): *Hauptherkunftsländer von Asylbewerbern in Deutschland im Jahr 2016.* https://de.statista.com/statistik/daten/studie/154287/umfrage/hauptherkunftslaender-von-asylbewerbern/ [22.12.2016].

Statistisches Bundesamt (2011): *Ältere Menschen in Deutschland und der EU.* Wiesbaden (Im Blickpunkt). https://www.destatis.de/DE/Publikationen/Thematisch/Bevoelkerung/Bevoelkerungsstand/BlickpunktAeltereMenschen1021221119004.pdf?__blob=publicationFile [08.06.2016].

Statistisches Bundesamt (2015): *Bevölkerung und Erwerbstätigkeit. Bevölkerung mit Migrationshintergrund- Ergebnisse des Mikrozensus.* Fachserie 1. Wiesbaden (2.2) https://www.destatis.de/DE/Publikationen/Thematisch/Bevoelkerung/MigrationIntegration/Migrationshintergrund2010220147004.pdf?__blob=publicationFile [02.06.2016].

Statistisches Bundesamt (2016): *Migration und Integration.* https://www.destatis.de/DE/ZahlenFakten/GesellschaftStaat/Bevoelkerung/MigrationIntegration/MigrationIntegration.html;jsessionid=B972C34D5B7681F0DE1A18685ED010B7.cae2 [06.06.2016].

Statistisches Bundesamt Deutschland (2007b): *Entwicklung der Privathaushalte bis 2025. Ergebnisse der Haushaltsvorausberechnung 2007.* Wiesbaden.

Statistisches Bundesamt Deutschland (2007): *Daten aus dem Mikrozensus 2005 zur Bevölkerung mit Migrationshintergrund am 04.05.2007.* Pressemitteilung Nr. 183. Wiesbaden. http://www.destatis.de/jetspeed/portal/cms/Sites/destatis/Internet/DE/Presse/pm/2007/ 05 /PD07__183__12521,templateId=renderPrint.psml [29.12.2011].

Statistisches Bundesamt Deutschland (2011): *Ein Fünftel der Bevölkerung hatte 2010 einen Migrationshintergrund.* Pressemitteilung Nr. 355 vom 26.09.2011. Wiesbaden. https://www.destatis.de/DE/PresseService/Presse/Pressemitteilungen/2011/09/PD11_355_122.html;jsessionid=5862868E1EA56C8BDD7ABF5196F4D285.cae2 [20.08.2012].

Stövesand, S.; Stoik, C.; Troxler, U. (Hrsg.) (2013): *Handbuch Gemeinwesenarbeit.* [Traditionen und Positionen, Konzepte und Methoden ; Deutschland - Schweiz - Österreich]. Opladen, Berlin, Toronto: Budrich.

Strauss, A.; Corbin, J. (2010): *Grounded theory. Grundlagen qualitativer Sozialforschung.* Weinheim: Beltz.

Széll, G. (Hrsg.) (1972): *Regionale Mobilität. Elf Aufsätze.* München: Nymphenburger Verl.-Handl.

Teestube (2016): *Die türkische Teekultur.* http://www.tee-stube.net/tuerkische-teekultur/ [29.07.2016].

Terkessidis, M. (2011): *Integration ist von gestern, „Diversity" für morgen – Ein Vorschlag für eine gemeinsame Zukunft.* In W.-D. Bukow; G. Heck; E. Schulze; E. Yildiz: *Neue Vielfalt in der urbanen Stadtgesellschaft.* (S. 189-206). Wiesbaden: VS Verlag für Sozialwissenschaften.

Tesch-Römer, C.; Wurm, S. (2009a): *Gesundheitsrelevante Lebenslagen und Lebensstile.* In: K. Böhm; C. Tesch-Römer; T. Ziese (Hrsg.): *Gesundheit und Krankheit im Alter. Gesundheit im Alter bedingt durch Schicksal, Schichtzugehörigkeit oder Verhalten? Gesundheitsrelevante Lebenslagen und Lebensstile.* (S. 113-120). Berlin: Robert Koch-Inst. (Beiträge zur Gesundheitsberichterstattung des Bundes).

Tesch-Römer, C.; Wurm, S. (2009b): *Wer sind die Alten? Theoretische Positionen zu Gesundheit und Alter.* In: K. Böhm; C. Tesch-Römer; T. Ziese (Hrsg.): *Gesundheit und Krankheit im Alter.* (S. 7-30). Berlin: Robert Koch-Inst. (Beiträge zur Gesundheitsberichterstattung des Bundes).

Toepfer, S. (2006): *Deutsche sehen Ausländer in der Pflicht.* In: *Frankfurter Allgemeine, 20.01.2006.* http://www.faz.net/aktuell/rhein-main/frankfurt/nordweststadt-deutsche-sehen-auslaender-in-der-pflicht-1304705.html [16.06.2016].

Topcu, Ö. (2010): *Oma auf der Matte.* In: *Zeit online, 29.04.2010.* http://www.zeit.de/2010/18/BP-Topcu-Oezlem-Oma [13.06.2016].

Topcu, Ö. (2014): *Doppelte Staatsbürgerschaft. Bist du deutsch genug?* In: *Zeit online, 13.03.2014.* http://www.zeit.de/2014/12/doppelte-staatsbuergerschaft-grosse-koalition [10.06.2016].

UNHCR (01.09.2016): *„Integration ist keine Einbahnstraße".* http://www.unhcr.de/presse/artikel/2cceb231f502c6f0c24509cebb9d5bb9/integration-ist-keine-einbahnstrasse.html [06.01.2017].

Universal-Lexikon (2016): *Brennpunkt.* http://universal_lexikon.deacademic.com/303195/sozialer_Brennpunkt [22.12.2016].

Universität Vechta (2016): *Bachelor- und Masterstudiengang Gerontologie.* http://studieren.de/suche.0.html?&lt=course&term=14769:term:gerontologie.[4.12.2016].

Uslucan, H.-H. (2011): *Dabei und doch nicht mittendrin. Die Integration türkeistämmiger Zuwanderer.* Berlin: Wagenbach.

Uslucan, H.-H. (2011): *Wie fremd sind uns "die Türken"?* Bundeszentrale für politische Bildung. http://www.bpb.de/apuz/59731/wie-fremd-sind-uns-die-tuerken-essay?p=all [13.06.2016].

Verein Bildung und Beruf (2016): *Verein Bildung und Beruf.* http://www.bildungundberuf.at/beruf_122.html [25.06.2016].

Vielfalt bewegt Frankfurt (Hrsg.) (2016): *Interkultureller Gesundheitstreff Nordweststadt. Gesundheitliche Informationen und Gespräche.* http://www.vielfalt-bewegt-frankfurt.de/de/angebot/interkultureller-gesundheitstreff-nordweststadt [03.01.2017].

Vortkamp, W. (2003): *Partizipation und soziale Integration in heterogenen Gesellschaften. Louis Wirths Konzeption sozialer Organisation in der Tradition der Chicagoer Schule.* Wiesbaden: VS Verlag für Sozialwissenschaften.

Wahl, H.-W.; Heyl, V. (2015): *Gerontologie - Einführung und Geschichte.* (2., vollst. überarb. Aufl.). Stuttgart: Kohlhammer.

Wahl, H.-W.; Kruse, A. (Hrsg.) (2014): *Lebensläufe im Wandel. Entwicklung über die Lebensspanne aus Sicht verschiedener Disziplinen.* Stuttgart: Kohlhammer.

Walla, W.; Eggen, B.; Lipinski, H. (2006): *Der demographische Wandel. Herausforderung für Politik und Wirtschaft.* Stuttgart: Kohlhammer.

Watzlawick, P. (2011): *Anleitung zum Unglücklichsein.* München: Piper.

Weber, M. (1922): *Wirtschaft und Gesellschaft. Grundriss der verstehenden Soziologie.* Tübingen: Mohr-Siebeck.

Wehner, M.; Lohse, E. (2016): *Gauland beleidigt Boateng.* In: *Frankfurter Allgemeine, 29.05.2016.* http://www.faz.net/aktuell/politik/inland/afd-vize-gauland-beleidigt-jerome-boateng-14257743.html [03.06.2016].

Wieland, J.; Lang, J. (2016): *Pro und Contra Vermögenssteuer. Soll der Staat auf die Substanz zurückgreifen.* In: *Handelsblatt, 13.09.2016.* http://www.handelsblatt.com/politik/deutschland/pro-und-contra-vermoegenssteuer-soll-der-staat-auf-die-substanz-zugreifen-seite-3/3450152-3.html [13.09.2016].

Wietschorke, J. (2012): *Ist Nachbarschaft planbar? Zur Geschichte eines Schlüsselkonzepts in Sozialreform, Stadtplanung und Stadtsoziologie.* In: S. Evans; S. Schahadat (Hrsg.): *Nachbarschaft, Räume, Emotionen. Interdisziplinäre Beiträge zu einer sozialen Lebensform.* (1. Aufl.). Bielefeld: transcript (Stadt- und Raumsoziologie).

Wissenschaftsstadt Darmstadt (2016): *Kranichstein.* https://www.darmstadt.de/standort/stadtportraet/stadtteile/kranichstein/ [09.06.2016].

Wissenschaftszentrum Berlin für Sozialforschung (2016): *Datenreport 2016. Lebenssituation älterer Menschen mit Migrationshintergrund.* Bundeszentrale für politische Bildung. http://www.bpb.de/nachschlagen/datenreport-2016/225926/lebenssituation-aelterer-menschen-mit-migrationshintergrund [04.06.2016].

Wohnsiedlungen in Deutschland: Siedlungsbau der Jahrzehnte im Vergleich. http://www.wohnsiedlungen-in-deutschland.de/west_siedlungsbau_jahrzehntevergleich.html [30.07.2016].

wohnungsboerse.net (2016): *Mietspiegel Frankfurt.* http://www.wohnungsboerse.net/mietspiegel-Frankfurt/3242 [16.06.2016].

Zeit online (2016): *CSU will Doppelpass wieder abschaffen.* In: *Zeit online, 23.08.2016.* http://www.zeit.de/politik/deutschland/2016-08/andreas-scheuer-csu-doppelte-staatsbuergerschaft-abschaffen [22.12.2016].

Zeit online (2011): *Fachkräftemangel. Chef der Arbeitsagentur fordert zwei Millionen Zuwanderer*. In: *Zeit online, 14.05.2011.* http://www.zeit.de/wirtschaft/2011-05/weise-bundesagentur-einwanderung [10.06.2016].

Zeitschrift für kritische Stadtforschung (sub/urban) (2015): *Neubau-Gentrifizierung und globale Finanzkrise*. Der Stadtteil Gallus in Frankfurt am Main zwischen immobilienwirtschaftlichen Verwertungszyklen, stadtpolitischen Aufwertungsstrategien und sozialer Verdrängung* (Band 3, Heft 3). http://zeitschrift-suburban.de/sys/index.php/suburban/article/view/206/347 [16.06.2016].

Zeman, P. (2005): *Ältere Migranten in Deutschland. Befunde zur soziodemographischen, sozioökonomischen und psychosozialen Lage sowie zielgruppenbezogene Fragen der Politik- und Praxisfeldentwicklung. Expertise im Auftrag des Bundesamtes für Flüchtlinge und Migration.* Wiesbaden: Dierichs Druck + Media GmbH & Co. KG.

zuhause.de (2016): *Nachbarn und ihre Macken meistern.* http://www.zuhause.de/nachbarschaft-nervende-nachbarn-und-nachbar-macken-meistern/id_57470110/index [09.06.2016].

Abbildungsverzeichnis

Tabellenverzeichnis